太極之門

傳統太極拳功循真錄

薛聖東

著

自序

走出太極拳習練的誤區

薛聖東

太極功源自於中國道家的修真養生，是道家修真者以太極之理指導自身性命雙修而採取動靜結合形式修練的系統功法，它是由道家修真者在修練丹功的過程自發產生的。它分為靜功與動功兩大方面：太極靜功，乃靜中求動的功夫，又按照形態分為站、坐、臥三種方式；太極動功，動中寓靜、動中求靜的行動功夫，因為道家修真之士，為護道護體之用，而把防身殺敵之格鬥拳技之術引入太極行功之中，原無固定之法，幾千年逐漸演變，形成了以攻防涵義招勢為內容的為了配合傳習而編制的傳統太極拳架子，太極拳架子就是太極行功，道家修真先賢為授功之方便而設方法、取形勢，使太極功流傳於後世。

十九世紀末至二十世紀初，太極拳功傳人楊露禪宗師與兒子楊班侯、楊健侯進京討生活，以傳授太極拳功為職業，經過多年的傳授和努力，太極拳架子的傳播面越來越大。然而，由於太極拳功的修練乃道家修真中非常隱秘的方法之一，為隱學大法，傳授極嚴，即便拜師從學而登堂入室者不得其傳授也是極為平常。世人急功近利、粗陋淺薄，不知就裡地以為楊家父

子打拳賣藝糊口養家而被迫傳到外面來的太極拳架子就是太極拳功的根本，便蜂擁推崇，如瞎子摸象一般各執己說，以為一己所學為真，有說架子大為好者；有持大中小架子為全面者；有快練者，有慢練者；有剛練發勁者，有柔練運化者；有高架練者，有低架練者；千奇百怪，標新立異，不一而足。一時間，有呼楊家為宗師、呼吳家為祖師、稱自己為正宗、視別人為錯誤者，在中國封建社會揚名立萬、光宗耀祖、分門立派的江湖惡習思想的影響和支配下，原本是中國道家修真的太極功從此被冠上了姓氏，於是有了所謂楊氏太極拳、吳氏太極拳、武氏太極拳、孫氏太極拳、李氏太極拳等，河南陳家溝子為當年楊露禪從學太極拳家陳長興之地，當然，不容忽視，所以，稱呼陳家溝子的人們練的拳叫太極拳陳氏架子也就在情理之中，就這樣，原本與家族姓氏無關的道家修真太極功夫在中國的近代，和當時被帝國主義列強瓜分中國領土的命運一樣，道家太極功夫也遭到了分割瓜分和閹割。我們把已經泛化於俗世的大眾眼中的非傳統的所謂社會太極拳套路姑妄稱之為太極拳社會架、世俗架、群眾架。我之所以要加上姑妄稱之，是因為就傳統太極功而言，這些所謂的社會架、世俗架、群眾架，根本就與傳統的道家太極拳功一點不沾邊，在太極之前冠以姓氏，實在是對中國道家文化的玷污，讓後學者迷惑糊塗，混亂複雜而不解。所以，這裡說道走出太極拳健身養生的誤區，是說我們首先要跳出世俗的窠臼，不帶框子，不受姓氏門戶形式的束縛，把什麼是真正的太極拳功搞明白之後再去習練，才能獲得如期的健身養生的效果，因為已經泛化於俗世的大眾眼中的非傳統的所謂社會太極拳套路等等，其根本弊

端層出不窮，已經失去了所謂太極拳運動的意義。

　　中國的京劇有「梅、尚、程、荀」四大著名的流派，儘管分了流派，「梅、尚、程、荀」四大著名流派的演員們唱出來的戲仍然是叫京劇，而不會被叫做崑劇、越劇，這與太極拳的概念是一個道理。京劇流派的形成是一個自然的過程，其原因不外有三：一是集百家之大成，取長補短，相容並蓄，融合於一身，而不是簡單地繼承某一流派創始人或傳人的藝術衣缽。二是在表演上具有自己獨特的、系統的，符合觀眾欣賞要求的理論根據和藝術創造，並在頻繁的實踐中得到觀眾的理解和熟悉，而不是通過評選、大賽和某位專家的批准。三是建立起了以主演為中心的創作和表演團體，從編劇、演員、作曲、樂隊、服裝上，形成統一的藝術風格。所以，「梅、尚、程、荀」四大著名的流派可以對外稱為：「京劇梅派、京劇尚派、京劇程派、京劇荀派，」而不會稱為「梅派京劇，尚派京劇、程派京劇、荀派京劇。」因為，道理很簡單，於理不通，是本末顛倒，根本錯誤。太極拳功的遭遇與許多傳統的文化經典和文化遺產的遭遇一樣，社會在發展，道家思想講究與道偕行，與時俱進，所以，這種濫觴的現象與道家博大包容的理念倒也並不衝突，我們只有以對待觀的方式來理解這一切。

　　本人近四十年來，癡心於武，癡迷於道，孜孜不斷地以自身刻苦的用工和體悟，以求真務實，廣博專精的態度，總結和印證太極拳功與養生的諸多益處與練功的諸多偏差，經歷了無數痛苦心酸和挫折困難，同時也收穫了無數營養甜蜜和處世益處。求學不易，學而有得更不易，學問之道，乃人類之共有，學問之得，非一己之私有，全賴因緣、機緣、福報、慧根之巧

合，全賴上天所賜、祖師點化，丹霞子一介學子武癡，願將諸般所學所得付之於書，伏祈大德高隱不吝指教，期盼諸同學同參見此書而有所發明矣！一己心得，難免管中窺豹而失於偏頗，真言快語付之災梨禍棗，然能以饗有緣之學者，丹霞子願足矣！

日積一紙，積紙成卷，書成之日，感慨頗多。古人云：無師不成大道，為師者必有所傳而有所教，方可成師道傳授之美事；藍中出青而勝於藍者自然為妙事，然色出於藍而得藍之本色者，亦足以快慰師心，所謂為學者必有所得而有所成，師者之名方得以存焉，教學兩長，是為後繼有人。此書結集之際，惟此於卷首序中，丹霞子和南如儀，深深地緬懷先師董盛書先生；深深地感謝趙增福恩師口傳身授太極拳趙堡大架功理功法；深深地感謝楊思澍恩師多年來所給與的解粘去縛，抽釘拔楔的點撥與開示，以及在傳統中醫經典理論方面所給予的精心指導與釋疑解難。序至此，忽想起古時靈雲禪師的一個偈子：

三十年來尋劍客，幾回落葉又抽枝。
自從一見桃花後，直到如今更不疑。

誦詠間，心有所感，權且作詩一首附後：

從來大道世罕聞，披褐懷玉遇知音。
千家趨利紛鬥技，觀聞一笑見明心。

丹霞子薛聖東書
錄於連濱梅鶴樓之悟理堂

目　次

太極功養生實踐篇

上　篇

太極拳功入門基礎篇

第一節　何謂人類「太極」運動？

人類「太極」運動是以太極理論為指導原則的運動方式。具體地說是動分陰陽；靜分虛實；剛分急緩；柔分鬆沉，它是對立的相互依存的整體的全面運動方式。「太極之先，天地根源。」「太極即天地也。」（杜元化，《太極拳正宗》。）太極運動本身是自然的運動，在這種自然的運動狀態與境界之中，人們追求的是省力的，合理的，鬆緊搭配適宜的，內動大於外動的，心平氣和的，內臟沒有額外負擔的平安運動。既然是運動那就應該按照中國語言的內涵來理解，是有運有動，有動有運，這兩個方面相互依存互相轉化。而非世上所謂純粹的柔軟，放鬆，緩慢。所謂大鬆大軟，大鬆大柔，僅僅是文字上的形容詞而已。說到相互轉化即是老子所言：「反者，道之動也。」此反者，返也。返還之意也。

「太極」理論是中國先秦黃老思想的集中體現。也可以說「太極」理論就是中國古代哲學的總代表。（中國古代三大哲學體系中的五行學說和八卦學說均是對太極學說的再解釋和充實，仍然在太極理論的涵蓋之中。）中國古代科技文化的每一方面。無不是在中國傳統哲學的指導下而取得輝煌成就的。《易經》是太極理論的經典著作。《易經》繫辭：「易有太極，是生兩儀，兩儀生四象，四象生八卦。」「易無思也，無為也，感而遂通天下之故。」又曰：「天地設位而易行乎其中矣。」「生生之謂易」「故神無方而易無體，一陰一陽之謂道。」太極拳正是在《易經》理論的指導下，自覺不自覺地

總結與完善發展的，所以研究太極拳原理必須從《易經》入手。所謂「河出圖，洛出書，聖人則之」乃是假託龍馬，神龜背負而出之說，增添一些神秘色彩罷了。

中國的遠古聖賢，通過「仰觀天象，俯察地理」逐步地認識宇宙和人體與人生，不斷總結完善認識宇宙與自然的模式與方法。遠古的聖賢發現用圖像這種論述天理與自然規律的方法既簡單明瞭，又便於保密與傳授，所以又在河圖，洛書的基礎上，發明了先天圖；後天圖（太極圖），八卦圖等哲學圖像，用這些圖像記錄上古文化的思想資訊。河洛圖中的數理與象理，八卦中的陰陽互變之理，陰陽魚太極圖的轉化之理是對太極陰陽五行八卦理論的囊括與濃縮。

天體運動產生陰陽兩氣，兩氣本為一氣之變化，氣的變化循環往復，陰陽交替，平衡發展過程稱為「天道」，古人用實心圓與空心圓或「——」與「－－」或陰陽魚體現出來。太極學說把我們引進以無極，太極，陰陽，五行，八卦這一龐大的文化思想與智慧體系之中。因此，要想明白古代哲學智慧的確切含意以及源流與發展變化過程，必須先搞清「太極圖」的歷史原貌。由於古人有「天人合一」「天人一體」的理論，所以把太極陰陽學說運用到人的身上就顯得容易，明白，方便的多了。原本是自然氣象變化的原理圖，用到人這個小宇宙，小天地的身上，則產生了人類的太極運動。

第二節　傳統太極拳的含義

太極拳是古代勞動人民的先進代表——聖賢之人共同創造

和不斷完善的，直到今天這種完善的進程仍然沒有停止。老子就是古代勞動人民的先進代表的典範，他寫出了具有深遠的歷史與現實意義的，具有歷久彌新功用的光輝哲學著作《道德經》。

老子是中國道家的始祖，後來被道教借奉為宗教信仰人物——太上老君。由於太極拳主要流傳於武當道門之內，口耳相授，代代相傳，所以在一百多年前太極拳的流傳範圍是極小的，方外少有人知曉，太極拳趙堡架經典之作《太極拳正宗》內有歌曰：

太極之先，天地根源，老君設教，宓子真傳。
玉皇上帝，正坐當筵。帝君真武，列在兩邊。
三界內外，億萬神仙。傳與拳術，教成神仙。

老君就是老子，太極真源乃是出於上古勞動人民的先進代表，老子就是當時理論的先鋒，實踐的楷模，勞動人民的傑出代表。至於宋元時期的武當丹士張三丰將口耳相授，心法默傳的所謂太極拳傳於方外，目的是度人教化，是想讓更多的人通過太極拳這一載體認知自然，認知人生。所以說張三丰宗師傳的不是拳而是道——「意欲天下豪傑延年益壽而不徒作技藝之末」。

拳既以太極名之，須知其含義。先哲云：太極拳內含天地造化之機，法演先天，化生為一。太極之先，天地根源。太極即天地也。（杜元化，《太極拳正宗》。）作為集太極拳大成的一代宗師張三丰，由於認識到太極拳從虛靜，主敬和，守下

勢，隱而不顯，不爭不抗，慧而不用，一派和平，反映與體現的是宇宙；自然；人生的根本歸向與規律。所以，張三丰宗師有感而發：詳推用意終何在，延年益壽不老春。「拳」者，決非一拳一腳之謂也。拳者，圈也；全也；權也；理也；道也；其大無外，其小無內；心中有所權衡，一舉一動，理法具現。至於太極拳修練中的搏鬥之法，乃是太極拳體認悟道的獨特途徑。通過技擊的實踐，在體認捨己從人；以靜制動；以柔克剛；後發制人的過程中，領悟到無為而有為；後發而先至；被動而主動；所謂反者道之動也的奧妙之理。

　　就具體的中國傳統太極拳根源來說，它最初是中國道家修真之士在丹功修練時產生的一種自發的動能，進而被進一步發展成動功（丹功之外架），道家的修為是強調物質與精神相統一的，是性命雙修。因為在長期的修真實踐中，歷代修真先賢不斷總結摸索，認為人體下肢的氣脈尤其難以打通，武林對於習武練功也有「下盤不穩，上盤飄；下盤無根，如蒿草；下五行明則上五行清。」之說，而且對於沒有基礎的修學者來說，上來就直接進入靜功的修持，常常會出現一身燥氣，躁動不安，難以入靜，收效甚微等情況。而太極拳乃無為之理，呈象之學，有為之法，動中既可以求靜，動中也可以靜心，道法自然，再融入調身、養身、神意修持與技擊攻防的含義提高修持者反觀內求自身，認識自我、把握自我的獨立內求興趣，使修持者在動功習練的過程中循此而悟道，然後漸入修道的門徑，所以說太極拳功這項專門法術，是引領求真向道者入道的漸修基礎功課並非道家修真的修道之本。再進一步說，太極拳功的動能是儒釋道諸家修練者成功後都自然具備的內在

能量，這也是為什麼說武當派自稱內家拳的根本涵義。所以說，今日世人看到的所謂太極拳都是古來修真者在修真過程中產生的副產品而繁衍泛化而成，諸家諸派太極拳功的衍生品和餘續而已，簡單的太極拳架子並不能代表中國獨有的真正的太極拳傳統文化精髓。正在氾濫的太極拳架子你正宗我嫡傳，你秘傳我祖傳以及有關太極拳發明與源流的爭論此起彼伏喋喋不休，其實質都與真正的中國太極拳功精髓和中國的傳統文化絲毫不沾邊，有的只有掛羊頭賣狗肉，沽名釣譽吃祖宗飯的赤裸裸的功利名利的爭奪撕搶而已。而愚昧無知的大眾，又偏偏都有聽人騙不聽人勸的劣根，急功近利，喜歡看表面現象，人云亦云自無主張，遇事不加深入的思考，反而粉墨登場地充當一個空拳架子的奴隸和啦啦隊，對於究竟每天每次練了些什麼，每天每次都是為什麼而練的，稀裡糊塗茫然不知，被人家賣了還幫著點錢，這種荒謬的結果加劇了當今太極拳運動的混亂，所謂的太極拳運動的繁榮僅僅是留給世人的喧囂和熱鬧而已，有的也只是忙亂後的精神空虛與焦躁彷徨。太極拳功源遠流長，理法深奧，博大精深，是中國傳統文化的載體，是國粹藝術，修習者不具備博大的胸懷和深厚的學養，絕難正確掌握和領略其中的奧秘，所以，這項高級的國粹運動不適合全民參與的普通健身運動的需要，當然它也不是好勇鬥狠的一介武夫和普通武術愛好者隨意嘗試的一門單純性的武術技擊。因為，一百多年的實踐證明，這樣做的結果是褻瀆了中國的傳統文化。以上筆者之論乃一家之言，並不強迫讀者勉強接受，僅供有心者參考體悟。

第三節　關於傳統太極拳的正確稱謂

　　太極拳在漫長的流傳過程中，逐漸產生了諸多的差異。據筆者近年的統計，隨意編造冠以太極拳之名應運產生的各種名目的所謂新派太極拳，數量不下六十餘種，讓太極拳愛好者如墮五里霧中，這實在不利於太極拳的學習與研究。太極拳作為中華民族的文化瑰寶是屬於我們全民族的乃至整個全人類的，不是那一家；那一門；那一派的技藝，有感於太極拳的這種「百花爭妍」的局面，筆者以為統一太極拳的稱謂有利於正本清源，便於分清真偽源流。

　　太極拳技藝無論怎樣發展與完善，無論分出多少個支派，根只能有一個。這個根就是上古的易理和老子的無中生有之道。體用原則只能是：執簡馭繁、以一應萬；得其環中、以應無窮；得其一而萬事畢。所以，無論如何練，都必須符合與遵守太極法理來支配作拳的內在與外形，不能搞成少林拳慢練，外家拳慢打，張口論套數，論招數，這樣的東西現在的市面上很多很多，幾乎佔有絕對的市場，但是，太極拳就是太極拳，假的真不了，真的假不了，有心的學者需要仔細琢磨長點心眼，不僅要多問幾個為什麼，還要問幾個怎麼做。諸如趙堡太極拳；陳氏太極拳；楊氏太極拳；武氏太極拳；吳氏太極拳；孫氏太極拳；李氏太極拳等，說到底是傳統落後的習俗與習慣的稱謂，統統都是落後的門戶觀念的體現，是自我標榜，是想立自家貶他家，是私心作祟。想當年楊祿禪父子進京教拳，也沒有自稱為楊氏太極拳，楊氏太極拳的叫法也是後

來才產生的。趙堡太極拳，陳氏太極拳過去僅稱為「趙堡街架」；「陳家溝架」。因此正確的稱謂是：太極拳趙堡架；太極拳陳氏架；太極拳楊氏架；太極拳吳氏架；太極拳武氏架；太極拳孫氏開合架；太極拳李氏架等等，只有採取這種把太極拳放在前面的辦法才能既照顧到各家各派的特點，又能真正體現天下太極是一家：太極拳即陰陽；即天地；即宇宙；即人生；即大道的精義。才能真正體現太極拳做為一門學科的博大與精深。

太極拳的奧妙在「理」上；在「道」上，而不在一招一式的外形上。太極拳德與道雙修，有了較高的修養和能容天地萬物的胸懷，才有可能得到太極拳的真諦。即便是如前所述把太極拳冠名在拳架子前面了，那也不見得習練者所盤練的就是標準意義上的太極拳，因為，太極拳內涵豐富，內在複雜，在內不在外，絕不是外在拳架子的花哨與一招一式的繁複所能說明問題，所以，無論你練哪一派的太極拳架，論拳談拳時，都不要忘了把「太極拳」三個字放在前面，因為這反映了你最起碼的準備修練太極拳的心性與層次。

第四節　傳統太極拳運動修為的入門準備

下決心修練傳統太極拳需要作一些準備，這是修練傳統太極拳成功與否的首要條件，所謂磨刀不誤砍柴功。如果沒有一定的合理的入門準備做基礎，恐怕是應了拳經上的一句話：「差之毫釐，繆以千里」。是「譬如愚人妄想升仙路，瞎漢夜走入深山，不惟無益，甚且有損」——杜元化《太極拳正

宗》自序。那種只要肯吃苦,下功夫,就一定能把太極拳練好的說法,實在是愚弄善良同胞的拙劣謊言,是不懂太極拳的門外漢之語。我認為學好太極拳並且想在傳統太極拳的修練方面有一定的收穫和結果,應當具備以下四個方面的入門準備。

一、立大志

古人云:「故夫人之學道,不患不成,惟患不勤,不患不勤,惟患無久遠之心。蓋久遠之心,最為難也。」(《道藏》第二十冊,第二百五十頁。)學拳貴在持之以恆,勤奮刻苦,才能收練拳修道之益,否則,半途而廢,無功而返,有時不但無益,反而有害。所以,欲修練傳統太極拳,首先要立大志;正動機。不受任何外來因素的影響,堅守一個「恒」字,才有可能收到:健身;技擊;證道的修練效果。

二、認明師

太極拳譜中的十三勢歌有這樣的話語:「入門引路須口授;功夫無息法自修。」言傳身教當是入門修練的關鍵。武林中常講:徒弟找師父三年;師父找徒弟三年。找一個明白太極拳理的人做師父,才不至於在修練的路上走彎路;才不至於出力不討好,(不僅沒有練好身體,反而越練越糟;不僅沒有使自己變得聰明達理,知性知命,相反卻越練越愚蠢,渾渾噩噩全然不知自己的一舉一動是幹什麼用的,是起什麼作用的。)白白地浪費了許多大好時光。江湖險惡,魚龍混雜,

以欺騙為目的而身無真功夫者大有人在，學者不可不小心謹慎，以免誤入歧途，遺恨終身。學拳認師的過程中，要聽其言，觀其行，德行不好，功夫再好也要敬而遠之，學者當慎之又慎！

三、選拳架

太極拳源遠流長，今天的情況是流派各異，風格不一，根據自己的感官印象或者瞭解情況，選擇一個自己喜歡的拳架，進行練習無可厚非，這樣一來可以提高興趣，二來促進功夫的提高和對拳道的認識。雖說各種太極拳架子均是入修的形式，但是先入為主的觀念是不可忽視的，猶如書法之臨帖：歐，顏，柳，趙的，均是漢字書法，但是風格各異，世人所好不一。拳架子僅僅是深入太極拳功的一個媒介和一個面兒而已，學者對拳架子不可不必心存高低優劣的分別，要知道任何一種拳架子都可以入門，關鍵看老師是否是個真懂太極拳的練家子，是否有真傳授。

四、讀拳書

太極拳練理、練性、練神，主張反觀內求，一舉一動心意先行，所以說，讀點太極拳理論方面的書，做到從一開始就在思想上打拳，則進步必快。有關太極拳方面的理論書籍現在可以說是汗牛充棟，魚龍混雜，筆者的建議是以看民國年間的太極拳方面的著作為好，選定幾本優秀的，一路精讀下去，還要做到時時對照檢查，常看常新，這樣收效宏大。

第五節　無極樁功是傳統太極拳修為的鐵門檻

太極拳之修為原則是自靜中生動，由動返歸靜中。樁功的目的就是靜中求動的法門，這個動是指內動。即便是活樁（動樁）──太極拳之拳架，也是為了追求真正意義上的內動──丹田內氣之潛轉。因為動是絕對的，儘管人表面安靜不動了，但是體內的呼吸氣血都是動的，生命體的內在機制一分一秒也沒有停止，所以，我們所說的靜是相對的。掌握了這一點，我們就從而可以真正明白外示安逸；內意鼓蕩；神經得以溫養；氣血得以平衡的內在涵義。

無極樁功本乎太極之理，無極乃是太極之母，無極生太極，不明此理斷不能進入太極運動修為之門，即使窮畢生精力也是妄費功夫，最終仍是門外漢，可憐也可歎矣！天下之大莫大於理，先有理後有術，以理推術；天下之精，莫精於術；天下之妙，莫妙於法；窮其理，推其術，循其法，成之於藝也。

筆者的幾位太極拳師父對無極樁功之竅要，均深藏不露，隱以為秘，均稱無極樁功乃入太極門之鎖鑰，是入太極門的鐵門檻，有只可意會不可言傳之妙。筆者今日不敢自藏天寶，以門內心得以饗共好。

求無極狀態先從「八閉」與「六內」做起，思想意識上以人機不動，天機自動為基本法則。八閉：閉聽，閉視，閉嗅，閉口，閉肛，所謂八孔關閉之意。閉非閉死，乃是要求練功者不以自我為中心，去處雜念，用功於「六內」。六內：內

息，內想，內聽，內視，內感，內動，即突出意識，神經，氣血的鍛鍊。具體的動作是：兩足併攏，身體站立，兩腳自然開立約六十度（或兩腳併攏或軌道步均可），身體中正安舒，重心平衡地落於兩腳之間，兩眼平視後，輕輕合攏，呼吸自然，聽而不聞，視而不見，神意內斂，專在六內上做功。心中空空蕩蕩，四肢鬆垂，下鄂微微用力回收，頭頂上拔，後頸輕輕貼於衣領，腰胯下垂，尾閭下拽，中間空，以上均是意念活動，自然地保持姿勢站下去。道家太極修為所用逆運之理，以後天之氣返歸於先天命門之中，周而復始，行乎大小周天之運使，多則十幾分鐘便可獲得內動之意。

明白和掌握了無極樁的練法，則馬步樁；踩腿樁；獨立樁等均是一勢通勢勢通，可以不意而會，豁然貫通焉。所謂形式（姿勢）為目的服務，學者一旦得道，則能在盤架之中做到拳中有樁，樁中有拳，拳樁合一。

歌訣曰：

上拔下拽中間空
寂然不動感斯通
鬆肩垂肘氣下行
含胸拔背上下求
先天八卦後天運
逆運後天返本原
人與天地有三寶
三才相合九歸一

第六節　技擊作用是太極拳對道的體認

　　太極拳既然稱為拳，就說明太極拳的產生從一開始就有著積極的入世意義，是體用兼備的。經過六千多年的不斷演變，太極拳已發展構架出了一個完備高深的內家拳體系。

　　太極拳一方面重視技擊作用，另一方面又提倡「欲使天下豪傑延年益壽，不徒作技藝之末耳」這是否有悖於太極拳的技擊目的呢？筆者以為太極拳技擊養生並舉，二者互為表裡與一體的思想恰恰反映了太極拳做為宇宙大道載體的高深內涵：技擊是太極拳的靈魂，養生是太極拳的根本的說法，表明了傳統太極拳功一體兩用的功能。老子曰：「吾有三寶，一曰慈，二曰儉，三曰不敢為天下先。」老子的這番話突出了祖國道家文化「反者，道之動也」的指導理念。說明道家的入世之用是以先置自身於被動之地而後求主動，即困而後發，以靜制動，後發而先至的。至於太極拳提倡不徒作技藝之末耳，乃是說太極拳的修為是對立統一相互依存，重理性的修為模式，也就是要求學者在突出養生為本，技藝為末的前提下，不斷追求太極之理的明悟，通過養生的修為，明悟太極之理；通過技擊實踐的體認，明悟太極之理；通過明悟太極之理，以達到高效地養生與技擊。只有這樣才為合道，才稱得上真正練拳。

　　太極拳追求「得一而萬事備」，這個「一」就是太極之理。這個理放之四海而皆準，它集技擊，養生，深邃的人生與社會之道於一體，而被武林中人美譽為上品之術。「形意拳，八卦拳，太極拳」更被稱為內家上三門，也即龍；虎；鳳

上三門。古往今來，無論練什麼拳的人，最終都自覺不自覺地要步入形意拳；八卦拳；太極拳，這所謂的大學課程階段。依筆者之見，太極拳應是武學的研究生課程，因為他讓人學的絕不是所謂一拳一腳；一招一式。若單論技擊作用，人們常說的硬拳（少林拳、八極拳、螳螂拳、南拳等）那一門拳藝不是流傳了上千年或幾百年，哪一門拳藝不講攻防？但是，這些拳的內涵遠比不上太極拳。太極拳是大道之學，是一個完備的思想與修練的體系，它可以做你認識自然，體悟人生與社會的指導思想和精神支柱。練會太極拳，它使你看問題簡潔明快，充滿智慧，積極樂觀，中和順遂。你似玉樹臨風，又似獨上高樓；你似流水柔情，又似春風拂柳。

因此，修練太極拳要緊緊抓住技擊是靈魂，養生是根本，這一核心的法則的同時，又要明確技擊是靈魂，養生是根本僅僅是個說法，從修真的最終目的和意義上來說，還很不嚴謹，因為，修真入道、合道得道證道才是習練太極拳的根本目的，我們應該在太極大道上多參悟，別把太極拳只當作拳來練，張三丰祖師關於「不徒作技藝之末耳」的論述，目的也就是告誡後人別把拳只當作一拳一腳來練。因為在太極拳的技擊之中包含著對太極大道的體認與表述。

第七節　傳統太極拳架的大中小高中低問題

當前人們對太極拳的大小高低架的問題爭議頗多。如說楊祿禪的真傳是小架；楊澄甫的拳架是大架，是定型的社會架；如說趙堡架的傳人鄭錫爵為大架傳人；趙堡架傳人鄭悟清

為小架傳人；就連武氏架陳氏架也分別有誰誰是大架；誰誰是小架等等，如此一來，關於大中小高中低架的問題引來了不少的浪費時間的爭論和戰鬥。

筆者自七〇年代末始先後習練吳氏南派架；田兆麟承傳的楊氏小花架；鄭伯英一支的趙堡架和吳氏北派茂齋老架。在經過二十幾年的苦心演練後，恍然間有大徹大悟之感。原因在於當學者的功夫下到一定的程度時，隨著一層功夫一層理的認識的提高，對太極拳的認識已上升到理性的高度。學者感到大中小，高中低架的問題已不是太極拳要研究解決的問題了。大中小高中低架僅僅是太極拳修為過程中的不同練法而已，大中小，高中低，快與慢的練法都必須符合太極之理，只要符合太極之理，大中小，高中低，快與慢的拳架都是太極拳。不能用大中小，高中低，快與慢來給太極拳分類。太極拳練的是個「理」字，學者不能被假像所蒙蔽，要練好太極拳不能把精力放在大小；高低；快慢這些外在因素上，練法僅僅是練法，它代替不了理法。

楊氏小花架（小功架），在習練時也是先求開展，先作四平架，待架式盤的圓活之後，再把架式放低，圈放小，逐漸追求內大外小的功境。吳氏南派分高中低三種練法，依學者體力適當安排。吳氏北派茂齋老架則強調在一趟拳架中有機自然地展現出高中低；大中小；快與慢來。所謂趙堡大架的修為更是嚴格按照拳論的要求，「先求開展，後求緊湊」，要求學者大開大合；大起大落；大進大退。不僅要求習練者蹲身下勢，而且要求跌叉落地，使尾閭鬆貼於地面，門內俗稱落地練功架，難度是非常大的。

是不是如此說來大架只能往大了練，小架只能往小了練呢？此言差異，太極拳其大無外，其小無內。就趙堡大架門的修為而言，恩師傳與弟子的定步練功架更是小巧細膩，各氏小架與此相比，又顯大了許多。太極拳可大可小；可高可低；可慢可快；變化萬端，循環往復，包羅萬象，經云：「懂勁後越練越精，默志揣摩，漸至從心所欲。」太極拳的奧妙也正在於此。

　　練功的方法不同，追求的效果也不同。低架；慢架；大架；體力消耗大，容易長功夫。高架；快架；小架；變轉輕靈，體力消耗小，對於已入道的學者來講，便於內在神意的修為，對於初學者而言，卻不利於功夫的長進。這都是歷代太極拳先賢通過實踐所證明了的。太極拳舊譜資料有云：小架如心經，藏於大架中；不練大架藝難成，不學小架心不明。小架不小，大架不大，去粗留精，奧秘成形。意念深長，氣勢滔滔，疾如閃電，忌似木雕。架無定架，步無定步，物我不分，猶如雲霧。無柔無剛，無走無粘，猶如雷霆，又如閃電。這些要義的闡述，都告訴我們後人，太極拳的修練可以歸結表述為通過鬆柔手段來研究力學的一門技術。方法為目的服務，修為太極拳者追求的是太極拳的內涵，而不是局限於外象的什麼大中小；高中低架，快慢、軟硬等外在形勢的表現，學者務必要三思矣。

第八節　太極拳十三字秘訣批解

　　無極而太極，太極剖判陰陽，動生陽，靜生陰，動靜由開而合，由合而開，使天地永恆地運動，繼而在運動中陰陽極化

產生陽中陰；陰中陽，陰陽演化相互交感，陽中陰，陰中陽運變生化，聚合，復歸於太極中央，歸而復始，生生化化，直歸於無極混沌之真，即所謂陰陽生萬物；萬物含陰陽的道理。

　　太極拳十三字秘訣，歷代太極明師口傳心授，擇人而解，是太極拳本體一理的昇華，既是體，也是用。這十三字訣貫穿在練拳盤架；推手；散手的始終。這十三字訣是：捨；借；敬；中；和，靈；圓；活；展；順，粘；儉；空。

　　太極拳是悟理，入道的門徑。古人創拳乃是教後人在修身，齊家，治國，平天下上得益處。太極拳是智慧拳，所以本人寫書的目的也是思維立意；智慧開發。希望能通過《太極之門》這本書喚起更多的國人在思想上練拳；在意識上練拳；不拘於身體上有形的初級修為，希望更多的太極拳愛好者能在生活中練拳，將太極拳十三字秘訣貫穿到現實生活中，提高我們的生活品質和人生品位，起止坐臥均含太極拳修練之意，而不是世人通常所說一天練了一個小時的拳，兩個小時的功那樣。只有如此，才是真正的練拳人；才是真正的修道之人，才能真正體現我們中華民族的文化瑰寶及國粹的內涵與意義。

　　太極拳在現實生活中的作用是廣泛的，可以說無處不在，處處皆有。如何更好地把太極拳靈活地應用到現實生活中去，是傳統太極拳在今後重點要研究的內容和發展的方向。

一、捨字訣解

　　老子曰「吾所以有大患者，為吾有身；及吾無身，吾有何患？故貴以身為天下，若可寄天下；爱以身為天下，若可托天

下。」《道德經十三章》老子的內心是崇高，積極，善及天下而不自私的；是不以自我為中心的；是大而無畏的；是大而無為而無不為的。

「捨」的思想是道家思想的核心，它反映的是客觀物質世界和人類社會生活的自然規律及內在法則，即：不抵抗；純任自然；順乎形勢。「上善若水。水善利萬物而不爭。」說明道家不以個體的人為中心而以客觀自然與社會群體為中心。「捨」的對應面是「得」，是「留」。能捨才能得；才能留。俗話說得好：捨不得孩子打不了狼；捨出金娃娃，買通千條路；捨得一身剮，敢把皇帝拉下馬。所以太極拳經云：「捨己從人。」

捨包括兩個方面：精神（無形）與物質（有形）。要想掌握「捨」字訣最重要的是在思想上牢固樹立「捨」的觀念，時時刻刻勇於去「捨」。在精神方面要勇於拋開——你的情感；你的個性；你的愛好；你的時間。在思想上建立一套不以自我為中心的觀念體系，遇事先想著別人，先考慮別人的想法，這樣才能使自己的人際關係少衝突，多和諧。

事物的兩個方面是一陰一陽，光考慮自己，不考慮別人是不平衡的，必須雙方面兼顧，而且還必須是按照道家太極門的思想以先考慮別人，後考慮自己為前提，做到相互依存；和平與發展，順應自然與時代的主流，一個什麼都敢「捨」的人，當然會令別人不「忍」加害於他，自然會收到無往而不利的效果。

物質的一面說來就具體而形象的多了。捨得大本錢才能做大生意；捨得花大價錢才能買來高級名貴的商品。丟卒保

帥；投石問路；拋磚引玉；金蟬脫殼；美人計；還有什麼：留得青山在，不怕沒柴燒等等，均是對有形之物，能捨則捨的具體形象的闡述。

能捨才能不抵抗，能捨才能誘敵深入，能捨才能達到或實現真正意義上的「不捨」，能捨才能得。因為道家的思想是積極退讓，是以「反者，道之動」的原則構架起了尊道而行，不敢為天下先的戰略思想的。道家的太極哲學認為：萬事萬物無非是陽陰演化而成，太極之理闡述的是萬事萬物對立統一，相互依存，事物總是互相轉化。「大曰逝，逝曰遠，遠曰返，返曰道。」老子當年西出函谷關時倒騎青牛所感悟出的「前進就是倒退」的道理，即是對太極陽陰轉化的形象描述。主動就是被動，「不敢為天下先」是以主動的方式將自己置於被動的地位及局面，一切服從對方，遵循作用力與反作用力的原則，針對對方在主動積極的過程中暴露出的缺陷和錯誤，後發而攻之，則勝券穩操。

「捨」是一種克己的修練，有了「捨」的思想和精神，人也就有了「忍」與「讓」的行動，也就有了仁愛之心，也就有了慈善之舉。昔孟子「捨生而取義」，正是「捨」的思想與觀念的昇華。

當今社會上有相當一部分人的人際關係緊張而不和諧，又僵又硬，無論是上下級關係，還是左右同事關係，各個方面都處理不好，究其原因與毛病就在於凡事太自私，抵抗太多，總打「金剛拳」，成了人群中的「強驢」，犯了「牛勁」，撞到南牆不回頭，結果導致了不成功的人生悲劇。

學打太極拳吧！順應形勢，加快人的自然化過程，做到與

生活融合與自然融合，只有這樣才能活的輕鬆，活的愉快，活的沒有負擔！

二、借字訣解

現實生活中，大則借錢，小則借物，人們是離不開借的行為的。至於給別人添麻煩，請別人代勞一件事情，諸如：問問路；探探消息等，無不是「借」這一行為的延伸與量化。三國演義中草船借箭一章，諸葛亮向曹操借的是兵器，按現代的說法是借彈藥。火燒連營一章，諸葛亮借的是浩蕩東風，說的文雅一點是借助於自然氣象條件。像這樣的戰例，古往今來，數不勝數。能借就能用，借的對象也分有形與無形；具體與抽象，借字訣反映了道家太極大道的不抵抗，順應外來之力與形勢的思想。一個借字用於太極拳法中，具體為：借力打力。但是，同樣一個借字應用於我們的生活中則被活學活用到了極至。諸如：商場上的借雞下蛋，借錢生財；官場上的借刀殺人，狐假虎威，狗仗人勢，背靠大樹好乘涼等等；只要能產生對自己有利的力，則沒有不可借的。借已經被人們活化到了無處不借，處處想借的地步，可以借名；可以借思想，可以借臉（面子），可以借嘴（說的話），可以借人的手，甚至還能借他人的心。一個什麼都敢借，什麼都能借來的人是會讓自己的對手不敢而且不能加害於自己的。

三、敬字解

敬有恭敬之意，更與靜相同並用，所謂能心靜才能顯恭敬，敬是外象，敬是本體，二者互為表裡。道家修為強調在虛

靜上下功夫，其用功法是內求法，即一舉一動從內向外練。太極拳是道門的內家功夫，素有貴隱不貴顯的特點。他通過外象的敬來麻痺對方，其實內心一片警覺。至於內心虛靜，乃是專氣致柔的修練方式，通過虛靜開發內在的功能與潛能，達到不僅身知而且心知神知的境界，也即拳論所說：人不知我，我獨知人，英雄所向無敵。

人能做到敬，才能真正按照老子《道德經》上說得處處守弱勢，才能象水一樣順遂，才能存在的長久。

四、中字解

古人云：「不偏之謂中，不易之謂庸。中者天下之正道，庸者天下之定理。」練太極拳離不開個「中」字，太極十三勢為八門五步之法，其中進退顧盼定也即閃展騰挪中定，緊要處說的就是一個「中」字，太極拳吳氏架一門技擊，始終把當年楊祿禪告訴全佑的話：「占住中定，往開裡打」，奉為推手的秘訣與準則。趙堡架也有「添坑，踏占中門」的技擊竅要，說的也是這個「中」字。行拳走架，要的是起於中；落於中；守於中；攻於中；求中用中；時時勢勢不離中字。

中離不開正，正了才能中，二者互為表裡。正是體；中是用，體用相合才為合道。就太極拳的內在修為而言，只有心正才能氣正，才能養我浩然正大中和之氣。身架外形之正，乃入道修為之初步，練拳者尾閭正中，身形不偏不倚，立身中正安舒。若連基本的外形都歪歪斜斜，則入道修為永遠渺茫。

就現實生活來說，中流砥柱為立身為人的根本。它要求作人做事在信念上堅定不移，無論外部事物如何變化，都能做

到我自歸然不動，自有一定之規，則立身官場商場近於不敗之地矣。

五、和字解

和是一種平衡，和是德的外象，德是和的本體。無與有和，則生陰陽；陰與陽和，則生天地；天與地和，則生萬物；物與物和，則有形才能化無形，才能實現返歸於無的本原境界。

人人與我同體，萬物與我同根，親和萬物，善待同類，是道家德行的最高境界。作為練拳修道之人，應在「和」上下功夫，孜孜不倦地追求「和」。人體陰陽二氣和，則六脈調暢，氣血平衡，自然神清體健，疾病不侵；人與人和，則人際關係融洽，人的心情愉快，自然夫妻和美，家庭和睦，鄰里互助，同事互幫，領導關心，部下擁戴。人與自然相和，更是益處大焉，比如人類善用森林礦物水源，保護動物，維護自然生態平衡，其結果是，自然環境好了之後，有助於人的身體健康，也即外部環境有利於人的內部環境的治理。反之人類不去求和，而是讓萬事萬物變得不和，則害處與弊端不勝枚舉，一切會變得大殺風景：夫妻反目，家庭破裂，鄰里糾紛不斷，同事互相猜疑傾軋，領導妒賢忌能壓制下屬，下屬無事生非抗上不滿；再有天譴人怨，自然災害不斷，水土流失土地沙漠化，林木稀少，動物瀕臨滅絕，地下水減少乾枯等等。

從表面來看「和」有和諧，安靜之意，但是和從根本上說是動的屬性，這種動的屬性是良性的，和諧的，善意的。作為和的另一面「分」，則是惡性的，失衡的，惡意的。所以常把

和字放在心上，則遇事心平氣和，處亂不驚，自然能平添幾分化險為夷的能量。

六、靈字解

太極拳的修為只有達到「靈」的境界，才為上乘。也就是拳論所云：「人不知我，我獨知人」的地步。靈者，神靈也。以神通靈之意也。

求靈的法門是求輕求小。心意放鬆，以輕求靈，趙堡架先哲鄭悟清云：大則滯，小則靈；重則滯，輕則靈。靈與活是相互聯繫的，能活才能靈，能靈自然也就活了。能靈活才能去追求萬端變化。靈是動的高級層次，太極拳修為者在求動的過程中，要時時處處求靈求變，不滯不死，不在一招一式上作文章，進入太極循環往復無端的圈子裡去，才能不枉練拳一生。

七、圓字解

圓有圓機活法，玉盤走珠之意。太極拳象天取地，法於陰陽，是以和於宇宙運動形式為內涵的高級運動形式。宇宙的運動方式是圓周運動，所謂一圓一太極也。在行拳走架的過程中，通過螺旋纏繞，上拔下拽，前伸後拉，處處為圓，內勁一圈接一圈，外形一圓接一圓，平圓立圓斜圓，大圓小圓，圓圓不斷。理在圓中，圓在理中，只有把圓劃好了，才能把握太極拳的內核。運動是絕對的，靜止是相對的，圓代表了動的根本形式，圓則動，靜則方，圓意味著完整，全部，圓的屬性決定了它所具有的旋轉離心力和向心力即相互依存和對立統一

的運動，因著圓的運動所以才有以柔克剛，以巧力而撥千斤的效果。

圓既然是宇宙的高級運動形式，那麼我們在現實生活中就要處處注意劃圓，要體現圓的不抵抗與積極穩妥，中國的古錢遠取諸物，近取諸身，外圓內方，取象於人。實為練拳做人的開悟警示之物。

八、活字解

宇宙萬物在運動，動是前提，活是外象，活動活動，二者互為表裡，太極拳十三字秘訣，不言動，獨言活，乃是以人為本，告訴人們活是目的，動是手段，只有活，才能動，只有動，才能活。把拳活起來，自然可求到：輕妙靈動，圓轉自如，舒展大方，順暢無滯。

活是發展，自然也就是硬道理。人是活物，是動物，不是死物，不是靜物。人要順天而行，必須動起來，活起來。

九、展字解

展有舒展，伸展，展開，發展之意。做到展，自然氣順，筋鬆，轉動靈活。拳論云：先求開展，後求緊湊；收即是放，放即是收；放即是展之意，只有最大限度的放，才能最大限度的收，展開了自然活動沒有阻礙。在現實生活中，為人辦事大大方方，自然受歡迎，得好處，如果一開始便想佔便宜撈好處，小來小氣，必被人群所不容。展是捨字的體現，鄧小平同志說：發展是硬道理。就是按照太極原理（客觀規律辦事），太極拳學人不可不審視耶！

十、順字解

　　順是順應形勢，純任自然。順自然通，通自然順，俗話說：一通百通；一順百順。盤架作勢，求順求通，是功夫提高的不二法門。現實生活中，把握全域順風展旗，順水推舟，順坡推驢，少數服從多數，下級服從上級，隨機應變，左右逢源，遇彎轉舵，均是以順字求活求變的規則。

十一、粘字解

　　粘即黏，有粘附，膠著，有脫之不掉，揮之不去，如影隨形，剛好接觸上，不多不少之意。是高度的敏感，不貪不欠，貪了則犯抵抗，即拳經所說之「頂病」與「匾病」；欠了則犯斷勁，即丟病，使敵人逃脫。粘表現了太極拳勁的高度的聽覺，即所謂聽勁。粘是太極拳控制敵人的方法，拳論云：粘即是走，走即是粘，能粘才能走。

十二、儉字解

　　老子曰：吾有三寶，一曰慈，二曰儉，三曰不敢為天下先也。儉有收斂之意。所謂慧而不用，神意內斂，專做內在文章是也。太極拳修為強調不過分使用先天之力，以養為本，善護生命之根，反對大力死力用拙力，不貪不欠，處處借力省力用巧力，盡顯太極運動之細膩精微。

十三、空字解

　　太極門理法，本自然大道，循宇宙生成之規律，無生有，

有歸無，無者空也。把有形的練至無形，混沌空蕩，無極之狀也。修為太極拳至無形無象，無影無蹤，是為太極拳運動的至高境界。太極門把空稱為透空，是言大道修為已至直破有礙，臻於太虛之境。

十三字秘訣綜述

太極拳十三字秘訣是一個完整的體系，相互關聯共居一太極體內，相互依存，相互促進，生生化化，循環往復，無終無始，周而復始，復歸於無極之真。「捨借敬中和」為道之體；「靈圓活展順」為道之用；「粘儉」為道之術；「空」則為道之歸向。能捨才能借，能敬才能忍，能捨才能逆來順受，曲中求直，才能言圓活順遂。得了中和之要竅，圓轉周匝，陰陽變化，輕靈飄逸，如影隨形，因勢利導，隨機應變，變化無窮。太極拳十三字秘訣涉獵萬象，含義萬千，決非上述隻言片語所能完全涵蓋，學者須悟在心內，會在身中，超乎象外，得其環中，反覆實踐，反覆揣摩，才能真正領悟。十三字訣雖不言「剛硬」二字，實乃「剛硬」之大用也，學者宜務必詳察深悟焉！

第九節　太極拳架子盤練行動十大綱領

太極拳架子是太極拳功修為功成後以武演道的組成部分之一，盤練太極拳架子是習練太極拳功者的一個工具和傳授太極拳功的道具之一，沒有不可。由盤練架子而悟道，由悟道而漸入大道修真的門徑是個必須的不可缺少的過程。拳架子作為入

道的載體，太極拳修為者在盤架子的過程中，要認真領會與貫徹以下十項基本原則：

（一）心平氣和，心靜體鬆；

（二）上拔下拽，氣沉中空；

（三）順肩溜背，肘垂腕鬆；

（四）鬆腰斂臀，尾閭正中；

（五）上下相隨，內外相合；

（六）舉動如貓，虛實分明；

（七）呼吸自然，神意內斂；

（八）運柔求剛，用意用神；

（九）相連不斷，圓轉往復；

（十）靜中求動，動後歸靜。

一、心平氣和，心靜體鬆

盤練架子時，首先要做到心情愉快，放下雜事，安下心來。心能安，自然能心靜。能心靜，自然身體肌肉不緊張，能不緊張反過來又促進內心的平靜和呼吸的平穩，使你靜靜地身體放鬆地投入到盤練架子之中去。因為太極拳是內家拳，屬道門之隱法，它要求修為者去練理，去練神，以此為終向，帶動五臟六腑與四肢百骸的修練。太極拳盤架子要求先入無極之境，由無極而呈現有極，待太極之氣產生，然後以心制意，以意制氣，以意識為引導，順遂自然地動作。所以，調整好心態是練拳盤架子之最基本。

二、上拔下拽，氣沉中空

太極拳是抻筋拔骨之運動，通過上拔下拽，使人體的脊柱保持和恢復自然的生理曲線，上拔是指頭正項挺，兩眼平視，似有一線相連，頭懸樑上；下拽是指尾閭骨內收下沉，似懸一重物。氣沉是指意念自身氣血延身體兩側陽經下行沉降至腳下，中空則是通過收腹展胸在內部放鬆的情況下，意念自身除頭腳手以外，身體軀幹進入空無的境地，這只是太極拳修為的一種要求而已，並非身體軀幹真的就消失了，學者當細心揣摩，不可落入邪說妄境。

三、順肩溜背，肘垂腕鬆

順與溜皆取象於水，意為順遂自然，肩與背順遂了，身體軀幹則放鬆了。至於肘垂然後才能腕鬆，則是太極先賢經過實踐的檢驗後總結出來的，與「末梢放鬆法」是截然不同的玩意兒。關於傳統的含胸拔背法，是盤架走勢中的具體的動法，而不是放鬆的原則或一個固定的姿勢。

四、鬆腰斂臀，尾閭正中

拳經云：「命意源頭在要隙，刻刻留心在腰間」「其根在腳，發於腿，主宰於腰，」「身便散亂，其病必於腰腿求之，上下前後左右皆然」。所以，鬆腰是練拳盤架的關鍵，腰鬆則腹鬆，經云：腹鬆氣沉入骨，神舒體靜。能鬆腰才能氣沉丹田，能鬆腰才能穩健靈活，太極拳之虛實變化，皆由腰轉動，以腰為軸，一舉一動，上下相隨，內外相合。鬆腰必須斂

臀，二者一體，身體中正，尾閭正中，意為尾閭骨應處於身體的中線的位置上，上與百會穴相對應，始終保持身體的中正狀態，即如拳經所云：「尾閭中正神貫頂，滿身清利頂頭懸。」

五、上下相隨，內外相合

太極拳是整體的；相互依存的；矛盾的運動。有前必有後；有左必有右；有上必有下；由內必有外，對應面缺一不可。盤拳走架要保持整體的動態平衡與穩定，要體現上下貫通，協調均衡，渾然一體，內外相合，所謂：總須完整一氣，一動無有不動，一靜無有不靜。

六、舉動如貓，虛實分明

太極拳作為武當道門的行功法，循經走脈是練功的基本目的。因此要求修為者，神如捕鼠之貓，動作輕靈而不飄浮；沉穩而不僵滯，細緻入微，不急不躁。要做到這一點，必須全身放鬆，肘垂腕鬆，神意靈動，靜心細察。舉手投足之際，要意念自己如巡獵之貓，輕起輕落，隱蔽悄然不出聲響，要以身帶胯，再以胯腿的放鬆，完成一腳的邁步。落步時要安照腳跟腳掌的順序輕輕逐次落地，然後踏實，鬆腰落胯，重心逐漸移向邁出之腿，後腿放鬆，再以身帶胯，後腳向前邁出，如此交替往復。舉動如貓是體，是內在的神意；虛實分明是用，是外在的變化。

七、呼吸自然，神意內斂

太極求大道，乃純任自然，一吸一呼，均要符合自然，也就是平常生活中怎樣吸呼便怎樣吸呼。神意內斂是指盤架時，若斂神聽風雨，突出一個「靜」字，神以養而得以練，呼吸自然便於入靜，入靜則使氣血下行，氣歸丹田；入靜然後神意自生。盤架子萬不可裝神弄虎，鼓胸運氣，咬牙瞪眼，有違人體天然的規律與平衡，而與內家心法相去十萬八千里，縱然苦練一生終究不得入門窺道。

八、運柔求剛，用意用神

太極拳的修為境界是空空靜靜，無欲則剛，這個剛是至大至剛。剛柔之論仍然是太極拳的中級層次，而非神明之境。太極拳所說的陽是陰中的陽；用的陰是指陽中的陰。也就是反者道之用也之意。太極拳架在盤練的過程中，雖然大小有別，風格各異，但是運柔求剛的原則是一致的，太極拳以鬆柔為體，不用僵力拙力，一舉一動，以心制意，以意制氣，以意行拳，全以循經走脈為根本，根本的目的是在知己上下手，使神經反映高度的敏感，使修為者在臨戰之時，能以彼之道還施彼身，借得上外力，所以才有拳論關於運柔成剛及運柔求剛的說法。

太極拳不是單純的技能運動，它要求學者多在用意用神用心用腦方面下大功夫，但是並不是讓你犯主觀主義的錯誤。既要知道練什麼，又要知道怎麼練，什麼時候多練，什麼時候少練，而決非只要拳打千遍萬遍；出大力；流大汗就能簡單成功的外家硬拳練法。

九、相連不斷，圓轉往復

太極拳的外操動作，是道門先賢根據人體內在的氣血經脈的運行規律，以打通人體內在血脈為目的，以抻筋拔骨為手段的養生訓練方法。外在動勢的進退轉換，起伏折疊，相連不斷，圓轉往復，纏繞周匝，均是內在運動的體現。沒有內動，外面有動也空，是無意義的動，是徒勞的動。行雲流水，連綿不斷；大江大河，一浪接一浪，滔滔不絕；循環往復，無終無始；圓中有圈，圈中有圓，是謂（太極）長拳。

十、靜中求動，動後歸靜

太極拳本乎太極之理，無極生有極，動靜陽陰分，有極化太極。所以盤練太極拳架子必須靜起靜落，萬不可想當然，以自我為中心，自專；自用；急躁冒動。太極之動乃自動與發動，而非主動和妄動。盤架者要耐得住性子，先把無極勢站好。所謂靜極生動，先有內動，後有外動，先運後動，動後順遂，任由自然，動後歸靜，太極根本，又所謂太極復歸於無極之象也。至於上場如猛虎，下場如綿羊的行拳原則，均是外家硬拳的操法，而不為太極修為所取。

第十節　傳統太極拳盤練運動的四個階段

太極拳是入道之基，基礎不牢，門徑不對，則對拳藝的提高沒有好的幫助。相當多的人練拳有年收穫不大，原因也就在於沒有瞭解傳統太極拳運動修為的基本過程；沒有及時發現

自身存在的問題。過去前輩把太極門技藝，歸納為：強身健體，延年益壽，得道成仙。形象而具體地表述了太極拳功的修為是一步一個臺階，其中包含著以肌肉筋骨的運動為主的表現於外的形體修練；包含著周身一家注重身體內在調養的隱藏於內的意氣修為；包含著意氣相合，天人合一的無形無相的神意修持。

對於學習傳統太極拳功的人來說，盤練太極拳架子是個不可缺少的漫長而艱苦的修練過程，傳統太極拳架子盤練運動修為，對於盤練太極拳架子後有功夫的表現，一般情況下會陸續出現能夠做到：分清虛實、上下相隨、內外相合、周身一家、用意不用力的結果。為了讓修練者學有方向，心中有數，學有借鑒，筆者結合自身近四十年的練功經驗和體會，姑且從方便權宜的角度，把傳統太極拳盤練運動的修練過程，大致地分為四個階段（時期）。當然，要特別提醒注意，傳統太極拳盤練運動的修練過程是一個完整的有機整體，這四個階段的劃分並不是教條的切豆腐式的翻篇兒、算時間，四個階段的劃分，是為了方便說明和解決傳統太極拳盤練運動中出現的情況和問題，目的是為了使有緣的同參同學能有所啟發，其觀點和認識僅僅是筆者個人對盤練傳統太極拳架子的體會與經驗，對於修習傳統太極拳功來說仍屬局部，同參同學切莫過分執著而理解走偏：

第一階段：溜架定架階段

在此階段要學會和做到照貓畫虎，照葫蘆畫瓢，按照老師作拳的外形把一趟拳架子放鬆地順順當當地溜下來，不要心急

氣躁地急於追求內在的要領和一招一式的用法含義，要時刻牢記太極門技藝和體現中國傳統文化的國畫、書法、戲劇、中醫、國學等技藝學問一樣，是需要花費漫長的時間和功夫一步步紮紮實實地學習的，來不得偷工減料、強化培訓、提前畢業等急功近利的鬼把戲。要學習太極拳功，就要收心、實心、安心地一步一步地學習。先從外在的手眼身法步求起，也即三型三法（手步身三型；手步身三法）。盤拳架子要符合老師教拳的基本要求，盤練拳架的速度可以稍微快一點，作拳過程中要始終貫徹心靜體鬆，心平氣和的基本原則，一百多式的傳統太極拳架子以十分八分鐘的時間速度盤練完即可。

在此階段重點要注意解決立身中正的問題。諸如東倒西歪；低頭彎腰；聳肩亮肘；撅臀腆肚等拳病，通過立身中正的要領即可輕鬆自然地解決。宋人，蘇小妹有詩：「不似何必學，太似不是我，以貌取其身，此語述即可。」這首詩對於如何模仿學習太極拳架子很有啟發。學太極拳需要極聰明的智慧和學養，尤其是要在思維上下功夫改造，要學會默志揣摩，腦子裡想著老師盤練拳架的神采和氣勢，把握住一點：先弄個基本拳架樣子出來，掛個型兒即可。這一階段，如果按照嚴格刻苦的練功規律，頂多也就是一百天的苦練，便能有所大收穫大進步，所謂拳無百日功嘛，但是這個百日功可不是隨便說說的，前提是拳架子能獨立盤練下來，並且得到正規老師的初步拿捏指導。在這種情況下，學練者早晚間最少各兩個小時的不停地苦練，這樣練，百日期滿，才算是拳打夠數，才算拳打百日功，也就完成了溜架定架的階段。

第二階段：鬆柔圓活階段

　　學者經過溜架定架階段的修為之後，慢慢地對鬆靜有了一定的體驗，知道：要想鬆就要心靜；要想活動自如，必須處處有圓意，處處劃圓；要想圓活自如，必須先求開展；也逐漸知道劃圓並非易事，必須是慢中求穩，穩中畫圓，慢中求圓；並且在慢中體驗鬆靜，初步體驗內外一致的感覺。這一階段的拳架，圓劃的越大越好，盤架的速度逐漸放慢到每趟25分鐘至30分鐘。

　　這一階段重點要解決雙重問題。立身不穩，虛實不清，進退不靈，上下分離的問題均是雙重問題所致。解決這一問題採取明理入手來糾正。太極拳講究陰陽，虛實，鬆緊，動靜，剛柔等，強調的是一分為二的對立統一與相互依存。學者在此階段出現上述問題是正常的。學者可以調高盤架的高度，縮小運動幅度，減少運動量，多作一些專門性的定步虛實轉換練習，如弓步與虛步之間；馬步與弓步之間的相互轉換。特別是定步倒胯的練習，具體來說要求兩腳開立與肩寬，兩膝放鬆不打彎，通過倒胯，左右轉換身體重心於兩腿之上，慢慢體會腿部倒換陰陽的感覺，經過一段時間的訓練自然會有大的收穫。這個階段具體需要經過多長的時間，這取決於習練者個體的差異和刻苦程度，和每天下功夫時間的長短有很大關係，通常情況下這一階段也需要經過兩年的時間。

第三階段：外引內動階段

　　在這一階段，學者一般都具備了一定的理論基礎和較紮實的實踐經驗，拳架的演練不僅鬆柔圓活，行雲流水，而且還有

帶動自身內氣的意味。此時盤架，學者可慢練至一個小時左右，也就是動之所至，氣之至焉。但決不可專門運氣，太極拳對氣的要求是自然順遂，周流而不滯，所謂氣遍周身不稍滯，水往低處流是也。學者在這一階段追求的是：陰陽變換靈活，周身一家，上下相隨，一動無有不動。學者的一舉手一投足更接近自然順遂。為使這一階段的功夫不斷長進，學者在盤架時要注意克服呼吸不平穩；以及為過分追求外引內動而造成的強（僵）勁不放鬆。即思想意識不放鬆，表面看是鬆的，內裡卻全面緊張；也就是說鬆是裝出來，不是根本意義上的鬆。如果此時學者把假的當做了真的，會導致偏差，遠離太極之門，功夫永無長進之日，甚而會導致越練越倒退的局面，身體會越練越糟，戕生不已，延年益壽絕對無從談起。

在這一階段的訓練中要側重於抻；側重於拔。不僅抻筋拔骨，更要用內意抻拔自身的主幹（脊骨），通過抻拔，帶動內臟的蠕動和橫隔膜的運動。這一階段學者可以收到氣血運行加快，氣血平衡，陽氣潛藏，行功走架能實實在在地做到氣沉丹田，並且在日常生活中身體稍有不適，便能自我調節：只需輕鬆運動幾式，即可全面放鬆身體各個關節，而得全身大舒服的甜蜜感覺。對於因過分追求外引內動造成的思想意識不放鬆所帶來的僵（強）勁問題，學者可以通過：減少運動量，增加打坐、讀書悟理的內容。打消急躁情緒，對於功境的追求採取順乎自然的方法來調整，牢記拳論所說：默識揣摩，漸至從心所欲。再經過多年的不斷反覆演練，自會不期然而然地步入太極大道之門。

第四階段：內導外動階段

　　到了這一階段，也即所謂內在氣機隨意發動而致功法自然階段。學者感覺是行動自如，一動皆應。盤架時有大有小，有高有低，有慢有快，有動有靜，變化萬千，隨心所欲。拳架的圓圈已劃得越來越小，一舉一動，輕靈飄逸；高低轉折，內意雋永；一進一退，虛實不定；陰陽難測，純以神行。體現的仍然是輕靈自然與中正平圓的原則。此時學者在修練上著重於內意，相對來講悟的多，練的少；靜的多，動的少，專在虛靜上下功夫。修為到此階段雖說十分不易，但此階段之法仍為有為之法，仍需加倍修練。只有專心努力，才能接近天然無為之境；才能步入精氣神圓融之境；才能達到軟如棉，硬如鋼，滑如魚，粘如鰾，神行宇內，應物自然，天地人三合一的絕妙太極之境。

第十一節　書道與太極拳道

　　經過正統書法道藝傳授的人都知道這樣一句話：：「書道通神。」都知道書法用筆運筆暗合後天五行八卦，即，起筆於乾卦，收筆於兌卦。諸如：中鋒行筆，藏鋒於內等規矩更不必贅言。我這篇文章要說的重點不是書道，而是想通過書法之道談談太極拳之道，再確切地說是談談太極拳架子的練（練）法。天下之大，莫大於理。中華書法之道二千多年傳承，真行草隸篆鐘鼓文等諸般字體各成體系，自有章法：執筆運筆、謀篇佈勢、占位留白、濃豔清淡、肥潤枯燥、落款用章等均有講

究，這就好比太極拳功的傳統拳架子：趙堡架、陳氏架、楊氏架、武氏架、吳氏架、孫氏架、李氏架一般；又如同太極拳架子的具體練法：大小高低快慢剛柔中和一般。看書法之道：橫有起落，豎有升降；橫有伸縮，豎有輕重；捺撇長短，內外開合；豎進橫退，變幻成字；豎沖直發，橫截自救。與技擊之道何異之有？故從來有文武一理之說。正規學習書法的人一般是先真楷，後行書草書，或者先真楷再習隸書、篆書等，也有一些野路子的書法愛好者，真楷功底沒打牢，便直接行草隸篆一氣，也自呼為書法，這是人間自由，規矩的學藝之人，不會搭理這等事兒，只會付之一笑。其實，這和盤練太極拳架子是一個道理。正規傳授是先求中正開展，後求舒適緊湊。如寫字一般，先寫大字，後寫中楷、小楷。楷書基礎扎實自如後，再求行、草等練法。太極拳架子大小高低快慢剛柔的練法和風格均是太極拳功的表現形式之一，大架子不大，小架子不小；快架子裡邊有慢東西，慢架子裡面有快東西；高架子不練高，低架子不練低；剛架寓柔，柔架子含剛，正所謂內操內蘊，功能證驗才是太極拳功的目的。這一點非常重要，相當一些人，心懷叵測，以為拜了師，跟老師學習了一套拳架子，或者學了幾天的推手，就以為太極拳功不過如此，從此便可以自由活動，分家單過，其實可笑至極，學習太極拳功，沒有三五年的純功，入門極端困難，有些練了十幾年幾十年的太極拳的人，至今還在初級階段的黑暗中摸索，數不勝數、大有人在。學拳習武，離不開架子，所謂練把式練把式，練把式就是練八大架勢，各家拳派都有。練功入門，非有把式架子不能入門。這就好比學書法的，沒有個字帖怎麼成，難道上來就胡寫一氣？如

果是這樣，那也就不叫書法，而是信筆塗鴉了。吾師趙增福先生曾和我說過這樣一句發自肺腑的修真之語：「練拳者多如牛毛，成功者少如牛角；一個人自己不下功夫，師父就是個神仙也是白搭。」請注意：趙老師的前一句話是說，太極拳功修練成功之難，有鳳毛麟角之謂；後一句話則說到下功夫是關鍵，所謂，有信心、有決心、還要有恒心，加倍苦練，才有進步之可能。當然前提是有明師傳授，如果沒有明師傳授，自己又三天打魚兩天曬網，或者一曝十寒，則更是沒有進步的希望與可能。同理，扎根於中國傳統文化的書畫、中醫、戲曲、諸般民間傳統技藝等均無不遵同於此理，均是需要花費長期的時間進行苦練，決不是一天兩天或者短期奏效的玩意。有了真正明理的老師口傳心授，再加以個人的悟性、勤奮乘以時間，才是唯一成功之路，捨此別無他途。

一個合格的書法人，定下專攻的方向，則所攻習的真楷隸篆之體，必是大小肥瘦表現隨意自如，信手拈來，所謂，書寫漢字之謂也。但是，切記，這書法之道的成功關鍵最後在於脫規矩，自成一體，儘管大家同時臨摹歐體或顏體，但是，每個人臨摹出來的字仍有區別，這好比一個師傅教十個學生一樣，同樣的一套拳架子，每個人練出來風格各異，這就是個性，個性也就是生命，如果，僅僅是為了臨摹的像而像，那豈不是個書匠工人，重複工作的勞動人民？寫得再像那不也還是歐體或者顏體嘛，既然有了歐體顏體還用得著你再去寫嗎？古人在論述書法之道時有云：成人則滅己，有人則無我。這話很有道理，要成就一門技藝必須要有所突破，所謂，必須達到有屬於自己的個性東西在裡邊。書法之道，說到底是寫中國語

言文字，而不是書寫外國語言字母，既要寫出來的是中國漢字，又要讓人一下子想到寫這個字的人是誰，感到寫這個字的人用了什麼與眾不同的功夫和方法。同理，我們盤練太極拳架子也是此理，一個武當太極門真正的練家子，一個真心深入修練太極拳的人，他不會拘泥於太極拳架子的大小、高低、快慢、剛柔、長短等外在形式而固步自封或者以此為立門立派的資本，相反，他會潛心練習，對於太極拳架子的大小高低快慢剛柔的諸般練法均熟稔於心，熟練於身，興致所致，意之所指，信步練來，純任自然，如行雲流水，不拖泥帶水，所謂練太極拳功之謂也。至此，我們說，這才是真練（練）了太極拳架子，太極拳架子也才算盤得完整，當然，這還僅僅只是進入道藝階段的第一步，深邃的內涵還等待著修習者不斷地刻苦進步。謹以此文與同道同參們反省共勉！

第十二節　習武修道應該先做學生後做弟子

一、老師、師傅、師父的概念和含義

　　人類文明的諸子百家學說和智慧技藝以及五行八作的手藝經驗都是靠傳授的方式一代一代繼承和發展下來的，所以在人類文明進程中教與學的關係在很早就已經產生了，起初是家族式的一代代傳授，後來又出現了專門教授他人學問智慧技藝經驗的人，也就是我們常說的能者為師，這就是我們現在所說的老師的由來和概念。明清以前，人們稱呼傳授知識和技藝的人，尊稱為「先生」。

二十世紀初，辛亥革命之後，隨著西方教育的引進，新式學校的成立與普及，學校裡開始施行新式的教育操典，把教師稱謂明確定義為老師。隨著時代的發展，逐漸地出現稱呼年長有學問的人為老師，老師的外延也就越來越大了，甚至成了一種社會交往禮節中的一環。

其實，中國最早對老師的稱呼是師傅，「師傅」這個詞，早在戰國時期就出現了，而且從一開始就是用來指老師的。秦漢以後，師傅一詞由泛指從事教學工作的老師，演變為了專指帝王（包括帝和王）的老師的專有名詞，即師傅包含了太師和太傅兩層意思。我們透過《史記》等歷史文獻資料可以發現這種表述方式一直延續到明清，「師傅」，的意思總是和「宮廷」、「東宮」、「儲君」、「太子」、「皇子」等聯繫在一起。「身為師傅，貴極人臣」師傅一詞有了很大的排他性，師傅一詞有所下移而逐漸普及使用是從南宋以後開始的，即使是平頭百姓的教師也可以蒙受此稱。如理學家朱熹既用師傅來稱呼帝王之師，也用來稱呼一般的授業者。

至於用師傅來稱呼工、商、戲劇等行業中傳授技藝的人，則是清代中後期以後的事情。等到工廠裡出現了工人們互稱「師傅」的習慣，以及社會上出現尊稱任何一個成年人尤其是年長的人為師傅，則更是二十世紀六〇年代的事情了。

至於「師父」的稱呼，不僅出現得較晚，而且使用的頻率也非常有限。根據文獻記載是在唐代時出現的。姚思廉的《梁書》中說高祖德皇后郗徽的祖父郗紹，曾任「宋國子祭酒，領東海王師父」。唐朝以後，「師父」這一稱呼開始用來指具有特殊技能的人，到了元明時期，「師父」往往專門

用作對和尚、道士的尊稱。「師傅」作為尊稱，當然含有尊敬的情感在內，而「師父」一詞則是將「師」作「父」一般地敬重，突顯做學生的感情上的真誠真摯。這一觀念的由來是由於受中國重教尊師觀念的影響，在傳統的觀念中，父親和老師具有同等重要的意義，舊時更為普遍使用的「父師」一詞，就典型地體現了這點。所謂「父生之，師教之」、「一日為師，終身為父」，父親有生養之恩，老師有教育之誼。「師父」的稱呼，在保留了原有的傳授知識或技藝的意思之外，更多的是灌注了與治學問、學技藝毫無關係的情感成分，表現的是求學者對老師猶如父親般尊重的情感。「且道士之稱受業師，則曰師父：于師前自稱，則曰弟子，此理之正也。」（《王端毅奏議》，卷十三。）無論是僧道還是俗人，稱呼自己愛戴的老師為「師父」，於理為然，於情洽切。尊稱近稱傳授自己技藝的老師為「師父」，這時學生往往自稱作徒弟或徒兒，最常見於傳統武術界，也常見傳統藝術界，如戲曲界（如京劇），曲藝界（如：相聲、評書、快板等）。

師父和徒弟之間有系統嚴格的師承關係，企業裡也有師徒傳承，這也是源於手藝的教和學。「師傅」和「師父」最基本的意義是相通的，這就是泛指傳授知識或技藝的人。相對於「師傅」而言，「師父」的所指更加寬泛一些，它包含了「師傅」的一切意義。在很多情況下，這兩個詞可以混用。如《穀梁傳》中的「師傅」，在《白孔六帖》和《淵鑒類函》中就寫作「師父」。一個人只要對自己的師傅深懷敬意，而師傅的年齡和自己的父親又相當，他就完全可以稱呼自己的「師

傅」為「師父」。「師傅」與「師父」都是與教師密切相關的概念，但在日常生活中，很多人不瞭解「師傅」與「師父」的區別在哪裡，往往混用這兩個稱呼。

宗教在中國的歷史上一直扮演著重要的角色佔據著重要的位置，但是有一點需要特別強調，沒有一種宗教在歷史上單獨完全地從精神上統治過國人，中國人的宗教需求與消費是多方面多層次的，它帶有中國各民族人民特有的功利特點，無論是源於我國本土的道教和儒教、土地城隍崇拜等多樣習俗，還是從外國傳來的佛教以及明朝天啟年間之後才傳入的基督教和伊斯蘭教都是如此，尤其是佛教傳入中國後更是受到中國民間土生土長的宗教習俗和傳統的同化與交融。

從封建統治階級的角度來說，每一種宗教的興旺局面又常常是統治階級為了維護本階級的統治和愚弄百姓的需要而形成的。宋朝以降，儒教禮儀下到民間庶人，庶民得以在家中堂屋內設「天地君親師」的牌位。打破了帝王對祭祀昊天上帝的壟斷，庶人百姓均可以個體身分直接祭拜儒教之至上神——昊天上帝。據考證：「天地君親師」牌位之宗教含義來源甚古，始於《尚書·堯典》所載：「有能典朕三禮」中之「三禮」，鄭玄注「三禮」為：「天事、地事、人事之禮」，即祭天、祭地、祭人之禮。而《周禮》亦載此「三禮」為天神、地示、人鬼之三重信仰祭祀體系。故祭天神，即祭昊天上帝之至上神與日月星辰諸神；祭地示，即祭山河大地與國社後稷諸神；祭人鬼，即祭祖宗鬼神與聖王聖賢諸神。後荀子依此「三禮」之禮意概括出「禮三本」思想。荀子曰：「天地者，生之本也；先祖者，類之本也；君師者，

治之本也。故禮，上事天，下事地，尊先祖而隆君師，是禮之三本也。」據此，所謂「天地君親師」牌位實際應為「天地親君師」「天地」，即「三禮」中之天神、地示，荀子所謂「生之本」者；「親」，即「三禮」中之人鬼，荀子所謂「類之本」者；「君師」，亦「三禮」中之人鬼，荀子所謂「治之本」者。故知「天地親君師」牌位乃依「三禮」禮意而設立。所以，後世直至民國後出現的「天地君親師」「天地國親師」或「天地聖親師」，均是以訛轉訛，不倫不類，離禮意遠矣。說到君師的師，儒家傳統上是把此師視為大成至聖先師——孔子，是孔子傳下來「傳道授業解惑」的為師之道。

然而世上就有許多不明就裡，知識膚淺孤陋寡聞之人，其中有不少還是高學歷、高職稱的人，一朝做了某學生的幾天老師，或者被人稱作老師，便氣指頤使地端著架子裝模作樣地教訓起眼前被稱為學生的人來：知不知道「天地君親師」呀？結果是令明白人心裡發笑：還真有聰明人，主動把自己這個活人變成死鬼，讓別人去燒香祭拜的。說到這裡，主要是說明，為師者要真正明白為師之理，為師之涵義，別上來信口開河，什麼家師、親師、業師的亂說一氣，整出笑話。其實，古人宣傳什麼師徒如父子，一日為師終身為父等等，無非是古代的老師（師傅）心裡藏著不安，因為現實中人的意識裡，老師與父親根本沒法相提並論，說是師徒如父子，不要忘了是「如」父子，不是真父子，父親對孩子有監護權，老師對學生有監護權嗎？子女必須贍養父母，老師沾得上邊兒嗎？這都是明明白白的現實，畢竟古代的老師們不是事業編制，不享受公

務員待遇，沒有鐵飯碗，他就靠賣藝為生，他就吃教學生的這碗飯，所以老師們心裡很清楚，他們不但知道與弟子之間的距離，而且懂得師徒之間的利害關係——教會徒弟、餓死師傅，而且還有教男不教女，傳媳不傳女的家規。反正是肚子裡那點玩意不能輕易地教給徒弟，更不能讓女兒帶走。儘管師徒之間彼此都心知肚明的。因此。也就出現了古時的人們為什麼要對老師（師傅）竭盡讚美諂媚之詞和供養送禮討好之舉，原因不過是要絞盡腦汁費盡心機地要把老師和師傅那點看家玩意和本事掏出來，多學點吃飯的本事罷了。因此，才有了古時流傳下來的誠信求學的故事，諸如程門立雪、宋濂趨百裡外「俯身傾耳以請；或遇其叱咄，色愈恭，禮愈至，不敢出一言以復；俟其欣悅，則又請焉。」等。

二、學生、徒弟、弟子的概念和含義

說完了老師、師傅、師父的由來和區別，再來說一下學生、徒弟、弟子、門人以及門生的問題。只要是向老師學習知識和技藝的人都可以被稱為學生，這時的學生和徒弟、弟子是通稱通用的，門人的概念稍廣一些，門人不僅包括門生弟子還包括家裡的下人傭人。那位說如果父子倆師徒倆在同一位老師門下受教，這輩分如何論呢？這確實是個實際現象。比如歷史上孔子的學生中就有好幾對是父子檔，曾參和其父親曾點，字皙，同時受教於孔子，是孔子第一批學生，曾參不用細說了大家都知道曾參提出著名的「吾日三省吾身」的修養方法，被後世尊稱為曾子，是孔子實際的衣缽傳人。而父親曾點因為在《論語》裡只出現過一次，卻給人留下極其深刻的印象。曾點

的這一次的出現，是驚天動地的，因為他的觀點令夫子喟然歎曰：「吾與點也！」此事見《論語・先進》篇末章。曾氏父子都是孔子的學生，孔子是曾氏父子共同的老師，課堂上父子以研究學問為目的，要論輩回家論去，孔老師不跟著摻和。這是學文的事例，師攜徒同拜一位老師一起學武的事例，也大有人在，這一點尤顯得這位攜徒習武老師的高尚和偉大品格來。意拳大師姚宗勳先生十五歲時（一九三三年初）經小學同學傅某介紹正式拜形意拳師洪連順先生為師，一九三七年洪先生與意拳創始人王薌齋先生切磋武藝，深感王薌齋先生對拳學造詣的深邃，為進一步追求拳學真諦，洪先生毅然攜門下七名弟子（姚宗勳先生、李永宗先生、竇士明先生、竇士誠先生、孔慶海先生、張中先生、李志良先生等七人）同拜於王薌翁門下，從學意拳，此事被傳為一時之佳話。姚宗勳先生並沒有因為和洪先生成了意拳班的同學師兄弟就此與洪先生平起平坐，相反，姚宗勳先生在一九三九年秋天，離開北京弓弦胡同（王薌齋教拳的拳坊——四存學會體育班），一心幫洪連順先生教拳，因洪先生生活困難，直到一九四五年八月日本投降。（這段文字根據姚宗勳先生回憶的文字記載編輯。）這些都反映了老一輩人以德求學，學而有德，深明師生之誼的樸實情懷，值得我們後學好好學習和發揚。

現代社會隨著新型教育形式的普及，學生有時也稱作學員，這時的學生學員和老師之間是沒有什麼尊卑、高低、富貴貧賤之分的，師生之間也不受年齡財富地位權力等客觀條件的限制和約束，老師就是老師，學生就是學生，學生稱呼老師，老師稱呼同學，都是一種尊稱。老師稱呼學生：世兄、世

弟、學兄、學弟，是文化古風的傳統，是親切謙虛的愛稱，說明老師有修養。而一些無知愚昧的人看了，便覺得這是老師和自己稱兄道弟了，於是乎得意忘形、蹬鼻子上臉忘了禮數，亂了規矩，這都是不可取的需要人們學習和注意的。徒弟和學生有所區別，徒弟是特指為了學習某些方面的技藝和手藝而追隨特定的老師師傅進行習練和修行的人（徒弟並不一定是少年兒童），徒弟和學生兩者的根本的區別就在於所學習鑽研的內容不同。弟子和門生通常是指為了一門深入地全面繼承和鑽研老師的學問和技藝的學生和徒弟，所以，弟子和門生一定是按照特別的程式和手續拜師入門的。那麼「入室弟子」這個稱呼又有什麼特殊的含義呢？想必大家對這個詞已經聽得熟爛了。其實，入室弟子的稱謂來源於「登堂入室」這個典故，這個典故出於《論語·先進》篇，子曰：「由也，升堂矣，未入於室也。」孔子這句話的意思是「說到子由同學，學問嘛，已經不錯了，但是還不夠精深呀。」後人把學問技藝的領會和掌握已經達到非常深入的地步稱謂登堂入室。所以登堂入室的本意是稱讚和肯定一個人的學問成果和技藝水準達到了老師所期望的程度和深度的意思。但是，中國的武術行當裡，對入室弟子另有解釋，按照武行裡的話說是：「門裡門外兩重天。」原因是過去的拳坊教學通常是在院子裡公園裡，而中國的武行素來把拳術之學視為殺人之術的，所以，老師師傅在傳授具體實用技藝時，往往法不傳六耳，關門關窗，單獨秘密言傳身授，不僅保守而且隱秘，常常視弟子徒弟的實際情況：武功進步情況，關係密切程度，供養孝敬表現等等，按照傳統的方式採取單獨一對一的方式進行個別傳授，這就為武術武功等技藝的傳授蒙上

了一層神秘的外衣和色彩，所以，在習武的人看來，能夠得到老師在屋裡單獨傳授當然是一種特殊的待遇，對於一個想深得武學三昧，深入武學三摩地的人來說，是否拜師入門就顯得尤為重要，做學生只能是初級練習，打打基礎，因為，彼此不瞭解，老師對學生的品性稟賦以及是否是一塊練武的材料，以道門所說是不是道料道器都一概不知，更何況是不認不識的，上來就讓人家把價值千金的寶貝送給你，把秘訣竅要說給你，這明顯不合情理，真要是這麼做了，作為求學一方來說，就是缺德少良心，不懂人情世故，這與打家劫舍有什麼區別？所以，學藝拜門成了規矩和傳統，做徒弟的一個頭磕下去，就意味著此生多了一份緣分和情債，師徒間便從此有了一種親情關係，這份情誼可非同一般，入了門自然是自家人，自家的技藝自家人學習研究那有啥說的，學起來方便，教起來放心。

拜師學藝的傳統其實是一種道義，它和技藝本身的掌握沒有本質的聯繫，但凡是拜過門的傳統的練家子們心裡都清楚，即便是拜師入門時沒花多少壓帖錢，但是，入門之後，在長期學藝的過程中，徒弟依然要同情通理地及時孝敬和供養，如果四六不通，人情不懂，缺乏仗義疏財的德行，那麼，照樣是學不來真本事和真東西的。拜師入門的目的說到底還是為了更好地維繫師生間的關係，拜了師就意味著責任和道義，稱師父師母是說明自己從此多了一對親人，親人的生老病故自然要掛在心上，師父師母病故送終，做徒弟的就是砸鍋賣鐵也要盡孝送一份禮錢，盡一份做徒弟做學生的孝心，所以，做不到這些就不要搞那些假情假意的虛假勾當，全無實在意義，與修練毫不沾邊。磕頭不僅僅是外在的形式，也不是違

心和強迫或者別有企圖，而應該是從心裡跪下，被動的或者為了達到某種目的和企圖的下跪，那樣絲毫沒有意義，因為，腿跪下了，心卻沒有跪下。

當然了，世上歷來也有這種情形存在，即老師和門生雙方的拜師入門包含著一個對等交易的潛規則，這個過去洪門青幫一貫道方面表現得尤為突出。收徒老師的輩分、地位、名望、技藝功夫都體現了拜師入門的門檻子的高低，同樣的道理，欲拜門的學生的地位、名望、社會背景、家庭出身、經濟實力、品行修養也體現著拜師入門的條件和法碼。有的老師喜歡有頭有臉的、學有所成、有社會背景和影響的人來拜師以便充實和壯大自己門面，或者是喜歡一些巨勢強力之人拜師，做為經濟後盾，所以，這時的拜師入門就會容易許多，拜師壓帖錢也不會太重，彼此只是要個面子，心裡都有數，因為這拜師裡邊藏著交易和不可告人的目的。反之，有的徒弟和學生是想借助老師的名聲走天下，依附名門附驥而行，這時的拜師入門就困難許多，老師的門檻子就高了很多，拜師的費用恐怕要花大價錢才行，上面兩種拜師的情形均屬於俗世間相互利用交易型的，與真正的武當內家技藝的真修實練毫無關係，因為，不修不練，學而無成，空有個門人弟子的輩分和一頂帽子，在真正的修練者看來不過是吊詭與可笑罷了。真正的武當內家功夫技藝的傳承，是講究因緣、機緣、福報、慧根的圓滿，一位真修實練的老師在選擇弟子允其拜師入門成為道門功夫技藝的承傳者，是不把學生的地位、名望、社會背景、家庭出身、經濟實力放到第一位的，放到第一位的首先是其自身是否具備修練道門技藝的先天條件和稟賦，其二是為人處世的品德操守。

有點常識的人都知道，中國古來關於學生弟子有親炙和私淑之說。武當內家道門功夫還有神授，親傳之說。親炙者，老師言傳身教也；私淑者，輾轉而學，心中服膺也。私淑，按照今天的話說就是自學成才，因為，服膺於某位老師的道德文章和學問技藝，鑽研其著作，並學有所成的人。古人有先見之明，感動於這種學習的精神，把自學成才的也列為弟子的一種，名曰：「私淑弟子」。以我的看法，這種私淑弟子在某種程度上比起那些裝神弄鬼裝模作樣的磕頭拜門的親炙弟子們要偉大得多，因為這些私淑弟子是由對老師的喜歡到熱愛、由熱愛到崇拜，由崇拜到癡迷，由癡迷再到一門深入，不及其餘地研究學習宣傳，最後，學有所成，這比起那些端著架子，趾高氣昂，動輒張口就是長篇倒糞般的不停敘述：我的師爺是誰，功夫了得，南山能打狼，北山能驅虎；我的師父是誰，功夫了得，東山能挖煤，西山能砍柴的，說的唾沫星子四濺，口若懸河，喋喋不休，繼續說下去便陶醉在意淫之中，儼然自己就成了一代宗師，直令心明旁聽者作嘔。姑且不說你的師爺你的師父功夫的真假，暫且以所說為真，那麼，你自己又如何，你有你師爺師父的本事嗎？一個人的功夫技藝的好壞不在於拜門的形式和輩分的高低，一個師傅和老師能不能擔得起為師的名分和稱呼，取決於真才實學和真本事，既能打也能練，不能會個一招半式的便好為人師，以老師自居，以輩分大自居，要講究個謙虛，武林裡過去常有師傅傳授技藝不留名，要求徒弟言祖不言師，為了啥，還不是因為謙虛，怕自己的功夫技藝和本事不夠而給祖師丟臉？

　　武當內家拳的傳統是「寧傳十手不說一口」因為武當內家

功夫講究執簡驅繁，以不變應萬變，一橫一豎打天下，重在功法、功能、功效、功境的研究與探討，講理趣，求真知，老師學生、師傅徒弟之間是相互研究、相互扶持、共同提高的道侶關係，是教學互長型的修練模式，隨著修真過程的不斷深入，師生師徒之間關係會越來越親密，感情會越來越深越來越濃，並且脫俗清逸，毫無庸雜絮煩之累。少林外家拳的傳統是「寧說十手不動一手」原因是外家拳功講究以招式化招術，是功為招用，講究拳勢招法數量的繁難，以招法的複雜和數量堆積來充顯其武術功夫的實力。所以，練外家拳的師傅們，喜歡動嘴，善於編造套路，善於用照方生病的招數，嘴上喊著：吾藝值千金，授給有情人來矇騙徒弟和學生，啥叫有情人？給錢就是有情，沒錢就是無情，所以，隨著時間的流逝，這些學習外家拳的徒弟們只好離開他們的師傅，留給徒弟的是徒弟心裡的咒罵和怨恨，師徒師生關係自然也就生分了，有的乾脆也就斷了。但是，武術界的傳人和練家子們在學藝有成後自己支攤兒開場子社教時，常常會特意地說自己為某大師的拜門入室弟子，說自己曾經單獨供養師傅云云，為的是向外界傳遞一個資訊，本人得到了真傳，而且有名正言順的自豪和榮耀。此外，過去的師父往往自己收養徒弟，讓弟子住到師父家裡，由師父貼錢教養，把徒弟當成自己家人，這就是最初所說「入室弟子」。如今「入室弟子」已經泛化成正式弟子的意思。古時有言：「一日為師，終身為父」，「師父」兩字由此而來，也表明弟子應當將師父等同於父親一般孝敬。嚴格來講，「入室弟子」有別於一般弟子，屬於嫡系，是師父比較親密而親傳的弟子，常常有單獨且嚴格的拜師手續。如今，一些武術門派和

技藝、藝術領域仍然保持著嚴格的師徒承襲關係。在這些領域中，弟子如果和師父結下很深的師徒緣分，同時又在技藝方面得到師父真傳或有所造詣的話，就有可能被選為繼承衣缽者，作為常隨弟子而成為師父指定的「入室弟子」。

一般來講，師父對於入室弟子的考核較為嚴格。入室弟子往往要在個人品行、學習態度和領悟能力等方面都符合一個足以承載師傳技藝、作為眾師兄弟姐妹楷模的水準才行。因此「入室弟子」就相當於師父培養的繼承者。概括地說，「入室弟子」可以引申特指師父親近且有成就的弟子。【解釋】：堂、室：古代宮室，前面是堂，後面是室。登上廳堂，進入內室。比喻學問或技能從淺到深，達到很高的水準，全面繼承了老師的衣缽。這樣一說，大家便知道，這入室弟子真正的涵義是代表了學問技藝的傳授和傳承的熟練與深入的水準，對待入室弟子老師是應該有真正的傳授的，絕不是今天某些膚淺無知的老師和師傅，因為要廣收門徒，借題發揮，收買人心把「入室弟子」當成一種封號和任命的榮譽，或者當做一種砝碼而出售，隨意地說某某是我的入室弟子云云。

三、師生、師徒的關係與區別

說完了關於老師、師傅、師父的由來和區別，以及學生、徒弟、弟子、門人以及門生的問題。再來專門說說老師和學生；師傅和徒弟的關係與區別問題。

按照明清以來的授藝的傳統，國人在學習知識技藝方面上歷來採取私塾私館、家館私教兩種教育傳授形式。

所謂私塾私館（拳坊）就是有文武技藝老師自己開門辦

學，以拳坊為例，老師明碼實價收學費，形式上如同今天的學校，一般的學生學習一段時間走人。當然，舊時的拳坊師傅也樂意收門生弟子，門生弟子除了教學費以外，還要在「三節兩壽」（三節：春節、端午、中秋節）（兩壽：師傅師母壽辰誕日）格外備禮物孝敬慶賀。總之是過去打拳賣藝之流圈錢的手段之一。

　　家館私教是有錢的人家才能做到的，就是單獨請老師到自己家裡來教授孩子，或者幾戶人家湊錢，把老師請來教授自家子弟也是常有的形式，和老師規定好學期，談好費用，老師就登門傳授了。

　　在武行裡，請家館和私教的老師都是很講究的，因為有個責任和名譽名聲問題。吳圖南先生在其《太極拳之研究》中記錄和回憶自己練習太極拳的經歷：

　　「那時清朝北京地方上有各種功房，此如學寫字、繪畫的叫書畫房，練弓刀石的叫弓刀石房，練拳的叫拳房，於是我在九歲那年由家長帶我到練拳的功房去。教拳的老先生是全佑先生，由他的兒子愛紳號鑒泉教我。我一方面由李人大給治病，一力面練拳。練什麼呢？就練太極拳。我跟鑒泉先生學了八年，後來由鑒泉先生介紹又跟楊少侯先生學了四年，前後共學了十二年。那時候練拳練的很苦，傳統的太極拳有一種形式的練法叫定式，比如攬雀尾分六個動作，按每個動作去練定式。定著不動要定多少時間呢？定六個呼吸，然後再換勢。攬雀尾要用三十六個呼吸，差不多兩分鐘才能定完。正常人每分鐘營十八個呼吸，以此類推，全套拳有二百六十八個動作，你看要定多長時間？所以那時定的我筋疲力盡，汗流浹背。到冬

天天氣嚴寒，練完拳穿的鞋像淌過水一樣，一脫掉可以倒出汗水。可是這麼一定，把肝炎、肺結核、癲癇全定沒啦，身體逐漸強壯起來。過去練拳不是像現在這樣，一開始就去摸魚。要把上面說的功夫練出來，其實人人練都能成，就看你練不練，如真練就能成功。那時像我這麼個病孩子，一折騰實在是受不了。我曾經想跳井自殺。有時老師看見我怕苦，責備我說：『又想病好又怕吃苦，沒出息。』後來我想一個人為什麼叫人說沒出息呢？我是蒙族人，我的祖先在元朝時曾經打到日爾曼，我怎麼變成沒出息的，一定要有出息的。學各樣推手，練三步功夫就這樣我把定式練拳練完了，再練打手。這個功夫很不好練，我前後練了十二年，十二年的時間很長了。我再愚魯也不至於糊塗，為什麼跟它幹上沒完呢？其中必然有它的興趣和滋味。就如同吃橄欖一樣，初食很澀，愈吃愈清香可口。這時候我練出甜頭來了，身體也強壯起來了。我是吳鑒泉先生的第一個徒弟，後來他又介紹我跟楊少侯先生學拳，這位老師很厲害，連摔帶打，跟他學拳，他一伸手我就來一個後仰，又一下把我撞到牆上去。我們家那時候住的房很大，練功的大廳當中有六扇風門，晚上關門要上木拴，門的兩邊各有一個鐵套環釘在柱子上，上拴時把木拴橫插進去。我印象最深的一次是，老師一撒手，我的腰正撞到門柱的鐵套環上，疼痛難忍。老師說：『怎麼啦，沒志氣。』我連忙說：『有志氣，有志氣。』可是再來的時候，我要躲著點那柱子上的鐵套環了。那時我家裏的桌子椅子是紅木的，椅子背打掉了變成個柳丁，凳子面板砸沒了，變成個火爐架子。後來每逢老師來家裏教拳，我祖父叫人先將傢俱擺設挪開，預備著摔打。練功時

老師怕我偷懶，由廚房抬來四張油桌，油案桌腿較高，是廚師專為站在那裡切菜用的。把這四張油桌拼起來，叫我鑽到桌子底仆去練，如同練太極拳著功裏有個矮式叫七寸靠，就是用自己的肩膀去靠對方小腿上的七寸之處。差不多的老人都知道那時候我受的許多罪。總之我認為要把太極拳練好，除了要有真傳之外，你必須要有萬夫不擋的勇氣，要有百折不回的毅力，否則必然是功敗垂成。我和楊少侯先生學完四年，他說：『你差不離了，我要走了。』那時候的老師有良好的風格，雖然他依靠教徒弟吃飯，但當他教完之後，就告訴你教完了，他就走了，你再請他也不來了。只是到過年過節時大家再聚會。」

據說，當年圖南先生向少侯學藝，每月要四十塊大洋。一個真學，真練，另一個真教，這就造就了一代太極拳宗師。通過吳圖南先生的回憶，我們今天的人可以瞭解到民國年間的師生關係有花錢請老師上門教學服務的情形。

窮文富武是古來一貫的傳統習俗，為什麼這麼說呢？其實是相對而言，因為，有些讀書人家也是非常富裕的，所請的先生也是花大價錢的。窮文富武一般意思是說，學文相對來說用度花費要少很多，方便省事，只要花上一點錢就可以製備一套四書五經，這套四書五經便可以學習鑽研一輩子，還可以傳給下一代。而習武則不然，首先武術道藝源遠流長，其中的練功秘訣竅門都是無數代人不斷實踐用心血研究出來的，技藝得之不易，而世俗的人頭腦中又有著「便宜沒好貨」「白撿的不珍惜」等根深蒂固的陋習和觀念，所以，各家武學技藝在傳授上都有嚴格的門規戒律，共同的內容都是防止技藝傳於匪類。因此，無形中增加習武的成本。而如果想在武學上有一番大作

為，就得花大本錢去請功夫好技藝高明而有名氣的師傅，所謂名師明師才出高徒嘛！請師傅上門或者拜師去拳坊裡去學就又要花上一大筆錢，練武消耗大，飯量得增加，所以，營養自然要跟上，伙食費也要提高；衣服、褲子、鞋都要比習文讀書的磨損消耗的嚴重，所以，這服裝方面又增加一筆費用，除此之外，習武藝成，需要走南闖北地四處走訪，這就又增加了一筆迎來送往和旅遊的費用，所以，自古習武是件很麻煩的難事，儘管如此，雖說是窮文富武，但是，習武的人還是窮人沒文化的人多，目的很明確，練武並練就了一身本事之後，看家護院，保鏢護衛，開場社教，以便能養家糊口。窮人習武除了家族親友間親情傳授外，很多都是拜師入師傅家門，為師傅家打工做活，當長工。比如太極拳趙堡架第一代宗師蔣發當年和王宗岳學藝，就是跟隨王宗岳回了山西晉陽的家裡，學藝七年，七年中，蔣發苦累無輟，侍師如父，最終藝滿畢業，按照今天現代的說法是蔣發通過出勞務的辦法，把工錢直接做了學費。民國年間，武術師爺、教頭成了一門工作職業，武術成了一個行業時，其中的弊端也愈發突顯暴露出來：門戶之見、小門小戶、閉門造車、封閉保守、相互貶低、派系爭鬥等。師徒間、師生間關係的相處也是問題百出：師徒間反目成仇者有之；師生間相互抱怨者有之。徒弟說好師傅難找，師傅說好徒弟難尋，兩好夾（ㄍㄚ）一好成了武行裡的人們羨慕期待的事情。十多年前，我與一位老武術家閒談，雙方說到拜師收徒之事，該武術家習武一生收徒很多頗有一番感慨，一語道出個中原委：「薛老道，老大哥和你說點心裡話，你現在還年輕，武林裡啥鳥都有，有些師傅是老腦筋思想短見教徒弟一套拳能讓

人一輩子不得安寧，非常沒意思；有些學生來了，家裡窮，我這管吃管住地教武藝，但是可憐之人必有可恨之處，這些人只想索取不拔一毛，一點人情味兒也沒有，學完了拍屁股走人，平時連個問候也沒有，讓人心涼，不值得可憐。」我說：「是啊！與人打交道是個很麻煩的事，要不老輩人說不要輕易地收徒弟。」這種類似的事，我當然也有同感，練功習武幾十年，閱人無數，無良之人，不懂一點人情世故，精於謀算，全然沒有武德的人，自然見過，這種事只能讓人吃一塹長一智，提醒和告誡自己，少動婦人之心，少發婦人之善，以對待看人類，既不要盲目崇拜師傅，也不要輕易地相信學生，要學會以時間和事件觀察和考驗人。世風日下，人心不古，人心難測，人鬼難辨，尤其是當今的社會風氣更是讓人感到人的良心壞了。古人說：「佛門弟子千千萬，道門弟子一二三。」這說明了什麼問題？一方面說佛門門檻低，原因很簡單是因為佛家要招攬更多的香火錢；另一方面說明了道門的門檻子高，原因是道門修練技藝事關性命雙修，人鬼皆驚，驚世駭俗的內容，當然不能隨隨便便搞群眾性大規模群體活動，要擇人而授，所以，才有了以武擋道；以錢擋道；以難擋道等試練的辦法。道門技藝修練傳統有練成文武藝賣與帝王家之說，另有萬兩黃金不賣道，十字街頭送真人之說，目的只有一個謹防道藝傳非其人，而自遭致天譴天殃。師徒製作為一種傳統，難免隨著封建制度的發展，使得這個師徒制摻雜了許多與學習道藝和學問無關的習俗和繁瑣的講究，因此流弊橫生而變味兒，所以近代中國武學上，在武學思想獨樹一幟的王薌齋先生，在其《拳道中樞》裡，極有創見地提出了關於改革師徒制的設想：

解除師徒制之商榷：師徒之制譽為美德，然往往極美滿之事，行之乎我國則流弊叢生，醜態百出，而拳界為尤甚焉。故社會多以為不齒學之者，意若不拜師不難得其密教之者，亦以不拜師不足以表現其親，更不肯授之以要訣，尤而效之，習為固然。噫！誠陋矣哉。……蓋拳道之真義，可云與人生大道同其凡常，亦可云，與天地精微同樣深奧，不明其道而習之，終身求道不可得。……而況學術為千古人類所共有之物，根本不應有畛域之分，……是以餘傳授拳學一事，從來來者不拒，凡屬同好，有來則教，教必盡力，有問則告，告必盡義。惶惶然惟恐人之不能得，或無以使人得也。故每於傳授之際，有聽而不悟，或悟而不見諸實行者，輒起憾然之恨。惟一見其知而能行，行而有得者，則又色然自喜，區區此心，一以慰人為慰，固未嘗以師自居也。蓋以人之相與，尚精神、重感情，不在形式之稱謂。果有真實學術授人，我雖不以師居，而獲其益者，誰不懷德附義而師事之，是師之名亡而實存也，又何損焉？若以異拳瞽說以欺世，縱令拜門稱弟，而明達者一但覺其妄，且將痛惡之不置，此又何師之有？師名雖存而實亡矣。……且學之有得，始乃有師，若叩頭三千，呼師八百，而於學術根本懵然，是究不知其師之所在也。要知學術才是宇宙神聖，是公有師尊，此吾所以力主師徒制之解除也。雖然此為餘個人之見，而師徒制在拳界積習已久，如一時不遽除，為慎重記，則亦須俟雙方學識品德互有真切認識而後行之，藉免盲從捍格之弊，似較為妥善也。

王薌齋先生的話，有其偏頗的一面，所以，王先生用了解除師徒制之商榷這個標題，為的是避免引起人們的錯誤理解。話說回來，師徒制也罷，師生關係也罷，之所以處理不好，出現問題，還得找找中國人頭腦裡的原因，自古以來，中國人辦事與西方的觀念截然相反，總是摻雜許多人情世故的因素在裡邊，該交易的時候講交情，該講交情的時候，交易沒法進行。中共建國後，中國施行計劃經濟，這下可好，一下子把人的價值觀念徹底消滅了，計劃經濟的好處是讓人們喪失了對人的勞動價值真正的意識，讓人習慣於學習雷鋒好榜樣地義務工作勞動，只要說聲謝謝，人的勞動成果就可以灰飛湮滅，改革開放之後，人類社會有關人的正常價值觀念體系從西方傳過來，我們開始建設起初級的社會主義來了，情況也逐漸在好轉，按勞取酬，交易是交易，交情是交情。有了交易，通過交易彼此開心，於是便有了交情，因為有了交情，所以再次的交易也變得愉快和輕鬆。其實，說的露骨一點，過去武行裡的所謂拜師入門也就是加深交情，使得彼此的交易有個優先和優待，使得求學者既有了一個習武的身分證又有了一份優先學習的通行證而已。做學生就是要先學著做交易，交易就是陰陽平衡，彼此和諧滿意，學會了交易就是學會了換位思維，替他人著想，自然就學會了做人，也就知道如何與人與社會打交道，懂得世上沒有免費的午餐的人情世故，這個問題解決好了，自然辦起任何事情來，心裡不累，能夠如願得到自己想得到的東西。相反，心存佔便宜的念頭，白使喚人，投機取巧，急功近利，只想索取不知付出，其結果可想而知，只會令人敬而遠之，自己也越來越遠離修行的正途。先做學生後做弟

子的好處在於，師生之間有個彼此認可的過程，畢竟拜師入門列於門牆，是件嚴肅事，對雙方都是一份責任。做老師的如果來一個接受一個，而且來了就要求磕頭拜師遞帖子，這樣難免良莠不齊，出現引狼入室，妄傳匪類，傳人不當的情況；做學生如果心血來潮，意氣用事，心急氣躁只顧看表面的宣傳和廣告，不做縝密瞭解和冷靜的思考，四處發帖子拜師，也不嚴肅，難免心裡會失於小心和防範，出現認賊作父，誤入歧途，所學謬誤，無功而返，始亂終棄，聚散隨意，茫然無主的問題和情形。總之，拜師入門是個人生學藝修道途上的大事，無師不成大道，師傅引進門，修行在個人；修行引路須口授，功夫無息法自修；功夫雖深竅不真，空費心血枉勞神。這都說明拜師的前題是所拜的老師或師傅是自己本身真正要找到的人，否則，做老師的連自己都沒有達到明心見性的地步，尚且沒有摸到太極門的門檻子，僅僅只練個空拳架子，有個師承的名分，便為了賺錢謀利，就四處去教學生，那不是盲人瞎馬，夜半臨淵，以盲引盲，誤人子弟嘛，自己等著天譴天殃遭報應不說，還要貽害四方後學，大家說，這種拜師行為的危害該有多麼嚴重？如果是這樣，讓哪個學生徒弟攤上了，就是運氣糟糕倒大霉了！所以，先做學生，後做弟子，花一點時間，用心找準和確認將來要拜門的老師，多方面瞭解一下授業老師的情況，要看老師是否懂得技藝功夫的義理，是否於修行上達到明心見性開悟他人的地步，是否是對學生提出的問題不僅解答出為什麼，還能告訴學生怎麼辦，怎麼做到的真修實練的過來人。當然，即便是做老師的也有個本分良心在裡邊，既然收了學生的學費之後，就應當有個教學責任和服務義

務問題，按照時髦的話說，學生教了錢，老師收了錢，就必須做到服務到位傳授到位，否則，名聲壞了，誰還來學？學生用心學，老師真心傳授，學生刻苦練，老師真心指點，功深日久，日久天長，師生之間，情款意洽，意氣相投，心心相印，拜師入門自然是水到渠成的美事，根本用不著一廂情願，或者勉強結合，流於形式。如此說來，學藝修道是從拜師開始的了，我說，此言差矣，學藝修道應該從學習主動交學費開始，因為，錢在哪裡心在哪，只有這樣才能少幾分浮躁和自私，少幾分油滑和奸詐，而平添幾分應有的做人的厚道與真誠。自古武林行俠義，重情義，義氣當頭，歷來懷有傳統絕門技藝的老師，在授藝的過程中，也都是把技藝傳給那些知恩圖報有情有義的人。所以說，拜師也罷，認乾爹做義子也罷，都是為了在學藝修道的過程中帶上情義二字，然後在學藝的過程中，好說好商量，近年來有些所謂的名人發表文章，出於多種的原因，自己啞巴吃黃連還微笑，違心而故意地為自己的拜師經歷塗脂抹粉，為自己的老師們歌功頌德，說什麼自己拜師學藝不花一分錢，老師品德高，看他是個材料，堅決不收錢，平時徒弟們給錢，老師都發火急眼說：你們都是拉家帶口的不容易，花銷大，不要花錢等，特別體貼學生云云，把自己的老師裝扮描畫成品格高尚、學雷鋒、不食人間煙火。但是，卻隻字不提自己如何開班辦學打廣告招生收錢的事。虛假的文章資訊其結果是亂了人心、亂了規矩，助長了歪風邪氣，給世人造成了一種極大的錯覺，讓那些投機取巧、急功近利的世俗心作怪的武術愛好者們為之心動，錯誤地以為世上習武有成的原來都是這麼吃免費的午餐佔便宜過來的，有這種白撿的好事和便

宜，不學白不學、不占白不占，反正老師是免費服務。說到最後，提一下外國的武術傳授，日本國的健體中心和武道館我看了，他們的章程我也看了，很嚴謹，很系統化。遠的不說，現在各大城市都有的日本極真空手道武館就是聯盟連鎖性的，訓練經營模式都一樣，合理地計時收費，講品質，講規矩，不存在中國傳統武林那種既要收錢又想粉飾自己，既做婊子又立牌坊；授人以漁則此生不計其餘索求回報索求感恩的虛偽弊端和陋習，沒有隨意性，分段進行，非常值得國人在傳授功夫方面借鑒和學習。

中　篇

太極功解惑辨難篇

第一節　修練太極拳的原因與目的是什麼？

　　宇宙為一大天地，人為一小天地，宇宙為一大運動，人之為動物是一小運動，象天法地為宇宙的縮影，太極拳理總天地萬物之理，太極運動為宇宙間根本之運動形式，太極運動再加上拳的內容，更使這一運動成為最完美的運動。太極拳的哲理功用涉及到人類活動的各各方面。從大處說，天文地理；政治外交；軍事文藝；商業合作，從一般處講，工作、學習、社交、娛樂；從普通處講，則包括飲食男女，生活起居等等。太極拳理其大無外、其小無內。可以說太極拳之理之用，無所不包，無所不在。人生活於太極之中，而太極寓於人體之內，人離不開太極運動或「太極拳」運動，因此，作為人而不知有太極運動實在為人生一大缺憾。

　　人從哪裡來？人到哪裡去？這個問題如果從所謂科學的角度解釋，也許有現成的答案，可是這個答案畢竟不能讓大多數人所認同，科學並不能解決人類所有的問題，因為後天的科學是隨著人類認識的不斷深入而逐漸發展的，人類的認識具有非常複雜的特點。認識到了的是科學，認識不到的只能是未知。生與死的問題，仍然困惑著人類，所以宗教產生的本身就反映了人類對自然宇宙、對人體與動物生滅的瞭解的追求。宗教不僅僅對其信仰者有著全方位的影響，而且對非宗教者也有著深刻的影響。有宗教信仰者研究宗教，無宗教信仰者也同樣研究宗教，因為宗教既是人類認識和瞭解人類的過去歷史所必須，也是人類瞭解自身的現在和未來所必有。從歷史唯物主

義的觀點來看，宗教的產生與發展現象在人類社會的長期進程中有其合理的必然性，這種必然性既不來自人們常說的「上帝」，也不來自於人類自身的迷茫因素，中國有句老話叫做「落葉歸根」，其同義詞還有：返本求源、尋根問祖。一個人、一個民族懷念祖先，追記從來之始、繼往之終是一種不分種族國界的樸素的人類情結。人生最大的恐懼是死亡，人生最大的幸福是寧靜，人生最大的煩惱是迷惑。人類喜歡與追求太極運動或「太極拳」運動的原因與目的與人類的宗教情結緊密相關。

宗教作為社會的產物，其深刻的根源在於人類對自身本性的認識的追求，是人類在自然和社會的外界壓力和壓迫中尋求的依靠和慰籍。隨著人類社會文明的進步，世界經濟一體化的加速進程，數位化時代所形成的無地域化、無國界的溝通，這一切促進了世界各民族間文化的交融。宗教這種社會的產物也在不斷地相互滲透與融合，潛移默化地影響著人類的生活。即便是所謂的無神論與唯物者，雖然認為有生就又死，靈魂一說是虛幻的，是根本不存在的。主張物質在前、精神在後，精神與物質是對立的兩個方面，物質決定精神，精神對物質有反作用。但是在對待和解釋生命的起源上，尚有許多待解之謎。因為按照進化論觀點：生命是由低級到高級不斷進化，人類是由古靈長類動物進化而成。其結論的得出靠的是人為地考據與考古。對於生命之始，唯物論者也認為是陰陽生萬物，至於「陰陽」又是什麼東西？「陰陽」如何產生出來的等等問題。則無從解答。不過在對生命終極的關注問題上，在對待死亡的來臨和疾病的困擾方面，唯物者也往往表現出了人類所共

有的積極的鬥爭心態，與死亡與疾病做頑強的鬥爭，表現了人類熱愛生活，珍惜生命的共同屬性。說到底其作為人的自然屬性的本能仍然是樂生厭死。

恩格斯在《反杜林論》中說：「一切人，作為人來說，都有某些共同點。」恩格斯所說的人的共同點，顯然是跳出了人的社會屬性來說的，這個共同點就是指人的自然屬性。

生命的終極，受到全人類的關注，這種關注是在普世宗教融合思想下的關注。它拋開了人類的國籍、膚色、宗教信仰、政治主張、有神與無神的區別，這種關注它所體現的是：人類熱愛和平，關愛生命，親近自然，回歸寧靜，追求潔淨的共性，是作為萬物之靈長的人類所共有的真正的屬性。「人不知我，我獨知人。」三丰祖師在《太極拳論》中，明白無誤地道出了芸芸眾生均是大多不認識自己的本性，僅僅專注於力圖延緩衰老，盡可能地想辦法不死或晚點死的急功近利。「太極拳的養生功能」被人們所熱烈追求，仍然是人類的「活命哲學」在現世的投影與寫照，這一寫照也揭示了人類修練太極拳這一古老的承載著中華道家修真精華的運動形式的深層次上的原因與目的。

按張三丰太極拳論而知，此運動乃為天下人延年益壽而設。是欲使天下豪傑延年益壽不徒作技擊之末耳。人們常講養生為本，技擊為末；養生是體，技擊是用；養生是根本，技擊是靈魂。既然二者互為其根，因此，我認為有一方為末，那麼另一方也應該為末；有一方為本，那麼另一方也應該為本；究其深意，太極拳引人歸於上等正覺大道之源，是由武藝進入道藝。人一旦得到太極拳所揭示的方法，那麼他就能應物自

然。在養生、技擊等各個方面，必然能自然而然隨心所欲地應用與發揮。

太極拳是中華道家先賢奉獻給人類的用來認識自我、修練自我，並能夠使修練者步入修真之門徑，修練太極拳的真正原因與目的就是使人更加親近於自然、順應於自然，得益於自然，造福於自然，實現人生的善始善終。

第二節　修練太極拳應具備哪些必要條件？

過去有太極拳先賢曾講：「修練太極拳必須具備穩定的生活、充裕的時間、以及合適宜的場地。」我認為此是肺腑之言，試想若連溫飽都成問題，如何練拳。有人說練武的人是吃飽了撐的，乍一聽這話有些刺耳，但細細想來此言又符合窮文富武的傳統說法。再若因忙於生機或家事所累無半點閒暇，也是不能修練太極拳的。關於場地，現在這個問題尤為重要，農村還好些，城市尤為緊張，人口密集，到處是人，車輛往來吵雜，尾氣排放超標，空氣污染嚴重。有的人說可以找個大禮堂或者寬敞一點的屋子裡來練習。須知太極拳非一般的技能性體力運動，它的修練分形、氣、神三個大階段與層次。初步有形單純的體力的運動，可以暫時安排在室內，但是若要進一步的修練氣與神，則必須選擇相對幽靜，視野開闊，有樹木花草和水，空氣清新無污染的地方，還需要陽光燦爛，月光皎潔。無外界干擾地靜靜地盤練太極拳架。如此，功夫日積一紙，歲歲得高，如此功夫方有長進的可能，也才能體會天、地、人、三、三、三相合為一的境界，才能體

會到神遊大宇，應物自然，西山懸磬，翻江播海，盡性盡命的真實所在。

如此說來，太極拳的修練對場地要求如此嚴格，是不是場地條件有所限制時便不能練習了呢？回答是否定的，因為這個問題的提出就好比是一個沒有筷子如何吃飯的問題一樣，是形式主義在作怪。太極拳的修為首先講究按客觀規律辦事。拳論講：順遂自然。落實到具體就是：因勢利導；因地制宜。把外界一切均當作太極拳修練的方便法門。場地寬敞，平坦，乾淨，時間充裕，就可以大開大展地練練大架、低架或者落地架；場地高低不平，面積小，可以練練收斂架（小架、中架），也可以站站樁，有多大的地方，練多大的拳，畢竟是人在練拳，而非拳在練人。趙堡太極拳第三代宗師張楚臣在〈太極拳秘傳〉一文中就講到：「勢不可執，以神意為機變，無須以成架為侷焉。」實在沒有地方了還可以打坐入靜，練性修神。總之，不能在場地上挑肥撿瘦，而影響了修練，試想實戰應敵，還能先考慮場地問題不成？作為一個真正的太極拳修練者，條件艱苦、場地不理想，也要堅持盤架修練，恒心一貫不停頓，活到老，練到老，學到老，如此才能達到不得而得，無得而得，是為真得之境。因此，太極拳修為還應當具備一定的思想境界，做為內在的條件。有兩首古詩詞我一直非常喜歡，一首是朱熹的〈南鄉子〉「送甘叔懷歸閣皂山作」：

脫卻儒冠著羽衣，
青山綠水浩然歸。
看成鼎內真龍虎，

管甚人間閒是非。
生羽翼、上煙霏，
回頭只見塚累累。
未尋跨鳳吹簫侶，
且伴孤雲獨鶴飛。

　　朱熹是宋朝的大儒，他創立的朱子理學，乃是融合了道儒釋之學說，他治學嚴謹對後世影響極大，他的這首詞反映了朱熹的人生哲學與做學問的思想境界。還有一位宋朝的著名道家人物，南宗之祖張紫陽真人，他也有一首詩：

刀筆隨身四十年，
是非非是萬千千。
一家溫飽千家怨，
半世功名百世怨。
紫綬金章今已矣，
芒鞋竹杖任悠然。
有人問我蓬萊路，
雲在青山月在天。

　　讀了這兩首詩詞，我們再回頭審視太極拳作為道家引人入道的手段，它的積極的思想在於我命在我不在天，盡人力而後聽天命，盜奪天地，逆轉造化，將命運掌握在自己手中，與天地爭衡，真正提高生命與生活品質。因此欲真正修練太極拳者，思想要端正，心地要純潔，千萬不能小看了太極拳，不能

褻瀆了我們中華民族的文化瑰寶。要以天地萬有鑒察自身，以無私立學，按照太上老君經律所載太極門九行：「行無為、行柔弱、行守雌、行無名、行清靜、行諸善、行無欲、行知足、行退讓」的要求規範自己的行為準則。只有這樣才算具備了一個太極拳修為者的思想境界。太極拳的修練，也才有真正成功之可能。

立志修練太極拳，並以此為修真的門徑，就需要具備一些必要的專業文化知識做基礎，這也是修練太極拳應具備的重要條件之一。拳起於易，而理成於醫，特別是太極拳，以武演道，內執丹道，外示金鋒，內涵萬千，包羅萬象。學者欲求其中之深奧，必要有廣博專精的知識不可，所以，前人有云：練拳之先，應先讀拳書以明理。人們稱頌太極拳為：仁者拳，文化拳，哲學思想拳。太極拳作為修真的門徑，而為道門中人孜孜追求。古人云：道由人顯，也由書載。古往今來，哪裡有不讀書的聖賢。而太極修真大道，決非打拳賣藝、綠林好漢之流所能認知；更非野貓野狗、旁門左道之徒所能窺探。太極拳內練精神，外練筋骨，古譜有載，太極拳有易筋洗髓，脫胎換骨之功，細細想來，實有很多道理。太極拳第一練道理，第二練性命（心身），第三練神氣。如此高深的學問，不讀書如何使得。有人問：許多老前輩不讀書不識字，功夫不是一樣好嗎？我卻問：如果這些功夫好的老前輩能讀書識字，他們的修為又該有多好、多高呢？我們為什麼不看看歷史上的那些有知識有學問的太極拳大家呢？單說集太極拳之大成的張三丰祖師，其學問就是橫貫道儒釋三家。所以今人練太極拳，首先要想到，太極拳是中華民族的文化瑰寶，要心存敬愛之意，靜下

心來，攻讀以黃帝、老子為代表的道家文章與著作，因為這個才是我們中華民族的根，捨此無它。前人說，練好太極拳非研究易經不可，此話不無道理。所以，讀讀老子的《道德真經》，讀讀莊子的《南華真經》，仔細研讀前人的太極拳論著，掌握一些五行生克，八卦變易和中醫方面關於人體經絡，臟腑營衛等知識，對於提高自身太極拳技藝水準都是非常有幫助的。

正如好的補品也不都適應所有虛弱的病人一樣，「太極拳運動」雖然是人類最平安合理的運動，但由於其內涵博大精深，是出自於拳藝的道藝的範疇，因此幾千年來被人們譽為：陽春白雪大雅之術、內家武學三絕之一、內家武學龍虎鳳之鳳門等等，素有差之毫釐，謬之千里之嚴格說法。本人結合自身多年對太極拳這一非單純性的技能運動的親身實踐認識與所見所聞，感到太極拳高雅絕妙，博大精深，決非什麼人都可以練一練就有顯著效果的一般體育運動，更非全民普及之體育運動。因此本人歸納出修習傳統太極拳所不宜的以下八種類型的人，供同道參考：

一、思想僵化，固執己見；

二、精神異常，神經錯亂；

三、習無定性，不務正業；

四、獵奇求怪，心懷妄念；

五、品行不端，為非作歹；

六、老來殘喘，絕症將死；

七、文辭不通，理法難明；

八、溫飽不足，貧窮潦倒。

　　以上八種類型的人，學而不宜，學而不成，學而有害，罪作於師，傳道授業者，不可不詳察也！

第三節　修練太極拳為什麼要從行止坐臥處入手？

　　太極拳是方法論，是思想拳，它練理、練體、練性、練神。太極拳理決定了它自身的運動形式是易則極易，難則極難，非難不易，以易見難，易學難精。容易學是指：完整拳架全套百十幾勢，快則幾日十幾日，慢則一年半載，就可學會外形動作。難精是指：太極拳的運動模式是與人的本能運動方式呈逆向的，太極拳論曰：有力打無力，手慢讓手快，是皆先天自然之能，非關學力而有為也。另云：然非用力之久，不能豁然貫通焉。表現在常人舉手投足時，動手則手動；動足則足動，全為具體而不能全面。然而太極拳運動講求鷹捉貓行，拳論云：邁步如貓行，運勁如抽絲；形如搏兔之鶻，神似捕鼠之貓。太極拳的運動強調的是整體的運動，是以人體脊椎為中軸貫徹始終，以身耍手，以身帶步的運動方式，突出的是根節起，中節跟，梢節隨。比方說貓行之法則是腰為主宰，以胯帶動兩腳交替輕靈地前行和後退，前行落步時要按照腳跟腳掌的順序落地，後退落步時要按照腳掌腳跟的順序落地。鷹捉之法則是說，舉手之間，心意先動，以意變手，意念上是腰先動，臂後動，注意內勁的傳導，一舉一動皆鬆柔內斂，無掛無礙，順遂自然，均在不經意之間完成。

人生來不用學就會的事情不過是喘氣、飲食、睡覺、男女，而道家偏偏讓你在這些不用學的事情上重新學，仔細學，用心學，讓你知道和悟到，就是這平常中有非常。行止坐臥是人們每天行動之概括，道儒釋家修行名之曰：四大威儀。做到「行止坐臥」不離這個（修練），自然是人練功，功練人，相互融合，是人在道中走，道在人中行；日常走路與上下樓梯的行為是我們正常人每天所必有，學會和掌握正確的走路與上下樓的姿勢與方法就對於提高太極拳的修練水準與深度極為重要。正確的走路與上下樓梯的姿態與方法應該是：頭正，腰挺，脊骨豎，吊襠，腹鬆，胯鬆，心中懸；鬆肩，垂肘，兩手綿；走路與上下樓輕起輕落，三節分明。頭正，目正，下鄂微收，大椎鬆，則小腦平衡，有利於虛靈頂勁，上節明也；腰挺，脊骨豎，吊襠，腹鬆，胯鬆，心中懸，沉肩，垂肘，兩手綿，則利於內氣下沉，中節明也；胯眼活，膝部放鬆，腳腕放鬆，則利於內氣下行，下肢轉動輕靈而省力，下節明也。得此書明此理者，可與之言拳矣。

第四節　修練太極拳椿功的關鍵是什麼？

太極狀態是修真悟道之士必然的追求。無極生太極，太極理循環。宇宙萬事萬物無時無刻不處於這種極化的無始無終的狀態中。欲求太極先求無極，無極現，太極生，太極生則無極有。無極並非有人所說的那樣一動不動。須知世界動是絕對的，靜是相對的。無極而太極，是言以心靜對抗心動，是靜中寓動，是陰中有陽。自感身體內外空空靜靜，訣云：無形無

象，全身透空。所謂忘乎有己。幽幽冥冥，恍恍惚惚，其真實一點，存於似有非有之間。此中奧妙只可意會不可以言傳，非過來人所不能語，均是悟在心內，會在身中，超乎象外，得其環中，有人所不知而己獨知之妙。太極狀態則是動中寓靜，是陽中有陰。因此盤練太極拳架有用意不用力之說，這用意不用力，就是讓學練者明白動後必歸於靜，於動中求靜的道理。因此我說，太極狀態的追求就是逆向思維方式的追求，所謂，反者道之動也。快速地進入太極狀態，唯一的法門就是在明理的情況下，通過站樁（入定）求得。

樁功的真義就是像釘子釘物一樣，定在那裡，外靜而內自動。儒家稱其為不偏不倚，釋家稱其為真如。易曰：寂然不動，感而隨通；獨道家稱其為一，曰感應，解曰：無極，也解作：中，但此中非四維上下之中，乃指一念初起未起之處，就是指識神不用，元神顯現；通俗的講就是捨棄現象追求本質。太極門稱此為：透空。以上是太極拳樁功的真義，其外在的形式與方法是：立姿，坐姿，臥姿。三種姿勢又可細分為：兩腳併攏的立正式；兩腳開立與肩寬的平站式；單腳落地的獨立式；坐於椅子或板凳之上，兩腳平放地面的普通坐式；散盤或單雙盤的盤坐式；仰臥式與側臥式。但是無論做何種姿勢，均須明白形式為內容服務，平常日用皆在道中行，理在修心定性，功在活氣練神，而不是呆坐、呆站、死躺昏睡。（宋）王重陽祖師立教十五論中寫道：「凡打坐者，非言形體端然，瞑目合眼，此是假坐也。真坐者，需要十二時辰，住行坐臥，一切動靜之間，心如泰山，不動不搖。把斷四門，眼、耳、口、鼻，不令外景入內。但有絲毫動靜思念，即

不名靜坐。如能此者，雖身處於塵世，名以列於仙位。不須遠參他人，便是身內賢聖。」六祖慧能也曾云：「心平何勞持戒，行直何用參禪。」坐也罷，站也罷，躺也罷，皆是借相說法，原是沒有什麼坐站躺的，修真原無一定之規，須知一切有為法均是修真先賢為根器淺陋之人所設權益之法，方便之門，因此修真之士萬不可於形式上著相。修真之士入樁（定）之時，神意內斂，反觀內照；內靜外虛，無思無慮；津液常咽；聽氣下行；吸氣納光，採陽採陰；捨此則不為樁（定）也。每每常見太多的所謂站樁習武者，擠眉弄眼，鳳飛蝶舞，裝龍做虎，頭上安頭，全不知自身動作姿勢之核心目的，作繭自纏，空耗體力，折磨精神，遠離太極大道，在黑暗中摸索，作了路人滑稽與觀摩的對象，誠可悲與可憐矣。尚若有緣之士，得此書明此理，深悟此道奧妙，身體力行，真修實證，心誠志堅，入太極之門有緣而不難矣。

第五節　修練太極拳究竟能不能自修自練？

　　學習是人後天的自由，也是先天的求知本能。我若斷然地否定太極拳可以自學的方式，那麼必然是消滅了許多善良的太極拳求學者的美好希望，招致誹謗攻擊事小，深為武德之不齒則事大。但據我多年的習武經驗體會和對太極拳先賢的成長之路的認識，我以為：太極拳即便是作為一門武學技藝也是應該師出有源的，更何況太極拳乃道門絕學，是靠一代一代的口傳心授，言傳身教繼承下來的，並非單純的筋骨肌肉方面的技藝運動，而是道藝之學。雖然現在科技進步了，各種教學設

備完善先進了，像電視機、錄影機、VCD、DVD、雜誌、圖片（畫）、圖書等形式多樣了，但是這只能方便教學，活躍教學，而真正傳統的親身體驗，心領神會的東西卻無法用上述設備所大包大攬，包辦代替。有人認為個人天賦較好，模仿能力強，看看錄影資料看看書則能學會拳架。余以為此類善良的愛好者，若單單以愛好與消遣打發時光為目的，抑或是為了打一打基礎，當然不可非議。但是若想對太極拳有個清醒的正確的認識，並想由太極拳修練步入修真之門經，則又恐有不逮。因為太極拳決非一套兩套或多少式叫做太極拳，更非一套拳架的外形所能涵蓋，它其大無外，其小無內，包羅萬象，內涵博大精深。有志於太極拳修練者，必須老老實實，謙謙虛虛地按內家武當太極門的規訓經師訪友，如此才能有先自學，而後拜師學藝，然後苦練成才之可能。

太極拳道藝之學源遠流長，發端於上古，傳於道門之內，宗老子，崇張三丰。經過近百年的挖掘與整理，太極拳界基本上形成了這樣一個共識：近代北派太極拳首由張三丰傳於方外，由三丰門下弟子王宗岳傳給河南省溫縣劉村的蔣發，蔣發再傳給趙堡鎮的邢喜懷及近鄰陳家溝村的陳氏第九世陳王廷而延續下來。自陳氏第十四世陳長興把拳傳給河北永年的楊祿禪，趙堡太極拳第七代宗師陳清平傳太極拳內在秘要於河北永年望族人氏武禹襄，武禹襄同時又向楊祿禪學習太極拳，並形成了別具文人風格的太極拳武氏架。從此太極拳從封閉中走出來，拉開了中國近代太極拳自楊氏架的傳播而繁盛的序幕。

現今流傳的各種傳統太極拳架均是理根太極，是在漫長的歷史發展過程中，習練者加入了個人主觀的東西後逐漸形成

的，均可作為入道修道之基，須知拳在人練，道在人悟，只要有名師真傳，刻苦修練，均能步入太極之門。

太極拳乃呈象之學，無為之理，有為之法，是入道之基，而非入道之本，遵循道法自然。諸家宗傳拳架均能造就人，不存在孰高孰低的問題，天下太極是一家，不管什麼太極拳架，說到底都還是太極拳，大可不必在選擇拳架上過多地浪費時間，重要的是選擇一位明師通家做老師，並得到真正的傳授，才不至於多走冤枉路或者走錯了路。練拳和寫字是一個道理，中國的漢字起源很久，到了秦始皇時代，漢字得到了統一。後來各朝各代，不乏書法家。楷、行、隸、篆、草，寫來寫去，寫得好，寫得壞，基本的目的是讓人知道和認識你寫的字是漢字。就寫字的外在形式而言，不過是橫、豎、撇、點等筆劃的運用，當然其內在要求很多，諸如佈局結構，中鋒行筆，神韻氣勢等，一個字可以有多種寫法，太極拳也可以有多種練法，所以選擇一個自己喜歡的拳架進行練習，就好比練習書法，選擇字帖一樣，可以提高練拳的興趣，促進對拳理的認識，因此從某種意義上說，不存在選拳架之說，只有選傳授者之說。教不善，師之過，好為人師者當三思矣。

第六節　修練太極拳究竟需不需要偶像？

太極拳練的是個理，是個氣，是個神，在內不在外。太極拳練的不是注重外表的空架子，太極拳修為者對拳學道藝的追求過程，就是對太極拳之理的參悟過程，因此，在太極拳的修為過程中斷然要不得偶像。太極拳架盤練可大可小，可快

可慢，可高可低，隨心所欲，因人而異，只要能做到內外相合，人與天地相合了，那麼，你的太極拳就算練對路了。常聽有人講諸如：本人練的拳，幾百年沒走樣；多少代沒變形等等，這均是未入太極之門的門外漢所謂，空有太極傳人的虛名罷了。其所學仍屬具體而個別，管中窺豹，窗外觀燈，難見太極拳之全貌。一成不變的教法，棋譜式的練法，均還是初級階段的外家體力勞動，只能是筋骨的鍛鍊，而難入氣血調理的神意運動，縱然練到死，也是枉費心機，白白斷送了卿卿性命，浪費了大好的光陰。

中華武學源遠流長，就內家武當一門來說名家輩出，可惜均是歷史人物。本人對歷代武學宗師一貫地敬仰，但從不迷信。近代著名者楊祿禪、董海川、郭雲深等在我的心中都有很高的威望。近現代已故的武學大師通背拳傳人修劍癡、大成拳學創立者王薌齋的拳學著作均為我喜愛珍藏。他們的拳學思想最閃光的一面是：尊重傳統，追本溯源，習武求真，反對花拳繡腿。王薌齋先生曾講：學術要一代勝過一代，否則錯誤。太極拳的修為重理性，講探討，不僅教學相長而且助長，學術之風是民主的，不應存在偶像之說。

偶像是人類在接近真理的過程中，缺乏理性的思考，拋棄哲學、道學的悲劇性迷信產物，因為，任何一種迷戀與執著均能使人產生對某種歸向的追求。太極拳的修為解決的是人的方法論，是引導習拳者去修真。而修真的目的是為了斷人和宇宙自然的相互融合，是在全面的認識自己的前提下，感知自然，認識自然。但是由於人類的自私自利、自專自用的劣根性，異想天開，長生不死等妄念，促發一系列的顛倒夢想，

於是，神和偶像就產生了，宗教也就應運產生。恩格斯說：「一切宗教都不過是支配著人們日常生活的外部力量在人們頭腦中的幻想的反映，在這種反映中，人間的力量採取了超人間力量的形式。」所以在修真的過程中，時刻防止和反對外嘴和尚錯念經，對於端正修真的動機，至關重要。這也是傳統上道門、道家與道教的區別。

太極拳作為中華民族的文化瑰寶，伴隨著人們生活水準的提高，它早已不單單是百年前江湖賣藝之流謀生的工具了，它實實在在恢復了它作為一門道藝的本來面目。在科學日益進步的今天，廣大的太極拳修練者們，難道不應該親身實踐：「實事求是，解放思想；宣導科學精神」的改革號召嗎？難道不應當以客觀的依據；理性的懷疑；多元的思考；平等的爭論；實踐的檢驗；寬容的激勵來促進祖國傳統太極拳事業的繼承與健康發展嗎？

第七節　修練太極拳而盤練拳架的依據是什麼？

太極拳作為內家武學，其修練過程是嚴格的，是循序漸進的。正如太極拳經所謂：由招熟而漸悟懂勁，由懂勁而階及神明。招熟階段是武藝階段，就是有為，而懂勁之後的神明階段就是道藝階段了，那才是無為。武藝主練是筋骨之力，而道藝則完全是研究神意氣血之調運了。

用意不用力之說，大方向上是正確而真實不虛的，因為太極拳術以虛無為本，其修練原則就是無中生有。這裡說的用意就是用神，是指回歸先天之本原，無極中和之態。為了追求

這種趨同性，因此必須反對主觀主義，也就是後天人為的造作與想當然。用力之說就是帶有主觀後天智巧的行為，是有違於先天自然大道的。但是，對修練者來講還是要有個過程與方法的。不用力是個策略，太極拳是專門研究修練者在不斷的向先天無極中和之態趨同的過程中如何合理的用力、如何最大限度地省力的學問，不用力是強調在盤拳推手過程中，意在精神，把注意力放在求鬆，求柔，神意內斂上，而不是把注意力放在使力用氣上；是強調不動真氣、不用真力、不使僵力蠻力、而用巧力。巧力就是我們常講的勁，是用意的結果。

太極拳修練專在虛無上下功夫，用心勁，用神力，不用外在的緊張之力，心勁就是氣血之力，是源於小腹丹田內部，是源源不斷的能量流，是氣機順遂的發動後循經的能量，所謂在內為氣，在外就是勁。由於太極拳練習和開發人的植物神經系統功能，平抑中樞神經系統功能，因此，太極拳修練者能做到心平氣和，神安體舒，漸而達到氣斂入骨入髓，而得神修之果。所以，對於太極拳的初入門者，應當先明白這個理，先學會正確地巧妙地用力省力。學會省力用力了，也就知道什麼是緊了，知道緊了，自然能體會真正鬆的感覺，到了這時也就能夠用意不用力了。

當然就修真而言，練不練太極拳架與修真是兩碼事，許多專於道家修真的人並不會太極拳，所以，文殊菩薩語：歸元性無二，方便有多門。開示的就是這個道理。比方說，有好多人生來不知太極拳為何物，更不知有修真之說，但是，生活有規律，渴飲饑餐，疲困而眠，自然而然，身體健康，得享高壽，正所謂人在道中，道在人中。相反也有一些人，自專

自用，不明真道；打拳盤架，消耗體力；呆坐苦思，折磨精神；違反自然，損害健康；未幾天年而夭折，這些都是非常好的事例，值得修真之士深悟。不過，從以武演道的層次論，太極拳架是道的載體，動靜相間，靜中生動，動後歸靜，寓技擊養生於一體，體用兼備，理趣橫生。因此，如果你選擇了太極拳做為自己修真的門徑和手段，就不能滿足簡單的一招一式和推來推去，在有條件的情況下，還是應該扎扎實實地好好學習傳統的太極拳架的。練是永恆的，不練是相對的，至於所謂不練之練，乃是先賢藏修真之法於生活之中，藏而不露，貴隱不貴顯，身懷修真大法而不張揚，均已達到非常高的層次和境界。古往今來，道門中，這樣的先人數不勝數，僅以呂純陽、陳摶（希夷）、張三丰祖師為例，他們均是得道而高標隱逸，不慕容利，入世而不俗，和光混跡，大隱市廛，而成為後人修真之典範。今恭錄三位祖師部分睡功詩訣以示同好。

（一）呂祖師《大覺歌》

鼾鼾睡，鼾鼾睡，塵世之中人人醉。
醉裡不知天地寬，昏昏醒醒中不遂。
黃金累累腰下繫，猶說當前不如意。
戰名爭利何日既，勞苦終身難自計。
我在深山整日寐，哪管人間爭戰會。
不強求，不越位，白雲高臥饒滋味。
閶門內外有消息，天南地北無窮戲。
只要識得出處義，且去，且去，
歸到終南還自睡。

（二）希夷祖師《對御歌》

臣愛睡，臣愛睡，不臥氈，不蓋被；

片石枕頭，蓑衣鋪地，

震雷掣電鬼神驚，臣當其時正鼾睡。

閒思張良，悶思范蠡，說甚孟德，休言劉備；

三四君子，只爭些閒氣。

怎如臣向青山頂上，白雲堆裡，

展開眉頭，解放肚皮，且一覺誰！

管甚玉兔東升，紅輪西墜。

（三）希夷祖師《勵睡詩》

常人無所重，惟睡乃為重。

舉世皆為息，魂離神不動。

覺來無所知，貪求心愈動。

堪笑塵中人，不知夢是夢。

至人本無夢，其夢本遊仙。

真人本無睡，睡則浮雲煙。

爐裡盡為煙，壺中別有天。

欲知睡夢裡，人間第一玄。

（四）希夷祖師《蟄龍法訣》

龍歸元海，陽潛於陰。

人曰蟄龍，我曰蟄心。

默藏其用，息之深深。

白雲高臥，世無知音。

（五）呂祖師《詠蟄龍法》

高臥終南萬慮空，睡仙常臥白雲中。
夢魂暗入陰陽竅，呼吸潛施造化功。
真訣誰知藏混沌，道人先要學癡聾。
華山處士留眠法，今與倡明醒公眾。

（六）三丰祖師《漁夫詞——詠蟄龍法》

蟄龍無聲卻有聲，聲聲說與內心聽。
神默默，氣冥冥，蟄龍雖睡睡還醒。

（七）三丰祖師《蟄龍法訣跋》

或言希夷先生別有睡訣傳世，其所傳皆偽書也。《隨》卦之《象辭》曰：「君子以向晦入宴息。」夫不曰向晦宴息，而曰入宴息者，其妙處正在「入」字，「入」即睡法也。以神入炁穴，坐臥皆有睡功，又何必「高枕石頭眠哉」。讀三十二字，蓋使人豁然大悟。呂翁表而出之，其慈悲之心，即糾繆之心也。張全一跋，時寓終南山。

而現實生活中，三天打魚兩天曬網的所謂太極拳家們，是不是還沒到列位祖師說的這種不練而練的地步呢？

第八節　修練太極拳必須要練習推手及散打嗎？

我從小修習太極拳吳氏南派功夫，至今三十五年，修習太極拳趙堡大架拳功也十幾年，前後歷經了五位太極拳老師，並

多有遊歷，對老一輩們的太極拳的修為可以說是有一定認識和體會的。一個老師一個傳授，做學生的要用心悟，哪些是形式，哪些是內容，哪些是方法，哪些是目的，以趙增福恩師為例，趙師是個實實在在的武術練家子，治學態度嚴謹，課徒嚴格，身體力行，不作形式主義的虛文章。他常講：「練功不能摻假，拳關鍵在靠人練，個人不好好練功，偷懶耍滑，師父就是個神仙也是白搭。」師尊五十餘年對太極拳孜孜不斷的追求，使他老人家的修為已入化境。尤其是太極拳的推手訓練更是獨出一幟，有別於俗家凡流。其特點主要有以下五個方面：

一、太極拳的推手訓練要體現圓的較量，不能搞力的抗衡。
二、太極拳的推手訓練是對拳架的具體分解與演練。
三、掤捋擠按採列肘靠，前進後退左顧右盼中定缺一不可。
四、太極拳推手訓練需要熟練者引領帶動。
五、太極拳推手僅僅是訓練方法之一，不能混同於散手。

在實際教學中，師尊常講：太極拳的推手訓練要充分體現太極之理，所謂一圓一太極，尤其是趙堡太極拳，它講就背絲扣，一扣套一扣，一環解一環，妙趣橫生，絕不是硬碰硬的頂牛遊戲所比。趙堡太極拳的推手方法獨特，它通過巧妙的採拿窩別手法盡情地發揮掤捋擠按採列肘靠，前進後退左顧右盼中定的太極拳十三總勢原則。太極拳推手訓練僅僅是現代太極拳修為的方法之一，不能混同於散手，它需要熟練者帶動訓練者，或者是做為懂規矩者之間的一種切磋手段，現在相當普遍的一些太極拳練習者，把假的當作真的，偶爾占一點小便

宜，便沾沾自喜，以為是技擊與散手的勝利。更有現在所謂的推手比賽，成了你拉我拽的比賽，難找太極八法之運用，遠離太極之理，已失去太極拳推手的味道，根本應該在盡快取消之內。因此正確理解什麼是太極拳推手，對於健康地開展太極拳運動十分必要。

太極拳的神秘在於它自身所蘊含的人法地、地法天、天法道的太極之理上，就太極拳技擊術而言，並不神秘。因為按我的恩師趙增福的話講：「招術是給有功夫的人用的，不怕千招會就怕一招熟，「熟」字下面四個點，就是火的意思，也就是說只有火候到了才能熟。諸如什麼太極拳推手根本不許用力，能不接觸身體而便用「凌空勁」發人的做法，均是故弄玄虛不講實際。」老人家的話發人深省，拳是人練的，太極拳十年不出門，說明太極拳的修為不易。古往今來，太極拳用於技擊格鬥的戰例實在少得可憐，相反所謂外家拳卻大行其道。近代公開的太極拳與所謂外家拳法的比武，僅有一九五四年一月十七日於香港發生的，由太極拳吳氏門嫡傳吳公儀同白鶴門掌門人弟子陳克夫之間的擂臺比武，雖然此擂彼此不勝不敗，但影響深遠。所謂內家拳得其一二，足勝少林，也只是一家之言，並未完全做過徹底之比較與統計。就近代而言，楊祿禪與八卦名家董海川、形意名家郭雲深相比不分高下，結為友好，就說明拳在人練，道在人修人悟。本人在多年的習武過程中，確實感到太極拳在技擊方面有許多優於外家硬拳的特點與方法，也令學者產生許多興趣。但論太極拳技擊術如何絕妙絕倫，我以切身體會認為，僅目前中國太極拳之現狀，除大德高隱必是深藏不露以外，其餘入世者，均不敢挑戰黑白種人之拳

擊冠軍，便是明證。反倒是被紙上談兵的所謂太極大師、名家們嗤之以鼻的年輕的中國散打運動員們敢於挑戰西洋拳術和有五百年不敗歷史的泰國拳術，這不能不令太極拳界汗顏。

中國的武術素來靠師父的口傳心授，而傳授中間，往往摻雜著保守與對師父的個人崇拜。故弄玄虛，製造神秘。近代著名拳學家王薌齋在《拳道中樞》一書中就說道：「往往極美滿之事，行之乎我國則流弊叢生，醜態百出，而拳界尤甚焉。」人類社會最難做的事就是講真話做真事，所以我們的道家先賢提出求真修真做真人之說。今天我們也都提倡實事求是，說明這件事行起來很難。相反，弄虛作假，投機取巧卻很容易，古時候就有詐偽成仙的道門敗類，弄虛作假的江湖騙子；現在更有一種人以太極拳作為謀生的手段，高估其貨，每每言其師父武技高超天下無雙；言其師爺技藝神奇，出神入化；言其師爺的師爺更是珠峰仰望，脫胎神化，已非凡類。殊不知明眼人一聽就知這是借題說事，潛臺詞是自己如何如何得到了真傳，世界其他習武之人只有統統死光的份，只留其一家存在，其餘各家均無練習和存在的必要。王薌齋先生在《拳道中樞》一書中還寫道：「且學之有得，始乃有師，若叩頭三千，呼師八百，而於學術根本懵然，是究不知其師之所在也。要知學術才是宇宙神聖，是公有師尊。」現代武學的宣導者田克先生早幾年就在其著作中講到：「也許有些事，講清楚了是一種罪，武術失去了神秘性，會讓許多中國人乃至世界眾多的人失望。」（田克著，北京市武協武術培訓中心編印，《現代武學》NO.9。）失望就意味著悲哀，把推手當成太極拳的技擊精華，誤人誤己，只能是製造更多無知的炮灰和冤死

鬼。因此我說，練太極拳首先你要明白自己的目的是什麼？如果就是要學打，你盡可以去學習現代散打、拳擊、摔跤、空手道、南拳、少林拳等等所謂的硬拳，這樣來得快，來的方便，學了就能用，學了就能打。中國的武術流派繁多，無論哪一種拳法，能流傳到今天都說明其有合理實用的內容。如果你就是為了活動筋骨，鍛練鍛練肉體，你盡可以去參加田徑、游泳、球類、舉重、登山、搖呼啦圈兒、跳健美舞操等等現代體育運動。身體欠佳，還可以去散散步，大可不必加入太極拳的行列，練不好，反而對身體有害。因為太極拳非一般的武藝範疇，而是一門代表著中華民族近萬年文化精髓的道藝範疇，是陽春白雪，而非下里巴人。

如此說來，太極拳就不能用於技擊實戰了嗎？練太極拳就可以不講攻防了嗎？反對神秘，並不妨礙鑽研太極拳用於技擊的奧妙，並不否認傳統太極拳中存在絕妙的技擊術，但是功夫是練出來的，是通過一定的方法和程式苦練出來的，不是空談吹出來；不是簡單的推推手所代替的；也不是花三兩年時間就可以學以致用的。太極拳的技擊之功能和養生之效用，均是在太極拳修練者修真求真的過程中，自然而然形成的產物，決非刻意追求的結果。張三丰祖師在太極拳論中講到：「欲使天下豪傑延年益壽，不徒做技藝之末也」，已明示太極拳由技藝入道藝之根諦。因此，太極拳有文太極武太極之分，在理論上，楊家的太極拳傳譜就有太極文武解一章，太極拳既然稱為拳就說明它的立意是以武演道，現在社會派之太極拳運動方法主要側重於單純的所謂鬆柔緩慢，重視理論清談，輕視實踐練習，把推手當作散手，把頂牛散推當作技擊，太極拳已失去

其本來面目。出手見紅，應手即撲，已無從見到，所見者到處是滿頭白髮，面如重棗的所謂太極拳名家大師們及門人弟子演練毫釐能御眾之形的所謂太極技擊術。黃百家在〈王征南墓誌銘〉中說：「今人以內家無可炫耀，於是以外家摻入，此學行當衰矣！」技擊是靈魂，養生是根本，這是太極拳的核心。太極拳修練體用兼備，內外兼備，它要求學者在得理得法中掌握技擊之道，在得理得法中求得養生之道，在得理得法中，步入修真的門徑。學者萬不可有所偏廢，落入異端。

第九節　修練太極拳真的能包治百病嗎？

太極拳運動順天法地，在六千多年的流傳過程中，其體用兼備的作用是得到實踐證明的。尤其是近一二百年大量的事例說明，有許多人通過常年練太極拳生活品質與生命品質得到了改善與提高，收到了老當益壯；越活越精神，得享高壽的好處。由此引發了一些病患者及一些已是老來殘喘的廢銅爛鐵之人的濃厚興趣，他們把太極拳運動當成了具體的藥物甚至是神丹妙藥，以為一練太極拳便能如何如何。實際上這種大範圍的近似於傳染病的投機取巧，佔便宜的心理本身就是最害人的毒品。試想如果延年益壽；成仙了道如此容易輕鬆，古時修真之士何必還要主張立恒心、勤修、苦練、求真呢？

實際上太極拳並非萬能之術，有很多從不知太極拳為何物的人，他的身體壽命卻是出奇的長，而一些練了多年太極拳的所謂練家，壽命卻出奇的短，身體卻出奇的差，這樣的實例不一而足。其中的原因就是太極拳對於治病延年益壽而言，

不是具體之術，它只是個原則，是個方法論，是良好的行為規範，是順應自然的思想上的指路明燈，更有大德高隱稱太極拳術為人類後天延命之小技。實際上太極拳作為道家丹功之外架是通過修練者長期的刻苦練習，經過零存整取的常年堅持積累的過程，綜合調理人體的內部與外部的平衡，使得身體狀況逐漸趨於強壯的。身體的內環境改善了，免疫能力得到不斷的加強，便自然能抵禦外來的風寒暑濕燥火的侵襲；也能自行平抑喜怒哀樂憂思恐七情的干擾。人有了強壯的身體和強大的祛病能力，人也自然得以益壽延年。至於所謂的「得道成仙」自然也就在情理之中。因此關於太極拳能治病的問題，應當慎重地實事求是地說，因為，許多疾病仍要依靠藥物，甚至是外科手術等等。千萬不能因為學了太極拳而生愚昧迷信之心，而視現代醫術醫藥於不顧，耽誤疾病的治療而釀成後悔與遺憾。

現在的太極拳界中有相當一些所謂的太極大師和太極大家，對現代科學、醫學、生物化學、運動生理學等學科全然不懂，緊靠懂幾個傳統的中醫術語、經絡名詞，便想當然地搞起太極拳治病工作來。其熱心可以理解，但要知道他們均犯了主觀主義、經驗主義的錯誤，是憑著感覺走，實屬害人不淺。什麼「心氣下降；氣沉丹田，」均是把方法當作目的。今天治這個病；明天治那個病，把太極拳當成了消炎藥；止痛片；甚至是手術刀。殊不知太極拳的調理功能是個慢功夫，它需要修練者的平常心，它的真髓就在於太極拳修練者常年一貫的自然而然，人們常講的「不求而得」、「真水無香」，其實說的就是這個道理。三國時期的葛玄在《清靜經》中就說道：「眾生所以不得真道者，為有妄心。」實實在在地告訴學者，包治百病

全面修理和改造生理的辦法倒是有一個，那就是中國道家修真之道，如果，學者步入修真佳境，自可獲得養生益壽延年生理再造的奇效，但是，修真之道不是一天兩天的事情，談何容易，法財侶地的條件姑且不說，但說，世人浮躁心難以平靜這一條，想通過修練太極拳包治百病，簡直是癡心妄想、白日作夢。

第十節　修練太極拳為何要讀書與練功並舉？

　　自古修真一門有理上事、功上事、身上事之區分。做學問不等於練功夫，練功夫不可全廢學問，練功夫也不等於功夫上身，所以，修練太極拳功者心裡總要對待無病才行。一個人即使讀遍天下修真的玉緯瓊章，道典樞機，然而並不默然勤行之，充其量也就是涵養心性而已，仍不過是一個書蟲子，於道家修練功夫仍屬門外漢，尚屬於明理階段。如果只知道練功夫，專在肉腔子上下功夫，還是肉體生意，仍還是落入異端，猶古人所說，乃「守屍鬼」而已。即使偶有狂慧小開，也是識神作怪，終屬下乘法門。明心見性對於修真一途僅僅是知道而起修的層次。「未有神仙不讀書」，老子、孔子、莊子、魏伯陽等聖賢均為博學大儒，尚且都是有師承，飽讀萬卷經書。今天，我們這些凡夫俗子又有何顏面和資本，竟欲夢想閉門造車，自學成才，自悟自通呢？須知中華道家修練一途，是關乎人的性命的大道，豈是穿衣睡覺、飲食男女不學而會的本能之舉所能比擬。古人已經明明白白地告訴後人，知修知練之人有關修真的三層功夫，即是：窮理盡性以至於命。窮理盡性可以頓悟，但了命卻是一個漸進的過程，斷沒有頓修之

說。世上沒有無源之水，所謂無師自通也是說有一定文化基礎，慧根天賦，通過讀書而明白深刻的道理，達到了窮理的境界，慧根具足，因緣所感，而能明心見性，即是頓悟，然而於了命之道，尚需九年面壁之功。經云：性靠悟，命靠傳。因為所謂命靠傳，乃是指具體的方法與經驗。悟真篇云：饒君聰慧過顏閔，不遇師傳莫強猜。好比是人們看到汽車在跑，可以通過理論的學習或別人間接的傳授得知汽車能跑動的原理，但是涉及到如何駕駛汽車的經驗卻需要師傅的傳授和個人的勤學苦練，才能掌握。修真之道講功夫，講學問，講證驗，重實效，提倡真修實練；不講覺悟，反對虛張聲勢表決心耍小聰明。讀書練功再讀書再練功，死心塌地地低頭下功夫，並經師驗證。從理論到實踐，從實踐到聰明，再從實踐的功效回到經典理論，不斷驗證，不斷總結提高，如此才是生生不息之修，才是生生不息之練。惟如此才能求真、得真、成真。讓投機取巧和小聰明見鬼去吧！讓樸實無華真修實行的功夫回歸吧！真心地、虛心地、誠心地尋師訪師辨師而拜師，收心、安心、靜心地讀書明理，下手速修，捨此而修真，無疑是「猶盲不認杖，耳聾聽宮商」。

　　道家有關修真方面的典章是非常豐富的，道家修真典章不斷豐富增加的過程，就是中華道家學統不斷完善的歷史。用汗牛充棟來形容道家的典章已遠遠不夠。中華道家有關修真方面的典籍，可以說是浩若煙海，令人不知所從。近代著名的臺灣道學家蕭天石先生於民國庚子年整理出版清朝著名的修真大家黃元吉的《道德經注釋》一書時作序，序中有這樣一句話「丹道經籍，愈古愈玄。上古丹經，十隱八九；中古丹經，十

隱其半；迄乎近代，十隱二三。黃元吉先生本書，成於清道咸之交，故能暢述玄機，大露宗風，舉往聖之所不泄者泄之，盡往聖之所不傳者傳之。」這段話，客觀地說明了不同時代道家修真典章的特點。所以有志於此的同道若想對中華道家修真的典章情況有個瞭解，短時間內便可按圖索驥，學有所獲，應該選擇在歷朝歷代中有代表性的修真典章，加以精心研讀，千萬不可一掃而過，這樣可以收到以一當十的效果。明清時代是中華道家修真在理論與實踐上均達到頂峰的時期，隨著道儒釋三教的高度融合，在這一時期產生了大量的修真派別，如：中派、東派、三丰派、西派等。伴隨著修真派別的產生，一大批有價值的修真理論著作也應運而生。如張三丰真人的著作；陸西星真人的著作；伍守陽真人的著作；李涵虛真人的著作等；這些著作對於實心修真，潛心修道者來說，都應該是得而必讀的。

總之，書是載道之器，修真之道千門萬法，能得全訣者乃難中之難，而各派丹訣均散於修真典章之中，所謂：得訣歸來好讀書，得訣歸來好廢書。古人有云：道無經不傳，經無師不明；丹書萬卷，重在心傳；天機妙訣，均須師授；丹書萬卷，不如守一；一言半句便通玄，何用丹書千萬篇等等。能讀書明理，但不能實修實練、勤而行之，修真只能是水中觀月，過過眼癮而已；能讀書實練，但自執自見，不肯低意下行，拜求明師高人，修真只能是閉門造車，盲修瞎練，終不得善果。不肯讀書也不肯明理，渾渾噩噩，猶如行屍走肉，於此等人面前而言修真之事，更是對牛彈琴，徒造誹謗與冷眼。前人的話語，學者當心知肚明。「太虛曰：我師云，人有幾等

人，道有幾等道。我今不怕洩漏，為汝言之。世間人，碌碌庸庸，隨波逐流者，眾生也。知修知省者，凡夫也。修知合世而法道者，人也。法道而化身者，道人也。即身而醫世者，神仙也。即世而化世者，真仙也。世身而合化者，天仙也。」（閔小艮纂述，《天仙心傳》。）三丰祖師也曾言：「夫古聖丹書，不空說一字，妄言一句。只是後人不識邪正，又不知聖賢書中都是隱語譬喻。遭遇庸師，執認旁門，毒藥入心，又無通變。似是而非，自高自是，聲音顏色，拒人千里之外，則高人望望然去之，況仙聖乎！學者未遇正人時，當小心低意。積功累行，遇魔莫退，遭謗勿嗔，重道輕財；一遇正人，篤志苦求，抉破一身內外兩個真消息，忽然醒悟諸書，才不為人迷惑。」有志於修真的同道，對祖師及前賢的告誡，豈可不銘記在心乎？

第十一節　修練太極拳為何必須要修練靜功？

修真之道乃性命雙修先天大道，因此首要的第一條，就是要知道何謂性？何謂命？性命性命性在前命在後，性命一體方有活人之體。修真者既知生命永恆之理，便知由性而生命之理。性是先天之本性，命是後天之生命。先天之本性無生無滅；後天之生命有生有滅。所以分清先天與後天，才好下手修真。呂祖云：「只修性，不修命，此是修行第一病。」三丰祖師也云：不識先天與後天，此為修行第一病。三丰祖師有歌云：「學仙的聽吾言，切莫要盲修瞎練。需曉得內外陰陽，同類的是何物。必須要依陰陽修出陰陽，依世法修出世間。順成

人，逆成仙，一句兒超了千千萬。再休提清靜無為也，不得還丹總是枉然。訪道須是要訪先天，先天是神仙親口傳神仙，神仙只在花裡眠。」太極拳動功是指拳架推手的修為，說到底是有為的，是在後天的肉腔子上下功夫。而靜功乃是無為的，所以能入道可修先天。因此拳經云：動練命，靜練性。所以，修習太極拳到了相當的層次，往往自覺不自覺地要轉入靜功的修為，這符合動後歸於靜，靜極又生動的太極之理的。

　　太極拳乃有為之法，無為之理，是入道之基，而非入道之本。張三丰祖師將太極拳傳於方外，乃是引人入修真之大道正途。所以三丰祖師在《太極行功法》中說道：「即得此行功奧竅，還須正心誠意，冥心絕欲，從頭做去，始能逐步升登，證悟大道。長生不老之基，即胎於此。若才得此太極拳法，不知行功之奧妙，掣置不顧，此無疑練丹不採藥，採藥不練丹。莫道不能登長生大道，即外面功夫，亦絕不能成就。必須功拳並練，蓋功屬柔，而拳屬剛，拳屬動而功屬靜，剛柔互濟，動靜相間，始成太極之象，相輔而行，方足致用。此練太極拳者所以必先知行功之妙用，行功者所以必先明太極之妙道也。」太極拳修為一動一靜，非單純指盤拳走架而言，它是指太極拳修為是由動功和靜功兩部分組成的，兩者是一個整體，密不可分，偏於一方，均屬落於異端。專於拳者，能成綠林好漢；專於功者，恐為邪魔外道，均難入高層次正道修為，非傳統太極門之正傳。

　　太極拳法理循自然無為之道，強調動勢順遂自然。修真之道有所謂：動處練性，靜處練命之說。意思是說為了鍛練自己的定力和心性，使自己在嘈雜混亂的環境與場合下，能夠立身

中正，氣沉丹田，內心鎮定，精神內守，不為外界所動，則意不移，神不搖，心不動。在環境靜謐之處盤練拳架、修練內功，可以免除外界的干擾，使自己專心致志地盤拳練功，則神意清，精氣聚，血脈順，這樣才是人的生命的鍛練。但是，現在有一種所謂：「整齊化一的集體練拳法」，形式甚是新鮮奇異，它要求練拳者動作整齊劃一，外加音樂伴奏，一招一勢均是棋譜式的動作安排，諸如甲勢多少動，乙勢多少動，徒生矯揉造作，無端地捆綁精神與肉體，還美其名曰為循規蹈矩。殊不知，就在這雖為整齊劃一、音樂伴奏中，無知善良的練拳人的生命在時間中漸漸流失而最終走向毀滅。想當年，楊家練拳能出功夫是否也需要唱戲彈曲的在一旁伴奏呢？

太極拳反對自專自用，輕舉妄動，因為這樣有違自然，使練拳者落於後天而不還，難以達到解放思想，開發良能的目的。再試想一下，在整齊劃一、音樂伴奏、棋譜式的一招一式的前提下，盤拳架者能夠凝神靜氣，安舒放鬆嗎？道藝修真之學，豈不成了玩耍遊戲的體操？人類熱衷於創新，但是在你不斷地執著於外部的花樣翻新時，你是否想過，太極之理你懂了沒有？太極門先賢的技藝你都繼承掌握了沒有？你的身體內部的運動是否出現前所未有的花樣與翻新？如果沒有，那你的創新就是危險，就是陷阱。

第十二節　修練太極拳得理得法後究竟有哪些效驗？

俗話說：胖和尚，瘦老道。這是說真正道家的修練，一眼望去，便與他家有鮮明的區別。此一說也可以反映出釋家與道

家的區別在於：釋家修為以心性為主，肉體功課相對較少，這可以從當年佛教禪宗六祖慧能所做的非坐謁中找到有關釋家重性功，輕命功的蹤跡：

> 生來坐不臥，死去臥不坐，
> 一副臭皮囊，何以立功課。

道家的上乘修真法門是形神雙修也即性命雙修。道家修真目的是長生久視，延年益壽。道家修真的信條是我命在我不在天，盡人力而後聽天命。道家修真的原則是盜奪天地之精，逆轉陰陽之機，縮天地於壺中，握陰陽於掌心，執弦用弦，合數對待。因此歷代道家修真之士，形神俱練，性命雙修，陰陽對待，不偏不倚。李涵虛祖師曾有詩曰：

> 昂藏六尺軀，籠絡三千界；
> 人號臭皮囊，我稱香口袋；
> 假借好修真，漫把色身壞；
> 癡人欲棄之，跳出天地外；
> 上士圓通之，自由還自在。

從一個側面，反映了道家修真肉體與精神兩個方面並舉的特點。就太極拳修練而言，太極拳是以動為主的，引人入道修真的門徑；是由靜生動，動後歸於靜，以武演道，由武藝而進入道藝的方便法；是道的載體；是道的重器。所以，只要修練太極拳得了理、得了法，必定是學有所得，學有益處，而且

有端倪可循，有效驗可察。修真者是以自身為試驗的平臺，要為後學者做榜樣，這也是道家奉行《老子道德真經》「行不言之教」的宗風。師者為人師表，率先垂範，載道傳道授業解惑也。如果一個老來殘喘，弱不禁風的人拿著所謂「三天易髓、返老還童」的「祖傳靈丹妙藥」在高價出售，而且聲稱是售完為止、再無庫存、永不生產。我想單凡是一個頭腦正常的人冷靜地理性思考一下：「人不為己，天誅地滅，好事輪不到別人，若是靈驗，他自己何必行將就木。」的道理，便能認清拳混子拳騙子的真實面孔。此外，還有許多帶病堅持修練的太極拳家們，其孜孜一求鍥而不捨的精神值得嘉贊，但是帶病堅持教拳工作，這就恐為不妥，因為安全係數太低，自身生命危險和自身的病痛尚未解除，還要教育別人這就會出現是病就傳染，以謬傳謬的惡劣情況，實在是不應該。這樣的太極拳老師從某種意義上嚴格地說來是不完全具備一個做太極拳老師的資格的。

雖說太極拳功的修練如人飲水，冷暖自知。但是，許多古代道家修真之士的論述是可以參考的。如《清史稿·藝術傳四·曹竹齋》：「至精是術者，其徵有二：一則精神貫注而腹背皆乾滑如臘肉；一則氣體健舉而額顱肥澤如粉，茲是皆血脈流行，應乎自然，內充實而外和平，犯而不校者也。」（轉引二〇〇四年四月《武當》雜誌，于志鈞先生〈宋氏太極拳風格特點〉一文）。《武魂》雜誌於一九九四年九月刊載了多年從事中醫工作的王文仲先生的一篇文章，題目為〈太極拳的十大保健作用〉，這十大保健作用是：強心；養肝；健脾；補肺；固腎；益腦；調氣；和血；練性；怡情。總之一句話，就是對人的身體和精神有益處，說的是理，但是由這十個方面得

到好處後而達之於外的方面沒有述及。本人結合自身的修為和三十幾年的觀察與比對，並向多位中西醫界的教授專家請教，就修練太極拳得理得法後的效驗這一問題，歸納總結了以下幾條，供熱愛太極拳的同道們參研，也使太極拳修練者們對照檢查，也好有個鑒別的參考標準。

第一方面：體態均勻，養育平衡

常年堅持習練太極拳有素者，胖瘦適宜，既無肥胖臃腫之態，也無瘦弱單薄之形。由於太極拳運動的全面與細微，所以，習練者身體的微循環良好，表裡內外，無不周到。因此養育平衡的結果是，皮膚細膩光滑，富有光澤，黑者更黑，白者更白，黃者愈光，骨骼健壯，關節靈活，韌帶柔軟。

第二方面：內感外應，行動迅速

表現在反映靈敏，行動自如，一舉一動，乾淨俐落，步伐輕盈。心態平和，安靜宜人。態度謙和，不急不燥。行為謹慎，一身正氣。思維敏捷，應對迅速，話鋒犀利；對待事物，直指要害，條理清晰，目的明確。

第三方面：面無桃雲，目有精光

道家修練的法門乃是逆修成道，因此修真者追求陽氣潛藏，斂氣歸竅，瞳仁如漆，面門金光。所謂面如桃花、面塗朱砂、面如重棗、眼似初醒、形似醉漢、鶴髮童顏等形態，均是陽氣外泄，不得收斂，虛陽上亢，中氣內陷的症狀，是不健康的病態的表現，決非道家修為之宗風所提倡。

第四方面：氣不沖頭，血壓正常

虛火上炎，陽氣不潛，陰氣不降，氣血沖頭，人體的血壓自然不平衡。現代醫學證明，血壓是身體健康的晴雨錶。人們上醫院檢查身體，大概基本的程式是量血壓測體溫。中醫號脈也是先取其寸，寸者心之表也，明心之陰陽，遂有肝、腎等之陰陽。一個修練有素的太極拳修為之士，必能做到身有不適，自可調節。能避免或調理氣血沖頭、血壓不平衡等偏差。

第五方面：道貌岸然，氣質不凡

在古典的文學作品中，人們常會看到「仙風道骨、道貌岸然，氣質灑脫，亭亭鶴立，玉樹臨風」等這樣的詞語，被用來形容修練有成，道力高深的人士。身體的健康包括：肉身、心理、心靈三個方面。修真者的氣質乃是融合強健的體魄、飽滿的精神於一體，自內而外源源不斷放射的能量場，道家謂之精、氣、神。所謂誠於中而形之於外，紙裡包不住火，太極拳修練得理得法後必有其證驗。相反那些假修假練者，其行動舉止言談也必有其外在表徵，其大致情況歸納如下：

氣血上浮，大疾在身；面黑神昏，精神不振；
大腹便便，舉止臃腫；吃喝嫖賭，陋習累累；
顛三倒四，自誇自擂；沽名釣譽，喋喋不休；
好為人師，來者不拒；製造神秘，故弄玄虛；
強裝鎮靜，故作高深；口若懸河，自表懷真；
誹謗他家，獨誇本宗；謀錢索物，名利雙收；

第十三節　傳統的趙堡太極拳究竟有怎樣的風格特點？

太極拳趙堡架宗傳源遠流長，歸根於上古太極大道之源，宗老子，崇張三丰，是張三丰首傳於方外，經雲遊道人傳給王宗岳，由王宗岳傳給河南溫縣劉村的蔣發，再由蔣發傳給河南溫縣趙堡鎮的邢喜懷及近鄰陳家溝村的炮捶名家陳王廷而延續下來，這一傳承歷史經過近三十幾年的考據、挖掘、整理、和不懈的爭論，廣大的太極拳界的人士已經基本統一了認識。

一、趙堡太極拳架是目前所流傳的太極拳派中，唯一不用姓氏而用地名命名的流傳歷史最悠久的古老的傳統太極拳架。

二、趙堡太極拳傳承清晰，代代可查中無斷代。

三、趙堡太極拳資料翔實，拳譜資料直歸道家。

四、趙堡太極拳尊老子敬張三丰，倡三教合一，弘揚中華道家法統。

五、趙堡太極拳技法獨特，風格鮮明，在諸家太極拳派中獨樹一幟。

受封建意識以及太極拳傳承的嚴格規矩的影響，過去素有趙堡鎮太極拳不出村，趙堡太極拳傳媳婦不傳閨女之說。因此趙堡鎮的太極拳隱而少傳，少有人知。陳家溝的陳氏九世陳王廷學得太極拳後，也要求陳氏族人習練，不傳外姓。此拳傳至陳氏第十四世陳長興。陳長興公學得此拳後，勤學苦練，得太極拳大道真髓，他一改舊的落後的傳拳意識，以光大太極之門為己任，以無私的精神把太極拳傳給了外姓人氏河北

省永年的楊祿禪。楊祿禪學成之後，繼承陳長興公的夙願，傳拳於北京。在京期間，屢屢比武，所向披靡，名聲大震，被譽為「楊無敵」。光緒皇帝的老師，大學士翁同龢觀看了楊祿禪的比武後，稱讚道：進退神速，虛實莫測，身如猿猱，手如運球，猶太極之渾元一體。親書對聯：「手捧太極塞寰宇，胸懷絕技壓群英。」使太極拳從封閉的陳家溝走出來。趙堡太極拳第七代宗師陳清平也傳太極拳於河北永年望族人氏武禹襄，武禹襄又學太極拳於楊祿禪，形成了別具文人風範的武氏架；從此拉開了中國近代太極拳自楊氏架的傳播而繁榮的序幕。

早在二十世紀初，趙堡太極拳的傳人們就大力地傳播太極拳趙堡架。其中開創太極拳趙堡架走出趙堡鎮並在西北廣泛傳播局面的是太極拳趙堡架第十代傳人鄭錫爵（伯英）；鄭悟清（鳳臣）兩位宗師。兩位宗師的傳人們再接再勵，辛勤努力，用精贊的技藝，獨特的風格去贏得掌聲；用資料的翔實，考據的扎實去影響人；自九〇年代初至今，短短的十幾年時間，趙堡太極拳的第十一代和第十二代傳人就出版有關趙堡太極拳的專著近二十本。趙增福、劉瑞、宋蘊華、王海州、原寶山、劉會峙、譚大江、侯爾良、鄭琛、王慶生等一大批趙堡太極拳的中堅力量，廣泛地在國內國外出書、講學、交流，大力宣傳趙堡太極拳。僅師尊趙增福一人就連續出版：《武當趙堡大架太極拳》、《中國趙堡太極拳》、《中國八卦太極拳》、《中國趙堡太極推手》四部有關趙堡太極拳的專著，在國內外影響巨大。越來越多的太極拳愛好者知道了趙堡太極拳；瞭解了趙堡太極拳；喜歡上了趙堡太極拳。由趙堡太極拳的淵源知道了做為中華民族的寶貴文化遺產的太極拳源遠流

長，有近萬年的歷史。太極拳是屬於中華民族的，不是一門一戶的家族財產。

其實過去有關太極拳由張三丰祖師集大成，首傳於方外，百年後傳於陝西王宗岳，王宗岳傳蔣發，蔣發一脈傳陳長興、陳長興親傳楊祿禪的源流觀點，歷經數百年，各代太極宗師及太極拳修練者無不奉張三丰真人為祖師，這實際上是得到了太極拳界公認的：

民國十年，太極拳名家孫祿堂先生著《太極拳學・自序》中說：「元順帝時，張三丰先生修道於武當，見修丹之士兼練拳術者，後天之力用之過當，不能得其中和之氣，以至傷丹而損元氣，故遵前二經（易筋，洗髓）之義，用周子太極圖之形，取河、洛之理，先後易之數，順其理之自然，作太極拳術。其精微奧妙，山右王宗岳先生論之詳矣，自是而後，源遠派分，各隨己意而變其形。至前清道、咸年間，有廣平武禹襄先生，聞豫省懷慶府趙堡鎮陳清平先生者，精於是技，不憚遠道，親往訪焉，隨從學數月，而得其條理。」

民國十六年間，楊澄甫弟子陳微明著《太極拳術》載：「太極拳術，宋－張三丰祖師所傳也，稱為武當內家。百年之後流傳於陝西，王宗岳名最著……，至清傳河南陳先生長興。」

著名太極拳家吳圖南師承太極宗師吳鑒泉先生與楊少侯先生，得太極拳吳氏架楊氏架真傳，於民國十八年出版《國術太極拳》一書，其中太極拳史略傳一章，將太極拳的歷史考據至唐朝的許宣平。

姚馥春，姜容樵著《太極拳講義》一書於民國十八年出版。兩位師承湯士林。湯士林學於許占鼇，許占鼇乃形意拳名

家郭雲深的弟子，許占鰲的太極拳得自陳耕耘的兒子，按輩
分，是陳長興的徒孫，是宗傳，照理說，應認祖歸宗，而把陳
王廷視為太極拳的創始人並奉為鼻祖才對。可是兩位先生，隻
字不提陳王廷這位陳氏家族的祖先，在書中太極拳之源流一節
中卻這樣寫道：

> 內家為武當，創自張三丰。……若太極發明因其法純任自
> 然，如環無端，動作均，極圓活，不用力而長內勁，又深
> 合易經之理，遂有是名，其流派大別為五，至宋張三丰乃
> 大昌明稱鼻祖焉。張三丰所傳者為武當派又名內家拳……
> 傳山右王宗岳，數傳至河南蔣發、陳長興，陳長興傳廣平
> 楊祿禪陳耕耘李伯魁。

書中所示拳架與流傳的楊家的老架子相同，說明當年陳長
興所傳的太極拳架是王宗岳、蔣發一脈承傳，源自於古老的中
華道家太極拳。

楊氏嫡傳陳炎林於民國三十四年著《太極拳刀劍杆散手合
編》一書，書中寫道：

> 太極拳昔稱綿拳，相傳為宋末張三丰所創，……太極拳的
> 源流，非常久遠。……山右王宗岳，蔣發，相承不絕，其
> 間雖分南北兩派，但拳式原則均不離乎太極。之後，蔣氏
> 傳河南懷慶府陳家溝陳氏，陳氏傳至十四世，又分老架、
> 新架兩種。新架創於陳有本，老架繼之者陳長興。陳長興
> 除傳子耕雲族人陳懷遠、陳華梅外，又傳河北楊祿禪、李

伯魁，為十三勢老架。

　　楊澄甫先生的入室弟子董英傑在其《太極拳釋義》一書中，專門列出了太極拳系統表：張三丰祖師──王宗岳──北支派──蔣發──陳家溝數代──陳長興──【子姪輩、楊祿禪】。他在太極拳源流論一章說：

> 宋氏家傳太極功源流支派論，則稱唐代許宣平已有太極功。雖不稱拳而稱功。然所載三十七式，與楊家所傳者，名稱大致相同。想太極拳由來已久，至張三丰而集其大成，至王宗岳而發揚光大。其傳流派系，卷首序文已詳及，太極拳系統表更列而明之，然張三丰之於太極拳，有孔子之於儒家，學者宗之，乃尊師重道之義，千百年來，奉敬不渝，後學更無置疑之必要。

　　以上諸門諸派均未提及還有陳王廷創造太極拳這種說法，只是建國後，以唐豪、顧留馨等人為代表的所謂太極拳界的權威，從一己利益和小團體政治目的的需要出發，歪曲歷史，以盲認盲。再加上當時特定的「左」的大環境的影響，以至於以訛傳訛，流毒甚廣。不僅混淆了事實，而且造成了太極拳界的不團結和分裂的局面。

　　經過近四十幾年的論爭，太極拳界已經真正呈現出百花齊放的大好局面，天下太極是一家正在成為現實。趙斌、陸迪民、趙幼斌在其專著《楊氏太極拳真傳》中，在肯定太極拳出於道家，源遠流長，不斷完善發展的歷史的同時也肯定了趙堡

太極拳的源流問題。趙堡太極拳已被國家和太極拳界公認為當今太極拳界主要的六大派別之一，趙堡太極拳恢復了它原來的真實面目。

太極拳趙堡架在傳承的過程中，由於各代傳人對太極拳理的理解或有偏得，因而在有為入手的過程中，所練趙堡拳架也是風格各異，大小高低快慢不一，在太極拳趙堡架係中目前共有十五種盤練拳架的方法：大架、中架、小架、代理架、騰挪架、領落架、功夫架、內功慢架、走架、車輪架、呼雷架、跳架、跟頭棍架、飛架、溜架。諸法之間，又相互融合，其所演練都還是太極拳趙堡架。這符合太極拳千變萬化的道理，即如拳經云：「在內不在外。懂勁後愈練愈精，默識揣摩，漸至從心所欲。」

風格與特點是一種事物存在和區別於其他事物的前提。一九三一年由趙堡太極拳的代表人物杜元化寫成，一九三五年正式出版的《太極拳正宗》一書，闡明太極拳趙堡架根繫武當，脈連張三丰，代代相傳，有史有據，是當今流傳的太極拳架中，歷史最悠久的，資料體系最完備的太極拳架。因此，總結好趙堡太極拳的風格特點，對於學練和研究趙堡太極拳架均具有重要的現實意義。太極拳趙堡架作為武當脈傳宗風，在盤拳走架、推手、散手、刀劍棍的訓練與運用中，嚴格地遵循張三丰著王宗岳解的太極拳經，形成了醇厚沉穩、波詭雲譎、絲絲入扣、氣勢磅礴、行雲流水、意境深長、渾然天成、勢合太極等獨特的傳統風格特點，其帶有個性的風格與特點歸納起來具體主要有以下六個方面。

一、先求開展，後求緊湊

　　趙堡架的修習是從大架子開始的。是嚴格按照太極拳論的要求進行演練的，是先求開展，後求緊湊。務必要求習練者盤架子時，要大開大合，把筋骨拉開，只有這樣才能長功夫，根基才能扎實。因為太極拳架以武演道，先引導習練者入門，於拳藝中精武藝，由武藝漸入道藝之途。開展就是外在的動作與招式，由著熟而漸悟懂勁，緊湊就是求內了，是懂勁的表現，懂勁了才可言神明之修，所練拳架自然收縮，盤圓走圈，也漸由大圈變小圈，有圈似無圈的地步和境界。太極拳趙堡架的修練過程，一層接一層，一層功夫一層理，如筍之剝皮，層層遞進；如曲徑通幽，豁然見天。

二、對拉抻拔，立如平準

　　張三丰在太極拳論中說道：有前必有後，有上必有下，有左必有右。闡述太極運動的互爭對立與節節貫串。通過對拉抻拔，兩臂，兩腿，頭部均有被向外抻拔的感覺，而身體內部則有內縮、內爭，抗拒外部抻拔的感覺。通過身體內外緊鬆鬆緊的轉換，達到抻筋拔骨，易筋洗髓的鍛練目的。立如平準，是要求盤拳走架立身中正，因為中正是盤練趙堡架的根本，具體是要求通過下顎微收，脖頸微貼衣領，收腹，收臀，尾閭前送，命門處有向外凸出之意，使尾閭骨處於身體的中線位置，上與百會穴相對應，這樣身體脊柱恢復自然的生理曲線，始終保持身體的中正狀態，上下貫穿，垂直成軸，真正符合拳經所云：「尾閭中正神貫頂，滿身輕利頂頭懸。」

三、腹式呼吸，聲氣相合

太極拳趙堡架在盤練的過程中自始至終都是逆腹式呼吸。吸氣時小腹內收，呼氣時小腹外凸，要求盤拳架者以動作帶動呼吸，以呼吸配合動作。但是並不是要求盤拳架者專注於呼吸，而是要求神意內斂，意在蓄神上。趙堡架發力發聲，竄蹦跳躍，發力發聲，一哼一哈，使身體在瞬間完成鼓蕩，達到聲氣相合，運關開竅的作用，它伴隨竄蹦跳躍構成了趙堡架的又一個鮮明的特點。這些是現代流行的太極拳社會架練法所沒有的。

四、氣沉丹田，湧泉落勁

丹田的部位原本是大小腸的居處，根本不是用來裝氣體的。太極拳出於道門，因為道門修練取龜蛇之象，所以道家修練術中有「龜息」之法，也就是模仿龜的呼吸方式。眾所周知，龜的身體是由堅硬的甲殼構成的，它呼吸深長勻細，動作遲緩，其頭頸部一伸一縮，專注於蓄神，壽命極長。所以太極門先賢悟而後通，演化出獨特的內丹修練的呼吸方式：自然深長。整體協調既久，則腹內器官相與感應，發生共鳴。小腹部內收吸氣，小腹部外凸時呼氣，在這一吸一呼的過程中，橫隔膜得以自動向下擠壓，向上提升。一升一降之間，血液循環流暢，氧氣的補充更加充分，有益於身體的健康。至於說到氣沉丹田，是指修練過程中，用意念將吸入的氣鬆鬆地落入腹中，感覺小腹部有氣團向後翻滾，太極門修為稱此為：陰生陽降，為一陰生，實際是指氣血而言，而非單指呼吸之氣。由於古人對內丹修練之術的保守，所以，對氣沉丹田之說難免作神

秘化的描述和對待，其實是沒有必要的。趙堡架在要求盤拳者做到氣沉丹田之後，還要求練拳者繼續放鬆，做到輕起輕落，把腳下湧泉的氣竅打開，使內氣直接沉於腳下，並要有入地三尺的意念，只有這樣，才能不出偏差，功夫與日俱長。

五、以襠代手，圓襠活胯

太極拳趙堡架的練習特別注意對襠胯的運動，有活與不活在於胯，靈與不靈在於襠之說，在實際的演練與運用中，更有手腳不動，襠胯先動的要求，形成了趙堡架又一個獨特的風格。實際上，重視襠胯的運動，在太極拳論中有明確的闡釋：「向前退後，乃得機得勢，有不得機得勢處，身便散亂，其病必於腰腿求之。」腰是個總軸，在腰腿間起決定作用的關節是胯眼兒——胯根，而胯眼兒要活要鬆的關鍵是要圓襠，即起落時，襠部走鍋底形——下弧形。通過襠胯來帶動四肢的運動，即所謂的身子要手，不明此理，則不足以言趙堡架之宗鳳脈傳也。

六、拳走縱圓，演背絲扣

杜元化在它的《太極拳正宗》一書中闡述了太極拳趙堡架獨特的修持規則：（一）空圈、（二）三直、（三）四順、（四）六合、（五）四大節八小節、（六）不撇不停、（七）不流水，總括為每一個動作要行於四梢。其中在闡述空圈時講到：一勢一勢都要練成空圓圈，即是無極，即是聯，故每勢以轉圓為主，不須斷續，不須堆窒，如此做去方為合格。趙堡架勢勢劃圓，處處求圓，這個圓不是平面意義上的

圓，而是一個以縱圓為主的立體的圓，所以武林中有稱趙堡架為圈拳（架）。太極拳趙堡架行拳走架，順遂圓滑，以無為之理行有為之勢，妙合於太極自然之道，決不允許盤拳者搖頭擺尾，死纏猛跺，落於外家硬拳的體力運動之中而難入道藝之修為。太極拳趙堡架修持既不講纏絲也不講抽絲，而講究「背絲」，它獨到的名詞術語在趙堡架宗傳中叫做「背絲扣」。杜元化在他的著作中是這樣闡述的：「背絲扣為太極拳徹始徹終功夫，其所以然者，何哉？蓋以太極拳之動作姿勢仿佛若是也。試觀空圈之中恍恍惚惚，其氣機發出一種現象，一向一背，分順分逆，非像夫背絲扣乎，非像夫太極中一明一暗之曲線乎，故以背絲扣名之，實以背絲扣代之，切望練斯拳者，要以斯圖為必有事，方能尋著太極拳之真門徑，準可造出太極拳之真鉛汞，由是循序漸進，則庶乎其不差矣。」背絲扣的修持與運用的方法，體現了太極拳趙堡架循太極之理，以武演道，於虛無中求有的真實不虛的道門宗風。

下　篇
太極功養生實踐篇

第一節　盤練太極拳架子不可簡單以數量多而論

〈貽廣東某某同學書〉

敬啟者：

　　某某同學，請理解我遲於回覆函件。你函件中說，練趙堡太極拳兩年，每天練拳三十遍左右，現在仍是一頭的霧水，這讓我很為你擔憂。你是一個讀書人，受過高等的教育，並獲得博士學位，這些其實都是你自身所具備的練拳參道入道的得天獨厚的優勢條件。你能及時認清一頭霧水的現狀，找到導致一頭霧水的原因是苦於缺乏理法指導，此善莫大焉！須知世上不知有多少人尚未認清一頭的霧水呢！

　　忝為太極門傳人，雖然自少年師授，轉歷十師，參家學，悟師傳，轉眼三十餘載，但學業功夫不精。若論指教，愧不敢胡言。但所謂學術為天下共有，故不敢將一己之心得私藏為己有，學問有先後，僅就如何避免一頭霧水的問題說點個人的體會，但願能對你有所幫助。

　　太極一門，拳為後天作為，小道也；天下太極是一家，太極拳先有理後有勢，以致分門分派，此離太極之道愈來愈遠矣！太極本無法，動即是法，大小高低軟硬快慢輕重中諸盤架之法，皆是入門之手段，均為太極拳內核之外相。不可執於名相，所謂對待者數，其理在焉。練拳練功如中醫之服藥，不外乎使其偏歸於平也，不對症下藥，藥量再多也於疾病無干。

太極拳乃高級運動，絕非農民勞作和民工加班之簡單數量的堆積和辛苦的煎熬。數量的增加掩蓋不了內心的無知和茫然的荒涼，無效的重複只會增添內心的煩惱和對健康的創傷。俗世太極拳演練法子，一開始便以所謂舒服的感覺讓群眾歡心，而其所謂舒服究竟目的卻遠離太極之門，而於太極之理更是茫然。嗚呼！盲人瞎馬，夜入深山，以盲引盲，危害於不覺之中。某某同學，清醒不等於覺悟。余道門中人，不敢虛言，斷無有心打破別人飯碗，誠感乎哉言矣！

有緣相識，互參互學吧！

匆此即頓

順祝安好

薛聖東於連濱梅鶴樓之悟理堂

二○○六年十一月廿四夜

第二節　修練太極拳的同時就是修練太極心境

〈貽山西李某某同學書〉

敬啟者：

李某某同學，謝謝你的函電問候，君子之交淡如水，如果我所做的對你有幫助，那就很好，不必放在心上。至於修練方面更深的問題，雖然我們之間朋友交往五年有餘，但是礙於傳統的規矩，請恕我不便直言。前番幾次來信都提到出外尋師的事，此次又提到你新結識的那位老師傅，以及欲拜不拜的猶豫和煩惱。作為同道我只想說，拜師絕非認賊作父，收徒也非引

狼入室。先要看他的修為如何？品行如何？然後再看自己的經濟承受能力如何？

古人云：「窮文富武。」依你現在家中的小生意，恐怕功夫與學業上存在很多不便。況且人到中年，工作和事業、家庭的照顧、雙親的奉養都要操心，所以，我介紹的那幾部書，好好研讀，也對心性有好處。與你的事很有些借鑒的是，外地一位好友，人過中年，在我的影響下喜歡上了太極拳，無奈相距千里，學習困難，只好在當地求學。他找的這位師傅在當地的公園裡小有一點名氣。聽說我的朋友要學太極拳，便熱情的不得了，還給了個優惠價，每月兩百元，只收一百五十元。學習一段時間後，鼓動我的朋友正式拜師。朋友徵求我的意見，我也沒細細地過問，只是說：「傳統的東西是講究禮數的，不拜師，有些事情他不告訴你。」誰曾想，差錯就出在太簡單、太善良上。過了幾個月，朋友頻繁來電話說：這哪是什麼拜師學藝，純粹是蒙人的。我說：此話怎講？朋友說：所謂拜師其實是個圈套，亂七八糟的事，說穿了，摟錢的事接二連三，今天家裡辦喜事，明天家裡辦喪事，今天祝壽，明天過節的，六十歲不到卻要搞六十大典，今天收錢統一服裝，明天收錢統一印資料，花樣翻新，招法不斷。我聽了後，只好直言告訴朋友，他拜的這位師傅是假師傅，沒有真才實學，屬於江湖騙子，趕緊離他遠點。自己找書和碟片看看、玩玩、散散步算了，如此下去，勞民傷財，耽誤時光，學無所成。

人世間往往應該極美滿的事，行乎於中國，結果總是變得極不美氣。要麼學藝的人圖便宜，懷著不正當的心理投師學藝，捨不得花學費，又捨不得下功夫，當然肯下大本錢求覓珍

寶恒心一求的決心的人更不必提起；要麼圖財貪利的江湖騙子，打著授藝傳拳的廣告招牌，以假充真騙錢。人們被騙的怕了，所以，當然不敢輕信別人。朋友的話勾起了我對三十餘年求真經歷的回憶和反思，讓我感到江湖的醜陋陰暗和人心的不古。

眼下市場上紅心鴨蛋，含孔雀石綠的魚類，老農不吃自己種的有毒蔬菜等事件接連曝光之後，人們議論最多的其實不是含藥吃藥的多寶魚、北極蝦、海參等，更多的是對我們每天吃點什麼能讓人安心和放心以及對現在的人特別是傳統上忠厚老實的農民在內的普羅大眾為何都變得如此黑心：養魚的不吃自己養的魚；種菜的不吃自己種的菜；養豬的不吃自己餵養的豬；買「鮮」奶的不喝自己生產的奶；諸如此類，不勝枚舉。

信奉佛教的人講究「報應」，所以，做事為人總要講：「千萬別作孽，免得來世托生為畜類。」信奉基督教、信伊斯蘭教的人追求死後升天堂，所以榮主益人成為他們的生活準則。信奉道教的更不必說，尊生、全生，善待友情萬物，順應自然規律，積德行善，講求天日昭昭。所以，有社會學家專門著書指出，凡是宗教信仰比較盛行的地區和國家，刑事發案率明顯的低，社會治安相對就比較好。而百年來的中國，似乎經受了太多的歷練，「天上沒有玉皇，地上沒有龍王，喝令三山五嶽開道：我來了！」於是，在極端的「左」的出奇的所謂無神論的指引下，傳統的國學與文化一蹶不振不說，什麼基督教、伊斯蘭教、佛教的也是少有人問津，更別提國粹之儒道二教了。靠紀律靠法律總是管不了人的內心。國父孫中山先生曾

說：政治管外表，宗教管人的內心。當世風日下，一切都為了錢和名利而不擇手段時，假冒偽劣，損人利己的事也就多見不怪。加上法律太鬆，處罰太寬，更讓造假者的氣焰甚囂塵上。當黑了心的人們參與社會活動時，後果自然可想而知。其實一個民族最危急最危險的時刻，就是缺乏精神支柱和道德約束的時刻。眼下，中國人缺什麼？最缺的是精神上的歸依和支柱，缺乏內心道德的約束。一個什麼都不信的民族是最可怕的民族，紅蛋、綠魚、毒菜的背後氾濫著的芸芸黑心說明了一切。一種事物有正反二個方面，當人們對黑心腸們的造假欺騙行為越來越憤慨的時候，實際上就意味著對真善美和誠信的渴求，意味著求真務實誠信的人們在未來的升值和寶貴。人不能簡單地善良，也不能善良地簡單，保持一顆善良而潔淨的心靈，善待萬物，是上主賜給我們做人和稱其為人的本分；機警象蛇，睿智象鴿子則是聖經啟示給我們的處世之道。

太上道德真經有「信言不美」、「知而不言」等聖訓，都告訴我們識別真假的方式。有其內必有其外，以功利為目的，終究是與大道無緣。黑心腸難練太極拳，這話有兩層含義：一是說抱著不端正的目的，心底陰暗，動機不純，難以學到真正的太極拳，無緣窺見道藝之門徑；二是說那些騙錢騙才的江湖騙子，為了私利黑了心腸，終究是騙得了一時，騙不了永遠，不妨看看歷史上打拳賣藝蒙錢騙財的所謂「大師」們最後沒有一個是真正富起來的，下場其實都很可憐。

太極拳以理成拳，其理自然平和平淡，所謂真水無香。所以，修練太極拳的人，實際上也在修練太極心境，行事做人

的原則也要契合於太極之道。也就是說：利己利人，雙方平衡，雙方滿意，彼此無有虧欠，既不能損人利己，也沒必要利人損己，特別是切忌做那種成全了惡人，糟踐了自己的噁心事。所謂，太極者，陰陽兩面；太極者，內和諧而外和平是也。不分對象地發揚學習雷鋒好榜樣，做所謂的「好事」，其結果是陰陽的嚴重不平衡。有心有緣，窺此門徑者當以平靜無為之心，誠心誠意以求，不獵奇，不慕虛名，不輕信假廣告，不心存佔便宜的心理。對於真古董，真典籍，真功夫，捨得花大錢，敢下大本錢，但是切忌亂花錢。總是以平常心行捨得之理，認清道藝之門徑，辨清師者之優劣，當捨則捨，當行則行，庶幾與道相近矣。

關於今年夏天你欲來連盤桓幾日參道論拳被我婉拒一事，切莫怪怨，我現在是有工作的人，不同於你，自己的生意，自己做主。就是對我以前的學生，我也常說，人生有限，光陰如箭，本來學藝不精，又不低頭下功夫，精進而刻苦，沾沾而自喜，滿足於一得之見，豈非在道而棄道？眼下當務之急，大家都要用心於單位的工作，打好生活的經濟基礎，樹立長期畢生的習拳修道的志向，學拳慕道不在一時一地，四年來，我對慕名前來學拳拜師者，均是交友結緣，彼此愉悅，反而省卻了諸多的煩惱。一寫就發了如此多的感慨，參考吧！

順致　大安

薛氏丹霞子
書於梅鶴樓之悟理堂
二〇〇六年十二月一日

第三節　盤練太極拳架子首先應該明白什麼？

　　流行於世的太極拳架子，以姓氏論今天恐怕是要以十為單位計算了。盤練各式太極拳架子的人，以人數論似乎很可觀，但是若按年齡段來區分，老年人多於年輕人；以性別劃分，女同志多於男同志；以文化層次劃分，文化層次淺的多於文化層次高的；以經濟實力劃分，經濟條件差的多於經濟條件好的；若是以傳統架子和現代社會架子而論，習練現代社會架子的又遠遠多於傳統架子的。最後若是以業餘娛樂圖謀健身和立志鑽研下功夫探求太極門的究竟目的來劃分，則更讓人大跌眼鏡，立志鑽研下功夫探求太極門究竟的人可以說是少之又少。這個中的原因和太極拳的歷史發展衰落的過程，我在《太極之光》、《太極之路》二書中已經敘述過。

　　太極一門，拳為後天作為，實小道也；天下太極是一家，太極拳先有理後有勢，以致分門分派，此離太極之道愈來愈遠矣！太極本無法，動即是法，大小高低軟硬快慢輕重中諸盤架之法，皆是入門之手段，均為真正道家太極拳內核之外相。想必很多朋友還有些疑問，這不難理解，因為凡是拘於門戶之見的人很自然跳不出狹隘的圈子，做井底觀望，所以自然也就放不下，放不下也就時時刻刻把自己學來的那點玩藝兒看得很重很重，以至於非得三叩九拜，割金斷玉才肯傳授。當然也有一等慷慨大方者，給錢就教，不論肥瘦，寒酸而且具乞討狀。打拳賣藝，養家糊口，表面上聽起來還算是合理的原因。但是，道家的規矩由來已久，不許打拳賣藝，以金換銅。所

以，如此說來民間社會公開販賣的當是玩藝兒而非道藝。

　　太極拳由太極門中來，傳統上稱為陰陽功、太極功，而不是一套簡單的拳架子。張三丰祖師開內家武當太極門，其內容法財侶地，拳械藥功。所以，區區一套拳架子根本代表不了太極門及太極門之技藝。一套拳架子真不該搞得烏煙瘴氣，我這一派是這樣地，你那一派是那樣地；我們這個風格，你們那個特點的。我正宗，你正傳的，爭來爭去，沒勁得很，說白了，都是為了自己的個人利益。

　　太極之理其大無外，其小無內，總天地萬物之理，無私無欲，天下太極為一家，直指一理而言。此道綿綿不斷，代代相傳，非真豪傑大丈夫難以成就，乃道中修練者後天延命護道之術也。現實中的太極拳架子到底有沒有道家內修的真正內斂和生命內操？說句武斷的話：根本沒有。究其功用來看，健身嘛？沒見到有什麼高明的地方；技擊嘛？沒見過實戰搏擊的高手，倒是紙上談兵神乎其神的不少，更有一等愚人把推手這種練習方法直接當作了太極拳技擊的精華和實質。傳統一派得到一些傳授而多年苦練的人，尚且收效甚微，更何況半路出家，業餘娛樂為主的練現代社會架子的人們。因為掛著和打著所謂太極拳架子的旗號，不明就裡的急功近利怕死之民，便蜂擁而上，於是所謂的太極拳架子便成了今日苟延殘喘者們的習練工具。更有甚者，一些販賣所謂太極拳架子的人，又總是披上祖國傳統文化的外衣，唱著弘揚傳統文化的主旋律。嗚呼！中國特色的人生與生活態度：再好的經也能把它給念歪了！前些日子，有人跳出來說要取消中醫，其實，理性的人冷靜思考一下便會覺得此事並不奇怪，因為現實中的假中醫和弄

虛作假的中醫太多。中醫界如此，武術太極拳界不是也如此嗎！若干年下去，假的慢慢地習以為常，變得極通俗而輕鬆且空洞，時間久了，人們習慣於用假，且認假為真，加之現代社會的生活節奏日益加快，傳統技藝的隱而不顯終至失於消散也絕不是不可能的。對於傳統太極拳及道家太極文化的結局本身我不敢想下去。所以，正在練太極拳架子和準備練太極拳架子的人，應該首先明白個理兒，然後再行動，否則，真是悲哀和可憐。

二○○六年十二月十二日

第四節　太極拳哪來那麼多架子？

眾所周知，社會上流傳的太極拳流派不下十來種，而各種流派內又存在著老架子、大架子、中架子、小架子、快架子、慢架子、傳統架、社會架、家架、官架子等等分法和區別。僅太極拳趙堡架子中，據我所瞭解，就有十五種之多。所以，這些年來數量很多的太極拳求學者、研究者、傳人們在這個問題上可說是打了很多的嘴仗，費了不少的紙張和功夫，但是，討論爭論的問題似乎是讓求學者、愛好者、傳人們越來越糊塗，因為討論來，爭論去，結果還是在誰是真傳？誰是正宗？誰的架子只有優點沒有缺點上。鑒於廣大同學們的要求，不揣冒昧，將我所知道的告訴給大家，讓同學們做個參考！

其實太極拳架子由三豐祖師傳於方外，本來是順應世俗的情況，而做出的以武演道、以武入道的權益修練之舉，與太極

大道的根本還相去甚大的距離，哪來那麼多架子？後世俗傳之各類架子之分法，都是各執一法。說句不好聽的，若是不得全法，與盲人摸象無疑。那麼，俗傳之各類架子又是如何產生的呢？根據我個人的經歷，我認為有以下幾種原因。

一是老師傳拳架子時，以友誼之便或以商業之目的，使學者只知其一不知其二。這一點有兩方面的含義，一是明師傳藝謹慎，二是授拳者本身也是只知其一不知其二。

二是學拳者由於年齡的關係，老師因材施教，對於年齡小的，肯下苦功的以及老師想長期培養的，都是從揔筋拔骨、夯實基功上要求。對於那些年齡大的，又不肯下功夫的，則側重於柔緩輕鬆的架子和練法，一般情況是多講少練。而對於那些老師中意的年齡偏大的弟子，老師也多會對太極拳的練法，交代的清楚。

三是老師本身就沒什麼修為，只會一套拳架子，更別提有什麼文化，只是把自己會的這套拳當作安身立命的寶貝，把祖師當牌位供著，一葉障目，練死拳、練拳死。

四是學業難久，要麼是朝秦暮楚，與老師緣分不長，要麼老師棄徒而去，或壽終或遠行，造成課業未成。於是，這類人便把老師當初一時的教法和練法當作太極門技藝的全部和本來面目。

其實，太極拳架子作為後天有為之法，應當遵循太極之理，千變萬化才對。一個真正的合格的傳統太極拳技藝與道藝的傳練者，應該熟練地盤練多種練法，其盤練拳架可大可小、可高可低、可慢可快、種種形狀，任意而為。明白其中的竅要所在，怎麼練，怎麼有理，因為，大小、高低、慢快、種

種形狀，不是太極拳最後真正要研究的東西，他與真正的太極門道功道法沒有直接的關係。練太極拳者應當通過拳架子明白拳架子只是練功的手段之一，而與表演和技擊無關。太極拳趙堡架第三代宗師張楚臣在所著《太極拳秘傳》曰：「勢不可執，以神意為機變，無須以成架為侷焉。」有志入太極門者當立恒誠堅韌百折不撓之大志，低意下行，虛心訪求，不為一拳一腳之拳法，一套一趟之拳路所迷惑，不做肉體之奴隸，求得道來，方好下手修練。

　　太極拳之所以成為太極拳，是因為加上了太極兩個字，所以，太極拳三個字的前面再不可加任何東西。因為，太極者，其大無外，其小無內。所以，現在社會上為數不是一般的多的太極拳師們往往是張口就錯，動手就歪，原因就在於他們在太極拳前面加上了很多的修飾詞，通過標新立異，達到標榜自我的目的，結果為道家太極門所不齒。太極拳哪來那麼多架子？要我說：人為的唄！道家修真常言：有形有相皆是假，無形無相方是真。道家修真常講，借假修真。但是道家修真卻從來沒讓你以假亂真。當你面對眾多的各式各樣的拳架子時，如果心裡明白這都是太極拳的外相，明白太極拳功練的是內在，各式各樣的太極拳架子其實沒有分別，均是大同小異時，應該說，此時你的太極拳算是練的上道兒了，不過距離太極之門還有一段距離，因為這只僅僅是在理上突破了有礙，功上事，身上事還有很多內容等著修習者深入鑽研，有心學者，應當深究此理。

二〇〇七年一月二十九日

第五節　下功夫是太極拳修練的終身頭等大事

〈貽撫順同學郭天懿書〉

天懿賢契：

　　修行辦道之人，人前裝蔫，背後用工。而江湖武林中的練家子，則是人前顯貴，背後遭罪的主兒。只有哪些江湖上的混混們，才是人前練嘴，背後用嘴的貨色。道家修真來不得半點虛假，練太極拳更是需要付出脫胎換骨的辛苦和努力才行，否則，苦盡甜來無從談起，還是和世俗的庸庸碌碌之人一樣，隔靴撓癢、隔山喊羊一般。三十多年來，我的體會是，江湖上太複雜，魚鱉蝦蟹為多，蛤蟆亂爬，真龍真虎大隱不出，正如幾位故去的老師和前輩對我說的那樣：「好好辦道練功，哪也別亂跑，江湖上沒真的，都是假的。」雖然前輩的話未免有些極端，但是，回過頭來看看，可不怎麼的？出書的大都是在那個套路上轉轉，在源流上轉轉，在張家長李家短上轉轉；看看文章，也是充滿了詆毀他人，吹噓自己的內容和語言。時間和功夫用在這上面，中國老祖宗的技藝還能繼承好？鬼才相信！

　　功夫功夫，得費了功夫才行，功夫一詞本身的含義就有時間的含義。所以，時間上的付出是第一的；身體方面的精力、體力的付出是第二位的；拜師訪友、圖書資料、營養保健等物質方面的付出則是第三位的。這三方面都下到了應該必須下到的功夫，太極拳修練也才有進步之可能。否則，又不想吃苦練功耗費一定的時間，更不想破費一些資金用在拜師

訪友、圖書資料、營養保健等物質方面，只想著閒聊閒混閒玩，等著坐享其成，稍微精神正常的人都不會認可，可是，儘管這樣，現在現實生活中，只想著閒聊、閒混、閒玩，想著走捷徑，速成，等著坐享其成的人仍然很多。多年以前，各地來訪的人較多，坐在一塊，問的都是一些與太極拳的修練沒有直接關係的無聊內容，諸如：輩分啦，師承啦，源流啦等等，我聽得不耐煩便問對方：你是搞太極拳修練還是搞太極拳研究的？一來二去，大多是不歡而散，所以，時間長了，我看出這個傾向，本來時間就很寶貴，沒時間閒扯，乾脆就推辭不見了，所以，這兩年心裡安穩，落得個清清淨淨。

太極拳是內家功夫，顧名思義，是自己對自己身體的內部在家裡用功，是貴隱不貴顯的道家風範，不是爭名奪利，揚名立萬之顯學一流所理解。文無第一，武無第二，內家功夫未深入的以及外家功夫者總想著武林比武、咆哮江湖，稱霸武林。內家功夫目的不在此，而是借內家武功修練磨練自己，所謂，寧可千日不用，不可一日無功，練功的目的不是對別人使勁，它最終追求的是透破有礙，堪破生死，笑傲於江湖。所以說，笑傲江湖不是一句詩情畫意的話，個中的含義是需要深厚的辦道學養的功夫做基礎的。下功夫是太極拳修練的終身頭等大事，來不得半點虛假，你既然立志辦道，就要先樹立這個求真務實的觀念。

　　即頓　順祝道安

丹霞子薛聖東

書於二〇〇七年二月六日

第六節　破執是太極門修練徹頭徹尾的基本原則

〈貽撫順同學郭天懿書〉

天懿賢契：

　　見字如面。上次通話知你下手辦道，日日不斷，我很高興，你的條件比你上海的師兄要強得多，他那邊，房屋潮濕，臨街吵雜，空氣污濁，實在難為他。今生有緣，我們一起向道，在修真之路發心苦求，用工辦道，這實在是歷劫以來的根緣，難得的很。作工辦道實在是一件極不易的事情，若是容易世界豈不大亂，我們明知修真難而又難，卻決心修下去，這是修練的人與世俗的人駐世追求的根本區別，所以說，由修真一途我們可以悟出許多的道理，多了不必說，只說弄虛作假來的容易就是實證。

　　每次通話，都是圍繞一個話題：破執。執著不破，總是離道背道，讓真修行們恥笑。讀書也是要破執的，六祖慧能有詩：「一副臭皮囊，何以立功課。」涵虛祖師則有詩：「人號臭皮囊，我曰香口袋。」你說：是耶？非耶？太極門修練總是一步一景，一絲不掛地往前走，得來萬法全無用，從來身形似水流之謂也。《清靜經》云：「眾生所以不得真道者，為有妄心。」此妄心，就是「執」，這個執就是我們辦道修真的最大障礙，道家修真原是無中生有，所有的手段和效驗皆是功（工）境性的，方法為目的服務，因此，修練之人但凡下手興工，必要先破執心，先戒妄心，如此這般，我們的心才能真

放下，有清靜的可能，辦道才能尋得著來路。否則，越練越燥，偏差百出，終究是與大道對面相逢而不識，枉費心機而已。凡所看所聽，都要做對待觀，不著相，只是用平常心看來聽來用作辦道的方法，達到目的和效驗即放下，捨棄不用。以盤架子為例，大開大合，大起大落，練什麼？鬆柔平緩中正圓滑，又練什麼？平時這些方面都說得很清楚，萬萬不可執一法以為成功美滿。前輩們常說，動動腦子！說的就是對待練功的方法，不要著相，不要執著的意思。

　　即頓　順致大安

丹霞子薛聖東

隨筆於二○○七年二月十二日

第七節　值得太極拳運動習練者借鑒的「中醫三法」

　　太極拳運動的養生功效尤其經過近一百多年來的入世與俗化，已越來越被世人所關注，尤其是相當多的中老年人選擇太極拳作為自己健康保健的運動方式，有的甚至把太極拳當作配合治療自身某方面疾病的輔助手段。就太極拳本身所具有的保健養生功能來說，是不容置疑的，但是，我們也應該看到現實中有相當多的太極拳愛好者，在參與太極拳的運動過程中不僅沒有改善自己的健康狀況，反而出現許多偏差和不良的反應。甚至有相當數量的太極拳家也沒有收到「太極拳好」的效果，要麼英年早逝，要麼重病纏身。為什麼會出現這樣的情況呢，筆者習武練拳，悟道修真，屈指算來三十多年，走過的彎路也很多，聽到和看過的教訓當然也不少。尤其是近十年多

來，筆者結合研習閱讀大量的中醫傳統經典，並與知名的中醫界人士廣泛接觸，及時向恩師請教，筆者對於太極拳運動之所以養生的道理有了較新的認識和理解，認識到在選擇太極拳作為保健養生的手段的過程中，正確的方法非常重要。比如說祖國傳統醫學的服藥療疾的方法與規矩，就非常值得太極拳運動愛好者們能夠加以借鑒。在這方面，值得借鑒的地方有以下三法：

第一要因人：中醫開方子，講究的是對症下藥，辯證施治，汗吐下和，溫清消補，醫門八法運用，本乎患者自身的實際情況。我們練拳也是一樣，從自身實際出發，制定合適的運動鍛練計畫，何時練的動作幅度大些，快些；何時練得慢些，動作幅度小些，這些都需要練習者本人在運動中，邊學習邊領悟，並且及時向老師請教，逐漸地摸索到屬於自己的一套運動方法，而不能簡單盲目地苦練蠻練。

第二要定時：中醫療疾講究七天一個療程，早晚服用。根據病情，制定治療的週期，這和我們每天早晚堅持練拳一個道理。練功在於積累，靠的是一天一月，年復一年的長年正確的堅持。太極拳的功效畢竟不是速效感冒片那樣，今天感冒了吃一片，感冒好了，可以不吃。三天打魚兩天曬網，想起來了，練；高興了，練；不想練了，不練；不高興了，不練；這樣的做法都必然沒有好的結果。

第三要定量：中醫治病療疾在於開方子時，根據患者的病情和體質來定藥的劑量，而不是盲目地隨意吃。練拳健身也是一樣，體質差些，運動量就要每次相對小些，逐步地適應，以個人感覺練拳後不勞累，第二天不疲乏，身體沒有不適感為標

準，這一條也是太極拳作為內家拳區別於其他普通體育運動方式的根本，太極拳運動不是消耗性然後休息恢復型的人類體育運動，是反其道而行之的反向思維運動。所以，如果感覺參加完太極拳運動後疲勞疲乏渾身無力的話，那你一定要清楚，你的太極拳運動做錯了。一些身體素質好，體力方面承受的住，方法得當的人，當然可以每次的運動時間長些，運動量大些，但是，那種一曝十寒的錯誤練習方法和態度，則是太極拳運動養生的首要大忌，尤其應當注意。

中醫經典《黃帝內經》陰陽應象大論篇第五：

> 黃帝曰：陰陽者，天地之道也，萬物之綱紀，變化之父母，生殺之本始，神明之府也。治病必求於本。……故善治者治皮毛，其次治肌膚，其次治筋脈，其次治六府，其次治五藏。

中醫經典《黃帝內經》四氣調神大論篇第二：

> 是故聖人不治已病治未病，不治已亂治未亂，此之謂也。夫病已成而後藥之，亂已成而後治之，譬猶渴而穿井，鬥而鑄錐，不亦晚乎？

《黃帝內經》的這兩段論述的思想集中在「治病必求於本」和「聖人不治已病治未病」這兩句話上。突出體現了中華傳統醫學「得中和而醫」治病防病在前的人類大醫學觀念。傳統太極拳運動的養生機理同樣是強調以預防為主，治病防病在

前。練拳如服藥，因人，定時，定量的練拳運動的模式，突出了按客觀規律辦事的態度。客觀規律就是太極之道，就是自然之理，所以，要在太極拳的運動中獲得良好的理想的運動效果，常年持之以恆地堅持是第一條原則，適時地調整運動幅度和運動量是第二條原則，逐漸養成適合於自身情況的練拳規律則是第三條原則。「百病生於氣也。」外感六淫風寒暑濕燥火可以致病，所謂喜怒憂思悲恐驚七情失於中和也會致病，現代科學資料統計表明，現代人類的疾病有八成是與人的情緒心理壓力有直接關係，也就是說七情致病之因佔有絕對的多數，所以，在社會生活節奏加快，生活壓力和負擔不斷增加的客觀情況下，保持平和的心態和豁達的胸懷是必不可少的第四條原則。但願此文能對愛好太極拳的人們有所幫助和啟發。

第八節　太極運動修練的終極目標：
　　　　獨立守神，肌肉若一

太極運動的修練過程大致可以分為這樣三個階段：周身一家五體相合；身心一體內外相合；物我兩忘天人相合。這第三個階段的物我兩忘天人相合，就是指與道同歸，與道同體。對這一境界，《黃帝內經素問》的《上古天真論篇第一》中有這樣一段著名的闡述「黃帝曰：余聞上古有真人者，提挈天地，把握陰陽，呼吸精氣，獨立守神，肌肉若一，故能壽敝天地，無有終時，此其道生。」這裡所說的「獨立守神，肌肉若一」就是人類太極運動終極的修練結果。那麼，究竟如何解釋和理解「獨立守神，肌肉若一」深刻含義呢？

關於這一段著名的經文，後世學者大家解釋頻多，茲略為歸納如下：

明代著名醫家吳昆，字山甫，生於一五五二年，卒於一六二〇年，也是著名的黃帝內經研究大家。他在《素文吳注第一卷》中闡述道：「真人者，不假修為，天真全俱，天地陰陽惟其闔辟握持，若默運於其間也。呼吸精氣，獨立守神，肌肉若一，呼吸精氣，養天真也。獨立守神，全天真也。肌肉若一，形不壞也。」

明代著名醫家張介賓，號景岳，生於一五六三年，卒於一六四〇年。在《景岳全書》《類經》卷中解曰：「有道獨存，故能獨立。神不外馳，故曰守神。神守於中，形全於外，身心皆合於道，故云肌肉若一。」

明代著名醫家李中梓，字士材，生於一五八八年，卒於一六五五年。著有《內經知要》，他在卷上中解釋曰：「全真之人，呼接天根，吸接地脈，精化為氣也。獨立守神，氣化為神也。精氣皆化，獨有神存，故曰獨立。肌肉若一者，神還虛無，雖有肌肉而體同虛空也。仙家所謂抱元守一。又曰了得一，萬事畢。即形與神俱之義也。」

清代著名醫家張志聰，字隱庵。《黃帝內經素問集注》中這樣解釋：「上古真人者，言所生以來，自然合道，而能全其天真之人也。天真完固，故能幹旋造化，變理陰陽，吐納精氣，與道獨存，守神全形，是以肌膚若冰雪，綽約如處子，壽過天地，無有終極之時。此由道之所生，故無為而道自合也。」

清代著名醫家黃玉路，字元御，生於一七〇五年，卒於一七五八年。在他著名的《素問懸解卷一》解曰：「上古真

人，天地在其提攜之內，陰陽歸其把握之中，呼水中之氣以交陽，吸火中之精以交陰，獨立而守陽神，年高而有童顏，故能壽敝天地，無有盡時。此其得道長生，所謂卻老而全形者也。」

上述幾位大家的解釋各有千秋，但是仍然存在虛玄不具體的特點。當然，這也是沒辦法的事情，理上的事說的複雜一點是古來一貫的規矩，至於功夫傳授上則沒有這麼複雜，所謂，真傳一句話，假傳萬卷書。在此，我歸納和綜合幾位大家的解釋，從理上解釋「獨立守神，肌肉若一」：「精神方面高度地內斂，專注於身體內氣的交融，特立獨行於太極大道的修練；形體高度地統一，肌肉與神經已經完整地合而為一，進入了動一發而牽全身，一羽之不加，一蠅之不落的境界。」理上的解釋永遠是不全面的，說食不飽，多說無益，理上事不等於功上事，功上事不等於身上事，修練太極拳功關鍵還是要下功夫進行不斷的實踐，只有這樣才能把理練在身上，達到最終身證的目的。

第九節　太極拳功開竅通經升陽循經法時論

太極功養生者，升陽生氣，開竅啟陽為宗旨，故，起手行動，必須條理分明，方才身心內外調理有望。人者，生命活物，一氣之流行，而心意主宰之。氣機循環，內外交換，皆有腧竅把持，明穴位、識功竅，功用於心，下手行動修為方可免瞎眼騎驢之弊害，方有修行路徑之可循。一者，下手時心意澄然，諸體泰然，呼吸平穩，神意內斂。此時專注於內，深

吸提氣，兩腳尖用力，腳掌柱地，兩臂上舉，雙肩翻動，雙手上撐，然後左右相撐，為之，肩井翻動，啟動少陽膽經之法，少陽膽經之氣乃人一身君火相火之始，養生害命全在於此。古來，修練者均諳熟於此。此少陽膽經火啟，則一身之火發動，次引命門火發，海底燒丹，烹腎臟之水，成雲蒸霞蔚之氣，為人身水火既濟之用。肝膽為表裡，膽可表可裡，肝膽動，君相二火齊動。肩井翻動，則後背脊柱督脈始動，督脈，體前任脈自行，任督二脈不動則全身經絡無循環通達。或曰：不練功者，豈非任督二脈不通否？非也，凡常無病之人，任督二脈之通行，全賴自然，其通與不通，無從做主，或飲食、或勞作，或閒步，或嬉鬧，或醫藥，或睡眠，諸如此類，或得一通。然修練者，操法在身，循天理，求自然，順天法地，把握陰陽，時時修為，終身不止，故得養生修持之益處。鬆頸轉頭，以練任脈，低頭屈腹以練督脈，直肘上撐以練沖脈，轉體迴旋以練帶脈，任督二脈又帶動沖脈，沖脈帶動帶脈，周流而周轉，氣行滾滾而不息。此時，腎陽上升，心陰下降；肝氣上升，膽氣下降；脾氣上升，胃氣下降，清氣上升，肺氣下降，吐故納新，通經開竅，自此左升右降之五臟六腑內在之先天太極圈循環始得暢行，太極拳功法，無為之理，有為之法；以有為之法，行先天無為之理，由有為漸趨自然無為之為。腹鬆氣沉，氣宜鼓盪，氣機旋轉，越旋越快，全在丹田黃庭中間，鼓盪日久，聽消息之有無，俟機行靜功沐浴薰蒸，涵養不止，此必堅持刻苦，久久純熟，方才練有所得。所得氣機，用之於身體調理，則為養生；用之於行拳發勁，則為技擊；此體用而兼備矣！

其行動之竅要，必當於動作之時，以翹腳掌，翹指掌之法，以意念控制促進足三陰經、手三陰經先行，不可使三陽經過速於三陰經，如此，方可收陰平陽秘，不致陽亢有悔，陰虛火旺之弊害也，思之，思之，良有道焉！

又有起火之法，當於每日閒暇，首選子午時段，鬆體委身，坦然攤躺於床，以意念先左足湧泉穴起，吸氣升入玉枕，呼氣落入丹田，反覆九次；復次再以意念自右足湧泉穴起，如前法行九次；復次左手勞宮穴，如前法行九次；復次右手勞宮穴，如前法九次，最後，自命門穴起，如前法行九次。然後專注於心息相依，漸次若有若無，而至無何有之鄉也。此法行之日久，內景圓融，暖意融融，如古人詩云：「天根月窟閒來往，三十六宮都是春」也。

第十節　盤練太極拳架子出現偏差怎麼辦？

由於現時流傳的太極拳架子行動法與真正的太極法則相去甚遠，加之現代操演架子的人們主觀臆造的成分頗多，所以，流弊甚重，不僅沒有收到令人滿意的健身強身的效果，反而令許多操練架子的人們產生了許多的偏差，根據多年的總結和歸納，主要表現在氣不歸經導致的氣機紊亂、氣血妄行；三焦不通，心腎不交；頭暈眼花，頭重腳輕；肉跳筋抽，無端氣汗；心慌氣短，四肢發麻；諸如此類的陰陽失衡，逐漸演變發展而成諸疾患：高血壓、腦溢血、糖尿病、心臟病、疝氣、胃腸出血、闌尾炎（腸癰）、神經型精神病、精神型神經病等，因此死於疾患而不得善終天年的太極拳界的名人名家隨

手可舉，更別提那些無名愚昧草民之輩了。此種現象足以讓那些身體健康長壽，從不練太極拳也不知太極拳為何物的人們作為茶餘飯後的笑話。根本原因在於：不識太極之理，輕舉而妄動、自專自用，不懂裝懂，要名要利不要命。真是盲人騎瞎馬，夜半臨深淵；盲人做導遊，誤人又害己。

　　太極行動法子乃人機死而天機活，自然而然。道家太極門修練求真，首重挖溝導流，築壩蓄水。而觀今人練拳架子乃是熊瞎子掰苞米，掰一穗扔一穗，屬於消耗恢復型，甚至是只消耗不恢復，根本談不上補充的簡單體能運動，成了拳架子的傀儡，終身被一個拳架子所束縛，實在無奈。《黃庭經》曰：「仙人道士非有神，積精累氣以成真。」吾師也常講道家修練零存整取之理。修練中出偏差是正常的，出了偏差不能調整才是不正常的。面對自身的疾病束手無策，才是無能的表現，才是修練失敗的證明。性要悟、命要傳。饒君聰慧過顏閔，不遇真師莫強猜。常有各地朋友電話函件問詢偏差之處理問題。余礙於古來口口相傳的鐵律，往往好言相勸，不要瞎折騰自己，有時間散散步，游游泳，幹點什麼不好？為什麼非得打太極拳？太極拳沒有真正的傳授又如何學得好？即便是有真正的傳授自己不動腦子又如何練得好？我的話聽來如同潑冷水，但是，善意善心在焉，實在出於全生善生貴生的道家對待觀。

　　山雨欲來風滿樓，偏差在形成疾病之前是有許多徵兆的，所以，有心者能夠體察到偏差的出現與否。出現偏差並演變發展成疾患的機理與慢性中毒相似，比如說，一個人偶然的一次醉酒對自身身體的傷害並不大，身體的恢復也比較快，

但是，如果一個人經常或者天天醉酒，對身體的毒害就非常大，身體所受到的傷害就會發展成不可逆轉。不過事情糟糕在庸師害人而人卻不知不覺上，學生練架子身體上出現了一些狀況，求證於好為人師的老師們，但是，只管賣拳，不管售後服務的所謂老師於此現象和功境根本不懂，說不出個所以然來，反而故弄玄虛，告訴學生，別管那些，繼續刻苦地練。過些日子，過幾年，再問，還是那句別管它，繼續刻苦地練。學生迷信老師，而老師又不是個真正的老師，於是，可憐的到了一塊兒，一誤再誤，誤己誤人，找死尋死等死皆是必然而然，順理成章，這也算是為了偉大的中國消滅過多的廢物人口而以身作則所做出的貢獻了。

那麼，出現偏差後，怎麼調理和調整呢？主要的初級方法如下：

一、停止正在進行的盤架子運動，改換其他運動休閒方式。

二、清淡飲食、增加睡眠和休息時間，讓心安靜下來。

三、節欲止怒，節制茶酒，禁煙。

四、讀一些道儒釋方面啟發引導人明心見性的經文。

五、原地周身拍打按摩，從上自下均勻地，用空拳捶打。

六、看有修養經驗的中醫大夫，採用丸散湯劑的中藥。

七、假使非要繼續練拳架子，最好以隨意輕鬆不帶意念地慢慢地練，真正慢下來練是硬道理，安全得很。

以上僅是初級辦法，偏差輕者，實行百日，偏差當自然調整，當然偏差嚴重的除外。若是出了偏差仍然決心練下去，則要尋真師訪高友，因為有傳授的修真者和過來人，都有專門的修練方法，也就是口口相傳的東西。有傳授的丹醫也會指點相

應的藥物。有緣份的求學者靠著自身的德性、誠心獲得老師的認知，大發慈悲，傳訣授法，歸於修真的正途，從此不做江湖野貓野狗，我命在我不在天；而少數重性命、結善緣，巨勢強力之人，捨得俗財，求法求術的，當然也可免於性命災厄。最可憐最可悲的是那些占大多數的認死理、迷信崇拜假名師、求名又吝財，貪財卻不要命的愚昧之人，無常一到一命嗚乎，死了死了，正如悟真篇所云：「只貪名利求榮顯，不覺形容暗悴枯。試問堆金等山嶽，無常買得不來乎？」這篇文章權且當作當今社會太極拳市場公益性的義務售後服務吧。

第十一節　太極拳功修練進階是零存整取的過程

王國維在他的《人間詞話》中說到治學經驗，他說：「古今之成大事業、大學問者，必經過三種之境界：第一種境界是「昨夜西風凋碧樹，獨上西樓，望盡天涯路」（出自宋朝晏殊的《鵲踏枝》），第二種境界是「為伊消得人憔悴，衣帶漸寬終不悔」（出自宋朝柳永的《蝶戀花》），第三種境界是「眾裡尋他千百度，驀然回首，那人卻在燈火闌珊處」（出自南宋辛棄疾的《青玉案》）。其實真正修練太極拳也和做學問一樣，同樣要經過三種境界過程。根據我三十多年來的學練體會，我感覺不妨把太極拳的修練過程分為以下三個境界，即：一曰練拳；二曰煉拳；三曰行拳。

第一境界的練拳。練拳者先明白「練」字，練者，生絲反覆蒸煮，使之柔軟，比喻反覆之道也。修練太極拳者首先要對太極拳的來龍去脈有所瞭解，循規蹈矩，不厭其煩，反覆練

習，使之熟練。並且瞭解今後的努力方向，即所謂「望斷天涯路」是也。

第二境界的煉拳。就是指煉拳者必須經過一番辛勤的過程，「為伊消得人憔悴」，就是說要像渴望戀人那樣，廢寢忘食，孜孜不倦，人瘦頻寬也不後悔。這個階段不是簡單的一個辛苦就可以解決問題，太極拳乃太極門丹功之外架，這中間是有具體的法門和傳授才行，所以，要明白一個「煉」字，煉者以火來鍛練，此字已大泄道家太極門之秘密，所以，不明練與煉之區別，終究還是太極門的門外漢，不足言道與之聞也。

第三境界的行拳。練拳者經過反覆追尋、研究，到底取得了成功。可以用陶淵明的一句詩「山窮水盡疑無路，柳暗花明又一村」，來形容。只要功夫精神用到，自然會豁然開朗，有所發現，有所發明的。「眾裡尋他千百度，驀然回首，那人卻在燈火闌珊處」成功的喜悅是難以言表的，是啞巴吃蜜，甜在心裡的感覺。這種感覺是不期然而然，自然而然，所以，用行拳來立名，取行雲流水，行乎不得不行之意。此時的太極拳修練已經經過了上下相隨，內外相合，用意不用力的階段，此時行拳，既不用力也不用意，練拳者無思無欲，心如赤子。過去太極拳趙堡架的先賢傳有「耍拳」的提法，就是要練拳人放下後天的執著，追求先天的自然與純真，如孩子玩耍一般。可是，好經往往也需好人來念，一些不得門徑的練拳者，違背練拳的規律而妄加宣傳和強調，使得後學者，一開始練拳便不會走就學飛，也大談什麼「耍拳」，須知，這太極拳是那麼容易就可以達到耍的程度而隨便亂耍的？本來是表達兒

童般天真自然的玩耍之舉，變成了褻瀆自然的人為的輕浮之耍，豈不是令武林中人噁心萬分。南轅北轍，與太極大道越來越遠，其可悲可憐，令人扼腕。太極拳功修練進階的過程用一句形象的話來說就是零存整取。光陰如箭，時光荏苒，白駒過隙，這些形容詞都是形容時間的轉瞬即逝，是在提醒人們：人生苦短，宜珍惜時光，不要虛度年華。人生一世，草木一秋，如果庸庸碌碌，混吃等死，固然是度日如年，感到煩躁和無奈地捱日子。但是如果勤於修練，刻苦練功，那又會感到時間的不足和光陰的匆匆。記得在多年前，我對兩位同學說，人要自己定目標，為了練好功，盤好自己的拳架子，假設自己是迎奧運而練，一天十遍拳，屆時等奧運召開時，計算一下，你會發現零存整取的成就感非比尋常，一天十遍，一年就是三千六百五十遍，七年的時間就是兩萬兩千五百五十遍。當然，前提是在方法對頭正確的前提下進行練拳，而不是盲目的數量堆積。學貴有專，熟能生巧，方法對頭，加上恒心堅持，滴水穿石之功往往是成功於不知不覺之間，清談闊論，坐而論道，誇誇其談，喝來喝去的酒桌上的豪言壯語對於功夫的長進而言，還不都是一些廢話？學練太極拳如此，做任何工作和事情都如此，一個人選擇了太極拳作為個人的愛好，其實也是選擇了一種做人處事度人生的態度。人生一世，時間有限，精力有限，所以，有思想的人做事從不白作，要麼有意義，要麼有益處，要麼有意思。沒意義沒意思也沒什麼益處的事情最好不做，所謂寧喝清淨之茶，不飲是非之酒是也。這是我的切身體會，寫出來與同道拳友們共勉吧！

第十二節　太極拳功養生健身的密碼是無為中的有所為

　　從通常情況下人們的普遍認識和所謂現代體育科學的基礎理論來說，人類的運動除了人自身作為一個活生生的生命體所必須具備的內在體征運動外，如果說到運動一下，或運動運動，這通常是指人形之於外的肌體的動作，諸如跑步、走步、跳躍、伸展、俯仰等，或者是借助於一些器材和物質進行負重、攀援、騎車、游泳、單雙杠、鞍馬以及各種球類等等相應的各種活動，這些人類運動賦之於現代科學的文明詞就是體育運動。中國武術的拳術器械套路運動，也同樣可以歸類到這些被賦予了現代科學文明詞的體育運動中去。這些所謂的體育運動大致又可分為有氧運動和無氧運動，但是，總體上來說，這些運動方式是以體力的消耗、能量的代謝來企圖達到體力增加和增強的目的的，在這個過程中運動者往往需要通過運動後的休息來達到體力的恢復，就體力的增加和增強的效果來看，如果訓練計畫合理，有規律，短期內效果明顯，但是，這類運動一旦停止，則運動效果消退得也很快。以武術運動為例，除了武當內家派和道家功夫以外，以招數套路運動為主的外家拳術運動就是這種消耗型的運動方式，按照武當內家的說法是這種外家式的練法是只往外走，不往裡進的路數，出力不討好，練一輩子功，遭一輩子罪，是自己打自己，是人前顯貴，背後遭罪，自我戕生。而以太極拳功為代表的武當內家功夫則是秉承道家修真性命雙修、形神俱練之法脈，以有形練無形而成就修真之道，追求的是修真效果能夠得以身心證驗的神

妙之功，所謂神妙乃是一體兩面，全有全能謂之神，萬有萬能謂之妙，有神必有妙，有妙必傳神。先天地之先乃為造化之全有全能，生天生地之先乃顯造化之萬有萬能。有為能之源，能為有之果。修真練武均本於此。道家修真正統規矩的傳真者，均知道讀書明理下手先學習陰符經，所謂入道門修真宜先明盜機之理也，廣成子授黃帝陰符經說的非常清楚。五百多字的陰符經全文如下：「觀天之道，執天之行，盡矣。天有五賊，見之者昌。五賊在心，施行於天。宇宙在乎手，萬化生乎身。天性，人也。人心，機也。立天之道，以定人也。天發殺機，星辰隕伏。地發殺機，龍蛇起陸。人發殺機，天地反覆。天人合發，萬化定基。性有巧拙，可以伏藏。九竅之邪，在乎三要，可以動靜。火生於木，禍發必克。奸生於國，時動必潰。知之修練，謂之聖人。天生天殺，道之理也。天地，萬物之盜。萬物，人之盜。人，萬物之盜。三盜既宜，三才既安。故曰：「食其時，百骸理。動其機，萬化安。」人知其神而神，不知不神之所以神。日月有數，大小有定。聖功生焉，神明出焉。其盜機也，天下莫能見，莫能知。君子得之固躬，小人得之輕命。瞽者善聽，聾者善視。絕利一源，用師十倍。三返晝夜，用師萬倍。心生於物，死於物，機在目。天之無恩，而大恩生。迅雷烈風，莫不蠢然。至樂性餘，至靜性廉。天之至私，用之至公。禽之制在氣。生者死之根。死者生之根。恩生於害，害生於恩。沉水入火，自取滅亡。愚人以天地文理聖，我以時物文理哲。人以愚虞聖，我以不愚虞聖。人以奇其聖，我以不奇其聖。自然之道靜，故天地萬物生。天地之道浸，故陰陽勝。陰陽相推，而變化順

矣。是故聖人知自然之道不可違，因而制之。至靜之道，律曆所不能契。爰有奇器，是生萬象，八卦甲子，神機鬼藏。陰陽相勝之術，昭昭乎盡乎象矣。

　　陰符經首句說到：「觀天之道，執天之行，盡矣。」道家修真本乎天地宇宙自然之道，離開這一條，就是歪門邪道，為修道者所不齒。第二段「天地，萬物之盜。萬物，人之盜。人，萬物之盜。三盜既宜，三才既安。」點出了道家修真的核心。既然道家修真如此驚世駭俗，所以，太上老子專門做《道德真經》流傳於世，為的是讓修真者明白人與天地萬物百靈之間的共生、共融、相輔、相克、相成的關係，教導世人應當心懷慈悲善良，厚德才能載道。因此，道家修真者，均知盜機而守正道、法天則地，法四時，知晝夜。敬天敬地、貴生全生，不驕不枉，順遂自然，內清虛而外恭敬，不做違背自然的事情。因為天地萬物百靈與人的關係不僅僅是共生、共融、相輔、相成的關係，還有個相克的鬥爭關係。所以，道家言盜，就是一種既順應自然，又不聽任自然的主動對待思想，萬物百靈不是要趁我不注意的時候，偷偷地盜走我的精氣神嗎？那好，我們人也不能被動挨整不是，我們也要盜採天地萬物百靈的精氣神，道家所說的盜機，實際上是一個形象的說法，換一個具體的說法和名詞就是天地萬物百靈與人的氣機「溝通」，有此消彼長的規律。人乃天地間萬物之靈長，修真者明乎此理，於是便能求正道、守正道、以逆運之法，於無形無象，潛移默化，不言不語，不顯不露中勤而行之，暗自刻苦練功，盜奪天地萬物自然之精氣用作修真做工的資糧，用來成就以有形練無形的修真目的，這即是道功，也是

醫功，當然也包括拳功。因此，我們說，道家的所謂「盜」就是在順應天地萬物自然規律的前提下的一種積極的鬥爭，天地盜萬物，萬物自然盜人，人反過來回去再盜天地萬物百靈。所以，道家修真的運動思維方式表現為一個「逆」，如《道德真經》所言，「反者，道之動也。」所謂反者，返還逆運之謂也，這也就奠定了以太極拳功為代表的武當內家獨特的養生機理。

上面說到俗世通常的運動思維方式是體力消耗和營養水分消耗型的運動，簡單形象地來說是一種物理運動。而現代科學已經證明，人的生命體內部自身的運動系統是一個包括了物理、化學、生物等多方面運動過程的複雜體系，是一個有機的整體，不是受人的思想所擺佈的，引用南懷瑾先生的一句話說：人其實是個被設計好了程式的機器人，不知反省，還在那裡故作聰明。道家的理念是天地為一大宇宙，人身為一小宇宙，人的一舉一動都要符合自然，按照現代的科學名詞就是要符合科學發展觀。因此，以體現道家修真為特點的武當內家太極拳功的運動模式和方法就是以天人相合的理念，以順應人體自身氣血運動為前提原則；以鬆柔舒緩自然為方法；以不用一絲一毫多餘無用的體力，盡可能少地消耗體力為特徵，神意內斂，神不外馳，在專注的運動中，呼吸自然悠長無一絲之緊張、心臟跳動平穩無一絲之激烈，身體舒適，虛實變換，上下相隨，周身一家，內運使而有外動作，外動作而現內引導，內氣血與外形體和諧運動，其動勢相連如緩緩流淌著的溪水河流，順遂自然，遇石則曲，遇沙則散，高則漫之，低則浸之，順形就勢而勢，無微不至而至，委曲求全，循

環往復，連貫不斷而成長拳操練，正如太極拳經所云：「長拳者如長江大海滔滔不絕也。」所謂：「上善若水。水利萬物而不爭，處眾人之所惡，故幾於道。居善地，心善淵，言善信，政善治，事善能，動善時。夫惟不爭，故無尤。」武當內家太極拳功設像於水，取法於龜蛇，蛇形蠕動，龜息鶴行，在自然而然的內運外動的長期過程中，使身體在不期然而然中獲得易形易骨易筋、伐毛洗髓、變化氣質的養生健身功效。因此我們可以形象地說，武當內家太極拳功是一種身體內部真正發生反應的化學運動，是五臟六腑深層次的按摩術。太極拳功是行無為之理，顯有為之法。所以，我們說雖然道家宣導無為而治，道家修真講無為，但是，這種無為絕不是坐而空談論道談玄什麼也不做，這種無為其實質是積極的主動的無為。道家修真以練性養命為宗，以神為性，以氣為命，神內守則性不為心意所搖，氣內固則命不為聲色所動，故道家修真者，於後天的有為練功修為設定了九步功夫：即保精固精養氣存神，練形化穀，化穀生氣，練氣生血，練血生精，練精化炁，練炁還神，練神還虛，練虛合道。所以，太極拳功自道家靜功修真中誕生開始，便不搞想當然，不自以為是，嚴格地完全遵照人體內在氣脈的運行規律，貫徹和遵循人體生命發展變化的自然法則，在太極拳功的操練過程中，在心意的指導下，自然而然地做到：氣脈運行，貫通一氣；陰陽相繫，水火相推；如環無端，混元一氣。所以說，神意內斂並貫穿著內在氣脈運行的法則這是太極拳功的生命內操，沒有這一條，則不能稱其為太極拳功。而那些恣意地自專自用的所謂外家拳和冠上現代體育名稱的消耗性運動，其運動的結果只能是導致人體陰陽氣脈運行

失衡，氣機紊亂，氣血枉行，真氣外遊，氣不歸竅，氣不歸中，而如此長期的積累後果是由量變到質變而最終是偏差過大形成身體疾病，自身愚昧反而不覺因何而受害，深為悲哀可憐！

　　說到了這裡，我們也就清楚了武當內家太極拳功的運動與俗世外家拳功運動的根本區別。俗世外家拳功運動說到底是以增加筋骨皮肉的運動幅度和強度、加大心跳的次數、增加人體肺部呼吸的喘息次數、加大體力的消耗、加大身體汗液的排泄數量等來促進氣血循環和流通，來達到所謂鍛鍊身體的目的，實際效果如何？我們不必刻意地貶評詆毀，我們只把武當內家太極拳功的運動的外在特點簡單列舉就可對武當內家太極拳功的養生健身的優勢和益處一辨分明。武當內家太極拳功運動的外在特點是，得到正確方法傳授的太極拳功修練和運動者在練功過程中心跳平穩、呼吸正常、體力消耗少，身體表皮各處汗液排泄均勻。是通過氣血循環周流通暢，神經與五臟六腑得以溫養；骨骼筋膜得氣血之浸潤；皮肉毛髮得氣血之滋養，精神放鬆能得以安靜，身體舒服、心情愉悅而舒暢甜蜜的方式來達到養生健身鍛鍊身體的目的的。二十多年前，余修練太極拳功小有體會和成就，我就曾經在友人同道面前自豪而欣喜地感慨並讚譽武當內家太極拳功是一種中國道家獨有的深層次的人體五臟按摩健身養生術。既然武當內家太極拳功有如此神妙的功效，因此，武當內家太極門在傳授這一功夫的過程中，自古以來皆是擇人而授，深隱不顯，極其隱秘，練功次第規矩森嚴壁壘。武當內家太極門技藝以武悟道，以武入道、以武演道的法門，所以傳授上有分三步傳授之說：第一個層

次是強身健體；第二個層次是延年益壽；第三個層次是得道成仙，此為歷代祖師傳授規矩之進程。譬如：初步下手盤練拳架子，武當內家太極門稱此為皮毛鍛練，由皮毛鍛練再行進階。所以，讀者由此便可以知道當今社會流傳的所謂太極拳架子運動是多麼的不著邊際，連武當太極門的低級都算不上，更別提入太極之門而進階了。有了第一個層次的基礎，進而是延年益壽的第二個層次，到了這個層次，老師方才傳授弟子易筋易骨之法，而求延年益壽之效。易筋易骨事畢成功，則轉而進修洗髓換骨而得伐毛再造之效驗。把太極拳功用於健身養生自我調理的手段並使之成為自身的一種自我調理的功能，也就是我們通常所說的功夫，這種太極拳功夫不常年堅持，刻苦鑽研，勤而行之是絕對不行的，是絕對收不到效果的，因為，太極拳功的修練斷非投機取巧能一夜而成的夢中美事，所以，有志於此道者，首先要打消僥倖心理和佔便宜的心理，天上不會掉餡餅，寶劍鋒從磨礪出，梅花香自苦寒來，九層之塔，逐級而造，自然成就之功。太極門秉承武當宗風，先拳架傳授，再接引入門，視其德行優劣，道料與否，先傳以後天功法，再傳先天功夫，其中節目甚多，正因為太極拳功學問深奧，理意深弘，所以，說真正的武當內家太極拳功根本不是公園廣場，音樂伴奏，以老為主，人數眾多，託名太極，實則體操的群眾性體育運動可同類同日而語。絕對不是可以廣而推之，普通群眾都能參與的大眾健身的簡單體育運動方式。

武當內家太極拳功從道家修真之道而言，僅僅是後天延命之小術，仍是修真之初步功夫，然其中以武入道，以武演道之

法門，仍是非比尋常之珍貴，所以，此術經打拳賣藝等途徑傳入俗世之後，此法門更是非割金斷玉而決不私秘相授，俗世間所謂太極拳架子乃是近一百五十年間，江湖賣藝、看家護院者流，用以辦班培訓，集體傳授，以獲取口糧散銀養家糊口的吃飯營生和節目，太極名雖相同，然其本質與武當內家太極門道家修真毫不相干。

明白了太極拳功的本來面目，懂得了什麼是太極拳功的生命核心，弄清了太極拳功的原理和養生健身的機理之後，你就會發現這太極拳功不是能夠用來表演的、不是能夠用來比賽的體育藝術運動，它比不得，表演不得。沒法比，沒法表演，它是一種要求練習者用身心去自我證驗的自我調理、自我更新的修行運動方式，用通俗而形象比喻來說就是太極拳功的操練是啞子吃蜜心裡甜；啞巴吃餃子心裡有數。當我們明確了這些道理之後，就會對太極拳功有一個新的認識，就會明白太極拳套路的比賽，太極拳推手的比賽，名目繁多的獎牌和名家大師的評比，熱熱鬧鬧、人山人海的集體演練等等，這些都是與真正的太極拳功沒有絲毫關係的，所謂的太極拳運動的繁榮那也只是表面的熱鬧和利益驅動下的欺詐和鬥爭，太極拳功這一中國傳統技藝越傳播、越發展、越遠離其本來面目的現實狀況折射出的是當今社會的人們內心急功近利的浮躁和行為混亂的現象。假的真不了，真的假不了，隨著越來越多的太極拳練習者的反思反省，隨著越來越多的太極拳愛好者的日益覺醒，中國的太極拳運動的浮躁和虛熱會逐漸趨於踏實和冷靜。

第十三節　武當派內家拳功的前世今生

一、學武要懂得武行裡的門道兒

　　在我經歷的十位武學道學的老師中，董盛書先師是前期幾位老師中唯一一位通道的武學練家子，先師太極功深，蛇行蠕動，龜蛇之變，傳法巧妙，練法獨到。在傳授太極拳功時，董師也是強調單勢循環地演練，我在盤練架子時，頗費了一些時間，花了不少功夫。董師說：「套路就是個工具，你練的是功夫，不是練套路。」這話當時聽著就覺得董師這話怎麼越聽越彆扭呢？但是，自己做徒弟的不敢亂問，董師也不給解釋，只知道專心刻苦地練功夫。一直等到四五年之後，身上出功夫了，這才明白董師這話的深刻涵義：「練太極拳架子不是目的，拳架子僅僅是我們達到太極功夫上身目的的手段之一。」

　　三十多年前，董盛書先師在自己家裡把門關上，單獨為我說技擊之術時，我生平第一次知道了什麼是真正的中國武術的打人功夫，第一次知道了什麼叫做有兩下子。董師說：「武術就這點好東西，別管他武術六術的，就這兩下子，一進一退之間，立馬見輸贏。聖東，別看大街上那些開拳坊的練套路、搞對練，挺熱鬧的，其實都是些熊人的玩意，武行裡好東西看家本事從來就沒有拿出來教人的，也不會隨便拿出來得瑟，教拳不教步，教步打死老師傅。」先師的話，今日仍然記憶猶新。

記得那次董老師還講了一個煙臺練家子林世欽林老師拜師學習打人本事的故事。林世欽這位練家子說來開始是梅花螳螂門的，這人有文化，腦子聰明，好習武，特別願意琢磨，什麼事認準了總想弄得明白，不僅如此，他還有個最要命的毛病，就是不信什麼邪，不信什麼派，不管你哪門哪派的，讓他訪著了，先打了再說。民國初年，煙臺來了一位在文登榮城教拳多年，很有名氣的姓陳的少林派拳師，林世欽二十來歲，練得一手好螳螂拳，聽說來名師了，便趕到拳坊要求拜師，但是，他提了條件，就是要先比量比量。老師如果勝了，就立馬拜師。這在舊社會的武林裡是大逆不道的欺師滅祖行為，但是，林先生不管那些，就想學能打人的本事。陳老師一看來者不善，想踩場子，便一伸手說：來吧！兩個人就在拳坊裡比試開了，一連三個回合，林世欽均被陳老師打敗，最後兩個回合，是回回放躺在地，而且被打成了重傷，爬不起來。等傷養好了，林世欽正式拜師繳納學費入拳坊，林世欽這一次又練了四年的太祖門長拳，這四年間，也經常和陳老師切磋，但是，都是差距很大。林世欽琢磨不透，私下裡和幾個師兄弟嘀咕，這陳老師也太不夠意思，供養了四年，教了一些花架子，這不是熊人嘛，好東西藏箱子底，大夥都有意見，可是礙著師傅的面子又不敢說。偏巧，陳老師想回家養老了，哥幾個急了：四年功夫壓腿踢腿溜腿、彎腰下腰拿大頂，套路器械地沒少出大力流大汗，學的都是花拳秀腿，這怎麼行，於是哥幾個趕緊合計了一個辦法，由林世欽帶頭，把老師堵在屋裡，撂下話，老師不能走，得把壓箱子底的玩藝兒傳下來，幾個徒弟為老師養老送終，每月每人十塊大洋供奉陳師傅，每

天吃飯喝酒由館子包飯，徒弟每月輪流結帳。這可是仁至義盡，下了大本錢了，陳師傅是個江湖義氣人，也很講究，徒弟敬師傅到這個份上，當師傅的也不能不講究，因為有四年的考察和觀察，陳師傅對這幾個弟子也很信任，於是，告訴下人，把門外拳坊牌匾摘了，從此關門，單獨教授這幾位弟子真正用來打人的玩藝兒，這個玩藝兒就是擊技。董師說：「說這個故事是要告訴你，練武術和能不能打人是兩碼事，站樁、壓腿、踢腿、套路，就是鍛練個腰身筋骨胳膊腿，充其量是個基本功，你這基本功夫再好也和能不能打人靠不上個邊兒。學武要懂門道兒，要遇到真師傅，能打人得有點天分，一是膽子大，敢下手，二是有傳授，有看家的玩藝兒，三是基本功扎實，長年堅持。除了這三條之外，還得多悟、多比、多練、多訪、多經過實戰。所謂，經師不如訪友，訪友不如訪親，訪親不如無師自通。經多識廣，本能反應，打人隨手就來，絲毫不用尋思。這師傅教徒弟，徒弟出去回頭說我師傅連個套路都不會，這讓徒弟瞧不起，其實，這套路最熊人，練養生可以，練了打人？白扯作夢，等著挨揍吧！」

據我個人習武的親身體會和感受，這人年輕的時候吧，心都活泛，心野，學東西有個貪多的壞毛病。七〇年代末，我有幸和兩位老大哥練七星螳螂拳，這下把七星螳螂拳的癮也給勾搭出來了，其結果就是野心勃勃地心裡總想著有朝一日把聽說過的七星螳螂套路都劃拉過來，練好練精，成為七星螳螂門的一代拳師。雖然說，螳螂拳不歸家，可偏偏這螳螂門的傳統是向來就保守，螳螂拳師都指望著拳路子充門面過日子呢。其實不僅螳螂門，中國武行裡的老師們都保守的很。老師保守賣關

子，故弄玄虛，拿套路掉我的胃口，而我又覺得我的螳螂拳練得不錯，對七星螳螂拳就是喜歡，野心勃勃地要成為一代螳螂大師，所以，早把董師傅的話當做耳邊風，把忠告忘在了腦後。連著訪了好幾位練七星螳螂拳的拳師和朋友，低三下四不說，出了很多的力，流了很多的汗，最後，愣兒是像劃拉破爛兒似地學會了二十多套七星螳螂拳的套路。可以這樣說，起碼有六七年的時間，我的大量精力就這樣浪費掉的。直到一九八六年，這種狀況才從根本上得到扭轉。

　　一九八六年五月，我在瀋陽拜北派老架螳螂門拳師閻景泰先生為師。一入門，我向閻老師表達了求藝的心願，告訴閻老師自己想學點大連街的七星螳螂門裡沒有的玩意，閻老師說了一番話，這番話像一盆涼水把我徹底潑醒了：「螳螂就是螳螂，狗有狗象，人有人象；是龍就得盤著，是虎就得臥著；是有形有意的東西，七星也好梅花也好，太極梅花也好，都是個叫法。真正的螳螂拳不分門、不分派、不分家，王郎當年創螳螂拳，螳螂拳就是一門用來實戰的野拳和黑拳，有啥文字記載，功夫練到身上了，就是記載，甭管什麼螳螂，都得功夫上身，練了管用才行。王郎創螳螂拳，後來傳到升霄道人李二苟，李二苟傳給快手李之占的時候，哪來那麼多的套路？哪有什麼區分？還不是李之占傳了幾個徒弟之後，徒弟們各立門戶，才有了今天什麼梅花七星太極鴛鴦六和光板兒捧手螳螂等區別？編些套路，還不是為了教徒弟換飯吃？」閻師一席話讓我如夢方醒，當時閻師還說了一番話，至今記憶猶新：「功夫功夫，得下功夫、費功夫、攻出來才行；十年練是練；二十年練也是練；能堅持一輩子練那才是真練呢！」閻師還對我

說：「聖東啊，江湖險惡，武行裡門道兒太多，你要是一門心思把精力放在劃拉套路上，就是掉進了拳混子的坑裡，這些人胡編亂造，你就是個猴也能把你騙得一根毛兒也不剩！不信？你就接著來，我話先撂這裡。」闍師真心的傳授和真誠的教導讓我恍然大悟，讓我徹底懂得了武林江湖的混亂，明白了哪些東西是用來蒙人的，什麼東西是用來看家的。儘管闍師父誇獎我是下了大功夫的人，但是，我打心裡眼兒裡感到辛酸和痛苦，知道自己這十來年的苦練實際上是走了一大段的彎路。按照道門道藝的修練而論，這十來年出力流汗的算是替別人忙活了。

那年的冬天，七星螳螂拳師欒忠強老師，這位亦師亦友的老大哥，看我練功練得發狠，就對我說：「聖東，你掌握的東西夠用夠練的，以你的悟性，用不著再學太多的套路。」欒老師的七星螳螂拳門拳藝得自其父親欒君聲的親傳親授，我們倆有緣結識，我得以向欒老師學習。欒老師是個有思想，孤傲脫俗的人，常把「家有五斗糧，不做孩子王；跳出三界外，不在武行中。」作為信條，和我一樣蔑視江湖上打拳賣藝耍嘴皮子騙錢之流。練功夫講究個樸實無華實際管用，他的話與瀋陽闍師父的話，可以說是大同小異，同出一理。當欒老師為了讓我能順利地做好整理和挖掘並弘揚螳螂門拳藝，破例把自家手抄的七星螳螂拳拳譜贈送給我時，看著手裡這本錯字連篇很不規範的手抄資料，我的心裡一陣陣的心酸，我流淚了，這是因為我感動於我和欒老師之間這份難得的真誠情誼。回到家裡徹夜難眠，想想螳螂門的同好們：作夢都想著一睹這拳譜的風采，作夢都想著能多劃幾趟拳路子。那種

真情癡心著迷轉向的無辜勁頭兒，想一想，心裡邊就覺得他們可憐。想著想著，忽然就悟通了，覺得自己在武學道學的追求上心思散亂意不專，用了很多無用的或者說是得不償失的功夫和心血。也就是從那時起，我的心真正收了回來，心無旁騖一門心思地鑽研太極門的功夫。天道酬勤，功夫不負有心人，還真應驗了那句話：「一層功夫一層理。」當我後來在功夫進階上舉足不前時，機緣巧合，讓我能把趙增福老師專門從西安請到大連家中裡來，師徒相對，單獨傳授，選擇重點，專門研究，授者傳真解惑，學者洗耳恭聽。並得列於趙增福先生的門牆之內，習功修練中出現的疑難與心中的困惑，如窗紙洞破般而豁然敞亮。趙增福師父為此曾語重心長地說了這樣一段形象的比喻：「聖東呀！你在武當內家太極門功夫的追求上，是經過了曲折艱苦的二萬五千里的長征的，你現在總算到了陝北了！」

人們想習武強身，有所追求，這原本無可厚非，但是偏偏江湖險惡，人心不古，所以，一不留神便掉進了打拳賣藝、教場子糊口之江湖武行人士的套子裡，拜師為奴，認賊作父。按照修行家練家子的說法是掉進了下九流的拳痞拳混子設計好的陷阱裡，替人家搖旗吶喊，做牛做馬、受害一生、全然不覺。在這些人中又只有少數人常常是在晚年才得以悔悟，然而終身大患已經鑄成，追悔莫及，此時已是疾病纏身、財物空空，一生忙碌而光陰空耗，一生忙碌而一事無成，盡為別人作了嫁衣裳。在三十幾年的習武求道修真的過程中，我雖然走了一些彎路，下了一些得不償失的功夫，但是，總的說來，我屬於非常幸運的，因為在每一個重要階段，我都得到了祖師的護

佑與加持，遇到了明師的指點和傳授。我這樣如此說來，是想說明一個人習武、求道、修真的不易和艱辛。

　　大連市武術界以練螳螂拳和五行通背拳的為最多，其餘以練少林長拳的為多，練少林長拳的又分燕字門、秘字門、彌字門等。螳螂拳又有秘門螳螂、七星螳螂、梅花螳螂、太極梅花螳螂等，五行通背又分大架子、小架子、老架子等，所以，大連街有螳螂窩、通背窩之說。又因為大連是個移民城市，居民多是十九世紀末之後，從山東河北河南闖關東陸續來大連的，所以，解放前的大連武術界又分河西幫和海南幫兩大派。大連市通背拳師林道生老師師承通背拳師修劍癡、高紹先、陳敬濤等，少年起入門習武，練了一輩子武術，教了一輩子的武術。五行通背拳術技術掌握全面，套路掌握的也多。因為林老師與我的好友人稱武癡的於顯寶兩人是拜把子兄弟，林老師六十多歲時，所以有一次，我們在一起餐飲小聚。其時，林道生老師酒席間感慨萬千：「學那麼多有什麼用，管什麼也不頂呀，都是編的，練武得養呀，三分練七分養呀。」從舊社會過來的林老師說到大連市武術界各門戶的掌故時，深有感觸：「都練嘴呀，都是假的呀，一點真的也沒有。」一句話就把大連街的武術界給否了。眾所周知，武術行當裡人員成分複雜，習武者普遍文化修養低，存在著江湖習氣嚴重，門戶偏見，相互貶低，明捧暗貶，當面說恭敬話，背後操爹罵娘的惡劣風氣，所以，老一輩兒正統規矩的練家子，都是關著門練自家的功夫，囑咐教育學生弟子，把時間用在正經的地方，有閒工夫即使是壓壓腿，也別去參合武術行當裡的是非。林老師能說出這樣的話，並不奇怪，能說出這樣話的其實遠不僅僅是林

道生老師一個人，在我認識的武術前輩中，對我說出這話的就不下五個人，但是，人家老前輩們說這話的時候，會說，講究個場合地點，但是，林老師就不管這些了，他因為學的東西多，五行通背門的拳藝資料直接得自修劍癡老師，是修老師晚年的學生，因此，在武行裡輩分兒大，所以，有些恃才傲物，加上林老師這個人，性格耿直，心腸厚道，心裡存不住事兒，不喜歡藏奸，嘴上又沒把門兒的，有些話就說的大些過些，便因此在武術圈的朋友學生面前，落下了不少的埋怨。其時，林老師身體狀況可以說是百病纏身，我當時說了這樣一句話：「練了一輩子功夫，換來一身的廢銅爛鐵，實在是教訓慘痛。」記得是二〇〇四年九月二十日，我正在外地出差途中，忽然接到林老師兒子的報喪電話，林老師因病去世。事後我得知，林老師的喪事辦的極不風光美氣，連買骨灰盒的錢都是顯寶兄援手相辦的。就是這樣一位人稱通背拳師，武術七段的武術家，晚景淒涼、窮困潦倒，一個月每人收六十塊錢，每日早晨在中山公園帶病堅持教授五行通背拳，就是這樣一位習武一生的武術界的老人兒，為了一門自己喜歡和崇拜的拳術，鍛練了一生，耗費了一生的心血，戰鬥了一輩子，結果卻是疾病纏身、大小便失禁。像這樣練了一輩子功夫，帶病堅持武術教學工作的人，大連市大有人在。有位聶姓教授螳螂拳的師傅，他的徒弟和我說，我師父這輩子練功夫那叫一個刻苦，心臟都練變形了，最後，這位螳螂拳師六十幾歲，按理說正是武術家的大好歲數，死在心臟病上。還有一位有些名氣的練太極拳的老師，也是六十多歲，平時聲高腔大面紅耳赤地教育學生：「練太極拳，要有法兒，太極拳練養結合，要陰陽

相濟，要內外相合。」結果有一天，這位太極拳師突然腦出血，英勇地倒在太極拳教學現場。

說到這些帶病堅持武術教學工作，極端敬業的武術老師們的不幸結局，同行同參們在感慨唏噓不已的同時也不由得心生困惑。因為，很多什麼都不練的普通人，人家的身體健康情況好好的，相反，這些裝模作樣地練了一輩子功夫的武術老師們卻折騰出一身病來，豈不是怪哉奇哉？中華武術原本是一門用於防身殺敵強身的技藝，可是，現實的情況是這門用於防身殺敵強身的技藝變成了戕生自殺的專門技術，豈不是可笑至極？我就聽到一些不練武術的朋友們說過這樣的話：「這些人都是怎麼練的，怎麼一個一個的，練來練去的都把自己練病了練死了？」是啊，這話雖然聽著刺耳兒，但是，說的在理兒，這句話會引發我們很多的聯想：難道號稱中華國粹文化瑰寶的中華武術，當然包括現在市面上流傳的所謂太極拳，這裡邊存在著心臟病、糖尿病、高血壓、大小便失禁、腦出血、半身不遂等等疾病不成？難道練武術、練太極拳的人都得出現這樣或那樣的偏差不成？可是，情況就是這麼個情況，問題就是這麼個問題，事情擺在那很清楚，病根兒不在武術裡，不在太極拳架子裡，因為是人在練武術，而不是武術在練人。畢竟通過武學修練，堅持一生，獲得很高修為和身體養生益處的人大有人在。中華武術是老一輩一代一代傳下來的，傳了幾百年，有的歷史悠久，有的甚至自稱已經有上千年歷史。隨著時代的逐漸演變，一些練武的人出於生計和功利的考慮，開拳坊打拳賣藝養家糊口養活老婆孩子，有的設會館立山門搜羅門徒組成幫派，所以武術繁衍成了三百六十行裡的

一行。學拳的人，心裡都有夢，有的立志行俠仗義、殺富濟貧、報仇雪恨、強身健體；有的想文武兼修，練就一身豪氣和英雄虎膽；還有的想效法師父，練成一身的武藝和本事，也開個拳坊，受徒弟們叩拜，前呼後擁，唯我獨尊，除了能養家糊口不說，如果攤上個富家大戶的徒弟，使勁地忽悠揩油，照樣吃香的喝辣的。時代變了，武術再好，也是屠龍之術，無龍可屠，火藥發明後的近一百年，槍炮之大量運用，社會法制的不斷健全和完善，武術的功能與現代的社會已經是越來越格格不入，武術成了一項民間的群眾性業餘娛樂運動和活動。上個世紀七、八〇年代出現的武術熱潮、氣功熱潮早已經徹底退去，當年的武術愛好者們估計百分之九十九早已經忙著賺錢搞經濟了，回想當年人們高喊「習武強身、振興中華」口號的情景，我們冷靜的記憶裡，估計剩下的只有可笑和幼稚。如今的社會，肯下功夫的年輕人本來就少，而且，年輕人又都忙著學習升學，心浮氣躁，哪來那麼多的閒心思練武術，這種局面無不令今天依然堅持習武修練者感歎和深思。

二、「武」字的真實本義是憤然操戈起身拼命之意

少年時期，我和王顯榮老師（我家的鄰居，比我年長十歲，我稱四哥）學習中國摔跤，四哥獲得過大連市四十八公斤級兩次摔跤比賽的冠軍，那幾年我都是硬碰硬地摔出來的，大馬路上，操場上，水泥地上，都摔過，在體操墊子上練習那是待遇最好的。四哥癡迷於摔跤和拳擊，對於對打真幹有他自己的邏輯，諸如：三年長拳不如一年跤，兩人相搏最後都得抱到一塊去，只要把對方摔倒，他天大的功夫也是白扯。我信

四哥說的話，摔跤的就是務實的，不玩嘴皮子，把人摔倒是真傢伙。俗話說的好：要想功夫好，摔跤把式兩樣找。我和四哥玩命地練，騎馬推磚，抖繩威棒，玩兒命地摔，在一起摔得多了，打的多來了，就和抽大煙似地上了癮，手腳都發賤，沒有一時老實的時候，到處切磋，像得了神經病。即便是和人家比手，讓不講武德規矩的一拳打在頭上，暈乎乎地造成了輕微腦震盪；即便是三更半夜兩個胳膊肘摔得血糊流啦地，讓老娘心疼的罵街，這照樣沒覺得磨不開面子，感覺不好意思，照樣像打了雞血似起早貪黑地苦練，那年是一九八一年，我正值高考，每天晚上八點練到十點，十點回來，再學習到十二點，就這樣還真的摔打出來了，那年我考上了大學。一九八一年考上大學後，自己也變得文明了，不過與人摔跤這種方式被我發揚了下來，於是，跑到體操房，和體育系、中文系、物理系的同學等等，開練。來了就摔。大地毯上，體操墊子摔跤，這條件上哪找去？這一通摔下來，還真沒有個對手，一次跤癮犯了，身上癢癢，便和自己的同桌兄弟設計，慫恿同班一位老大哥切磋。老大哥是來自新疆的代培生，是教體育的老師，每天早晨和課餘練舉重、練軍體拳，很是健壯。老大哥年長我七歲，身高我半個頭，體重一百八十斤。我當時才身高一百六十八公分，體重一百零四斤，當年發育沒成熟，保持體重一百零四斤是為了想參加大連市的摔跤比賽。老大哥經不住我和同桌一唱一和的忽悠和刺激，於是，我和老大哥穿著秋衣秋褲，也沒個跤衣就跑到體操房開幹了。好事的同學圍了一圈，結果，三局不開和，三次被我放倒。比賽結束，老大哥臉色都變了，像死了親爹似地，回到教室，我自己是過了跤癮，可是看

著人家老大哥面子上過不去，便上趕著說笑話，甚至到了說出：老大哥咱就是玩玩，你要是覺得心裡過不去，我給你墊兩跤。雖然後來我和這位老大哥成了好哥們，但這件事對我觸動很大，其實類似的事很多，那時候十七、八歲，年輕太嫩，這樣的事情經歷的次數多了，我就越發覺得董師說的在理，越發明白什麼東西才是管用的玩藝兒，也越發體會到中國人習武的特點：故弄玄虛搞神秘，玩虛的太多，練嘴的太多，做面子功夫的多，都願意玩花活兒，打嘴仗，過嘴癮；面子窄，小臉子；贏得起，輸不起。真應了過去那句俗語：「打拳賣藝剃頭挑擔就是上不了檯面的下九流，行為舉止粗陋蠻橫不招人待見。」

　　一九八四年放寒假期間，大連市首次開展散打比賽，愛好武術的人們都興奮，大家都去看，我因為學校不給開介紹信，所以，報不上名，只好做觀眾。有位我經常看到的練五行通背拳的師傅，他當時已經四十七八歲的樣子。我小時候早晨去公園練功我就總看到他，這位五行通背拳師練功刻苦，寒暑不輟，從來都是去得早，走得晚，每次都練得渾身大汗，對徒弟們要求也嚴格，平時也經常和徒弟玩對打摸臉，徒弟們每次都是只有招架之力，沒有還手之功，潰不成軍，很是讓我佩服。今天老將出馬，親自出征，熟悉他的人都聚在臺下一塊堆，興致勃勃地等著給他鼓勁叫好。那時候的人參加比賽沒有現在這麼講究，設備設施也簡陋，露天地寒風刺骨，臨比賽要開始了，參加比賽的運動員就當著眾人的面換衣服。通背拳師脫了外褲和上衣，穿著一條紅色秋褲和一件藍色球衣就開始帶護具。和這位身材細高的五行通背拳師對陣的是個二十四五歲

的年輕人，個子矮粗。噹！鑼一響，第一回合開始了，只見通背拳師邁著雞步，虛步引手鶴形現，搖身晃步，一副通背拳的架勢，再看那一位，抱著雙拳，兩腳跳動，一前一後，一看就是打拳擊的。兩人一靠近，幾乎是同時出擊，練拳擊的一頓連擊拳，便把通背拳師的頭盔打歪，裁判吹哨，等頭盔扶正，敲鑼繼續比賽，結果拳擊手還是一路猛打猛衝，不是把通背拳師打跑就是推下臺，在處於劣勢的情況下，通背拳師仍然發了幾記利索的通背腿法，贏得臺下一片掌聲。兩分鐘一個回合，通背拳師打滿了兩個回合，以零比二敗北。我在臺下看的仔細，這是一次模式遭遇規則，傳統遭遇自由，愚昧落後遭遇智慧文明的比賽。平時的搖身膀欹似醉顛，什麼周身發動吼獅狂，兩臂劈山如驟雨的拳經拳譜理論，竟然在一位練了二三年拳擊的年輕人面前好無用武之地而一敗塗地，平時和徒弟們摸臉對練的瀟灑和自如蕩然無存，換之以緊張慌亂，臉色蒼白伸舌急喘，上氣不接下氣，前後六分鐘的時間，球衣已被汗水浸濕。下場後，氣還沒喘勻，通背拳師就對著大夥兒說話了：「看來武術和散打確實是兩回事，別不服氣，不管怎麼樣，今天咱上臺體驗了一回，值，輸贏算什麼？練武嘛，不要怕丟臉，對不對？」通背拳師換好衣服，披著黃色軍大衣坐在水泥地上，和大夥堅持看完了下面的比賽，比賽中不停地搖頭，歎息，神色有些黯然。這件事對我的教育最深刻，在我三十多年的習武過程中，這位通背拳師給我留下的印象很深，至今讓我敬重。因為正是他，讓我真正明白中國的武術界，那些靠教授套路和所謂功夫的拳坊武館訓練班，都是生產炮灰和硝煙的加工廠，那些所謂的武術中看不中用，如果練習不得法，不僅不

健身反而還心身遭殃。我不知道這位通背拳師的姓名，今天算來，估計這位老師該是七十幾歲的老人了，如果有機緣，我能與這位老拳師相見相識，我會為他深深地鞠躬。因為這位老拳師不把輸贏掛在心上，用於登上擂臺的那股勁頭才是我心中崇敬的求真務實追求武術真諦的中華武學精神，這種精神從某種角度說是我們真正的中華傳統武術的魂魄，是中華武術得以流傳的生命之源。其實對於這位通背拳師的遭遇和結局，我是心裡有數的，能打人和練武術練功夫之間沒有必然的聯繫。那幾年前我曾經穿著護具，與練散打的哥們訓練過，對於激烈的運動強度有深刻的體驗，我們都是連著一氣打五六分鐘之後再休息十分八分的，剛開始的時候，打了三四分鐘，心跳的就很屬害，全身緊張，大汗淋漓，上氣不接下氣的，等到休息的時候，測一下心跳，竟然能達到一百六十多次，四肢的肌肉頻繁地緊張發力之後，如同過了電流似地一跳一跳的。所以，看著臺上的比賽，我也在想，自己這樣的業餘愛好者，根本不進行散打比賽的長期專業性的大強度訓練，上了臺會是什麼下場？估計比起這位通背拳師也好不到哪去。再以摔跤為例，一個練武術的，固然套路對打亂打有了些功夫，但是，穿上跤衣上了場，卻不一定靈光，把兒上一領，兩手一倒，腳下一走，任憑你是練螳螂拳、通背拳、還是練貓拳狗拳的，都得被放翻在地。這是什麼道理？固然是有規則所在，但是中華武術是由實實在在的踢打摔拿騰撲滾翻技術組成的，術業有專攻，門門都有兩下子值得我們虛心學習。反觀中國武學中華武術的發展現狀，卻不能不讓我們感到迷茫困惑和擔憂。說手練習的演示，太極推手的練習竟成了好為人師者照方生病的良

藥；推手與同好間的切磋幾經編排就成了武林高手間驚心動魄的生死對搏；武術套路比賽讓參加者有了表演的舞臺和精神釋放的空間，一文不值的獎牌沉甸甸地掛滿胸前，獎狀證書沉甸甸地捧在手裡，讓獲得者感覺找到了自我和武學的成功；那些以太極推手練習為樂趣的所謂優勝者們，也終於有了一種天下獨尊捨我其誰而不可一世的豪氣，儼然以太極大師、一代宗師而自居，臉上掛著孤獨求敗的痛苦神情，難以言狀的故弄玄虛令人作嘔。以上林林種種的醜態百出的弄虛作假的中國武術行當裡的人與事，讓所有追求武學真諦而冷靜思考的人們不由得感慨，不由自主地去深思這一滲透到中國人骨髓的由來已久的社會精神文化現象。曾有社會學者甚至入木三分地對這種社會現象做出點評，深刻闡述了中國人為了滿足自己在現實中無法實現的願望，解決殘酷現實所帶來的生活壓力，歷久以來時常做的幾種理想夢：帝王夢、武俠夢、鴛鴦風流夢、狀元夢、征服夢、報仇雪恥夢、自虐虐他夢等等，指出：在冷兵器時代結束之後，隨著社會文明的進步，中國的武術運動已經淪落成了中國人用來意淫和自慰的一種精神鴉片了。在我三十多年習武求道修真的歷程中，是實實在在的技擊實打，摔跤、拳擊、散打的練習對我認清中國武術行當中的門道兒起到了很大的幫助。

　　一九八五年除夕夜，年輕氣盛，野心很大的我在拳學筆記中大言不慚地寫下了武學世界觀：「天下武學為一家，其義曰皆為用於搏擊強身耳，故吾以為天下武術之勁共然也。勁分剛柔、急緩、明暗、化放，諸如此類也。但古往治武學者，必以自身渾渾浩浩，鼓鼓蕩蕩，彈性存身為自得矣。昔孫祿堂熔太

極、八卦、形意門技藝為一體，其之謂也。余以為治武強身搏擊但研磨一勁學即可矣，勁學之基何來？拳理之謂也，所以外家通內家，內外並行矣。」如今看看當年的筆記，不由得啞然失笑，覺得有趣。人類的相搏意識由來已久，技擊相搏對打之術是人類的弱肉強食社會法則的體現和客觀要求，外國叫拳擊，中國叫武術，其實就是名詞不同罷了，從相搏的目的來說，實質是一樣的都是一個「武」字。不只是從何時起，也不只是誰發明和臆斷，「止戈為武，放下武器，化解爭鬥」就是武的涵義一說見諸於各方面的官方文字資料，「止戈為武」成了對「武」的一種賣弄文雅的詮釋。對此，我是反感的，並且有截然不同的想法的。既然是字面解釋，那我們就從古文字的訓詁上好好理論一下，許慎的說文解字確實是說了：止戈為武，但這是說文解字，只是表明武是個由止戈組成的會意字。那麼這個會意字的本義究竟是什麼意思呢？許慎說文解字曰：止戈為武。戈是兵器，是用來戰鬥征服殺人取勝的；止字訓詁為象形字，踵也，如企字訓詁：企者：舉踵也。這樣我們就很清楚了，這武字的本義就是一個人發怒奮然操戈而起身之意。按照現代的白話語言，武就是心裡生氣發火了，站起身來操著傢伙準備打仗拼命的行為，老百姓常說動粗動武，就是這個意思。所以，那種美其名曰望文生義：什麼止戈為武就是平息戰事，是崇尚和平的對武的解釋完全是對武之本義的歪曲。試問：如果一方平息一方為武，難道抵抗的一方、抵抗的過程就不是動武了？難道要稱其動文不成？我這個關於中國漢字武的本義的觀點和解釋，一憋三十年，今天被我第一次白字黑字地寫到書上，目的就是想把中國的武術搞明白說清楚。武

是站起身來操著傢伙準備打仗拼命的行為，是一種實實在在的看得見摸得著的具體行動，絕不是心裡詛咒發狠痛恨對方的看不見摸不著的內心意念活動。順著這個思路，我們知道了中華武術是幹什麼用的，隨著歷史的發展，以及人們對武的實踐的不斷深入，並且不斷進行文字的總結和理論的歸納，中國的老祖宗的聰明智慧才不斷地顯現出來了。在中華武學的發展過程中，一些樂於此道的有心人，我們常說的中華武術的老祖宗們便開始琢磨這動武之道了：「動武用粗玩命說來簡單的很，這是人的本能，用不著學習。動武用粗玩命的目的是征服戰勝對方，所以，必須得有兩下子才行，按照現在時髦的說法就是你得有點技術含量，否則，靠蠻幹是不能取勝對方的，尤其是對方在實力上超過自己的時候，更得講究點韜略增加一些技術含量，否則，就是自取滅亡。」於是，一門研究在動武的時候施展搏殺技術的行當逐漸形成了，老祖宗們總結實踐經驗，研究和演練出用於人們防身自衛動武時有效地搏殺征服對方的技術，並形成逐漸形成體系和理論文字謹慎而秘密地流傳於世，這就是我們所說的中國武術的由來。

學武術就是為了有兩下子，可是費勁扒拉地學了一大頓，上了臺落這麼個下場，實在是窩囊和悲慘，多不值得？要知道這還不是真打，是比賽？當然，比賽是一種運動，實戰又當別論，有人會說，拳套護具限制了傳統武術的發揮，我覺得此言不妥，因為把失敗的原因統統推到護具和規則上，顯然是一廂情願的想像，須知，去掉護具和所有的規則，不僅我們可以踢打摔拿隨便任意自由，對方也同樣不是個低智商的只會抱著兩個拳頭，而只會用拳笨打蠻幹不知變化。所以，中華武術既然

是門技術，它就主張個技巧，這個技巧就是招術和辦法，武術反對撒野蠻幹式的生打硬拽和死扭活纏耗費體力。因為，是個七情六慾具備的人都會發怒動武，但是，這種不用學就會的蠻幹式的動武絕不是武術。武術要有玩命的精神，但不能有玩命的愚蠢動作，只攻不防，如果是那樣的話，直接撒野玩命好了，也根本用不著專門學習和練習，真正的武術一定是門對敵制敵有效管用的技術，否則，上陣不能制敵，下場不能健身強身，祛疾養生，這種既不能治身，又不能克敵的東西，我們為什麼還要把它當做技術來學它呢？並且花費大量的時間人力物力財力，還得費功夫假以時日地熟能生巧，甚是辛苦。若認為能打幾套拳路，練練對打，練練推手，就是會武術，套路、推手比賽拿個獎牌就能稱為武術冠軍，會幾種拳套就是武術家，經過幾輪評比就是武術多少段，如此種種這樣顯然是真正的誤解和葬送中國武術，怪不得外國的知名人士都說中國的武術是向舞蹈和藝術方向發展。這個情況和現實的出現原因在於近世以來，無論是政府部門、學院團體、還是民間人士，相當數量的人把武術當成了一門營生和飯碗，早已偏離和違背了武當少林功夫關於嚴禁打拳賣藝、看家護院的戒規戒律。中國傳統武術既然已經丟了魂兒，剩下個行屍般的軀殼，所以，只能用套路越來越多，花樣越來越多來招攬熱鬧。林世欽在其所著《武術指南》一書的〈國術館改進〉一文中指出：「今日所有門派者，想係前代習武術者，獨創一種新的拳套，以示己之所有，志在足其名利之私而已，非自古如是也。其最耐人尋味者，為某派正宗，或某派第幾世之類。當事者自認為是一種光榮，而列其門牆者，亦以為此是正統，由此可以學得真正的

功夫，並竊喜所投得人，卑視他人為旁門邪道，朝野知名之士，亦間迷信之者，從事讚揚，故為奉承。至於此人是否堪稱為武術家，有無武術的技能，卻不加以推敲。前面講過，最初創立門派的鼻祖，並非有何特殊技術，只是為了滿足竊名劫利之私，編造新奇拳套，別成一格，以示自我所傳，其動機就是騙人。如此說來，則知其某派正宗，正是騙人正宗，也是受騙正宗；某派第幾世，正是騙人第幾世，更是受騙第幾世，像這種騙人者不知，自受騙者亦不自知的現象未免令人慨歎！因此之故，現代一般拳教師，為引人注意起見，不得不自行宣揚，所謂功純藝精，十八般武藝無不精通。其實件件皆通自亦未必，能精其一，已非常人可及，況此等武藝籠統歸納不過一種，詳細分析，實不止十八種，甚至百種亦不為過，為拳師者又何必作此欺人之談也。」林先生的話未免有些過激和絕對，但是，確屬肺腑真心話，是視中華武術發展狀況之混亂而心急之言。說到習武從師的某門某派第幾代的問題，我卻覺得有門有派也不是個可恥的事，關鍵在習武者個人的修為和追求，內心有個對待，一方面要敢於承認自己的門派和師承，敢於說自己學了哪兩下子，另一方面，心裡還要清楚和牢記不能有門戶之見，牢記自己的責任是追求武學和道學的真諦，而不是為了一門一派的搖旗吶喊，而把自己畢生的精力放在所謂門派和拳架套路的宣傳上，那樣的結果豈不是與奴隸無疑？

　　擂臺上也不是玩命，較的是技法，講的是術理。都說中國武術是中國傳統文化的瑰寶，是偉大的文化遺產，一大寶貝，應該認真的整理，過去武當隱的厲害，沒什麼人出來，但這並不是說武當派沒有功夫，而是武當派有它自身嚴格的門

規戒律，其不入世的特點是由其道家修真的特點所決定的。其實，不僅是武當派的武術高人，傳統的練家子，不顯於世，即便是少林峨眉派的正統修練者，也照樣深隱不露。所以我們要去偽存真，不能把什麼都歸到武當裡來。對那些挖掘出來的真東西。一不要亂改，二不要亂拆，那樣會面目全非的。各門各派的江湖上的武林高手名家的傳說，雖然有演繹虛誇的成分（中國人歷來如此喜歡作各種各樣的美夢：皇帝夢、富貴夢、俠客夢、風流夢等等），但是，各門各派的技藝除掉虛假花哨誇大的成分之外，必有所謂「一兩下子」看家的本事，說到武當內家功夫更是如此，有兩下子的「高人」是大有人在的，但是，隱藏的很，因為有「武當門規」，所以絕對不輕易傳人，祖師立下門規這是習武之人都知道的，學武當技藝：第一嚴禁江湖賣藝；第二嚴禁看家護院；第三嚴禁恃強凌弱等。換句話說，不得把「拳藝」當做一門謀生的職業來做，靠學會的本事當飯碗去賺錢過日子堅決不允許。

三、「得其一二亦足勝少林」──武當派內家拳功的本來面目

說到武當內家拳功就不能不說一下歷史悠久的中國道家修真，在距今天六千至八千年之間的河洛圖問世的上古時期，我們的上古聖賢──勞動人民的先進代表們，就積極地摸索和總結生存經驗，探索天地人三者的奧秘，在「仰觀天象，俯察地理」的過程中，洞徹了物質世界起源乃是從無到有，在從無到有的過程中是由一氣之變化而為陰陽二氣之變化，循環往復，周而復始，無始無終，這種氣的陰陽交替動態平衡發展

變化的過程，就是「天道」也就是「自然之道」。上古聖賢用了「太極」這個最樸素的哲學概念來表述「天道」「自然之道」的核心內容。上古的聖賢發現人的生命體運動也和天地之道一樣，要獲享天年，必須遵從自然之道的法則。於是有了中國古典的人類太極運動。所以《黃帝內經·素問篇》：「上古之人，其知道者，法於陰陽，和於術數。」這一時期有了解釋太極；陰陽；五行；八卦的經論——易經與易傳。有了完善的理論做基礎，一時間百家爭鳴，進一步促進了太極理論的完善。在四川三星堆出土的青銅器中（約西元前四千五百年至五千六百年前），以及洛陽出土文物漢代彩陶中都有其功法造型，四千年前的《易經》中〈履〉文，及〈洛神賦〉中都紀錄和記載了有關人類太極運動的淵源與特點。

在先秦諸子百家中，黃老之學把道作為最高的哲理範疇，主張尊道貴德，效法自然，以清靜無為法則修身治國，因此被稱為道家。太極運動的第一個具有歷史代表意義的人物——李耳，人稱老聃，他留下了具有深遠的歷史與現實意義的《道德經》。這部經典也是後來太極拳修練者所奉為圭皋的經典。

昔孔子曾三訪老子之事，《史記·老子傳》記載最為詳盡：

老子者，楚苦縣屬鄉曲仁里人也。姓李氏，名耳，字伯陽，諡曰聃，周守藏室之史也。

孔子適周，將問禮於老子。老子曰：「子所言者，其人與骨皆已朽矣，獨其言在耳。且君子得其時則駕，不得其時則蓬累而行。吾聞之良賈深藏若虛，君子盛德容貌若愚。去子之驕氣與多欲，態色與淫志，是皆無益於子之

身。吾所以告子者，若是而已。」孔子去，謂弟子曰：
「鳥，吾知其能飛；魚，吾知其能游；獸，吾知其能走。
走者可以為罔，遊者可以為綸，飛者可以……。至於龍，
吾不能知其乘風雲而上天。吾今日見老子，其猶龍邪！」

　　老子修道德，其學以自隱無名為務。居周久之，見周之衰，
乃遂去。至關，關令尹喜曰：「子將隱矣，強為我著書。」於
是老子乃著書上下篇，言道德之意五千餘言而去，莫知其所
終。所謂「猶龍邪。」正是孔子對老子修真得道後的神與形的
形象的描繪。此時人們對太極運動的認識是樸素的，也是高層
次的，人們追求的是對道的體認。所以，如果我們溯本求源，
今天的太極拳運動在此時尚處於未名的古典太極運動階段。
　　據二十世紀著名太極拳專家吳公圖南先生於一九八三年十
一月十五日所寫《古譜太極功本末說明》中介紹，清光緒末年
獲友人張君熙銘先生所贈清初手抄本《宋氏家傳太極功原流支
派論》，「後為許禹生所知，遂抄寫六本分贈許禹生、吳鑒
泉、楊少侯、劉彩臣、劉恩綬、紀子修各一本。子修先生曰不
可再贈送他人為要，因此，予遂未再抄送他人。其後有吳君鐘
需者，與予有同學之誼，持去此書去抄，將此書中許多字挖去
復還，幸有抄本尚在，原書尚能核對，此亦該書不幸中之幸
也。但該書雖缺數字，未便添補以存其真，只有另列一表，以
說明之，較為適宜。文革時期斯書尚存，但已不能下指，於是
由中國書店老技師劉君精心為之修復，還其本原，經鑑定該書
為清初抄本，於是數百年前之舊物，又能可以翻閱矣，快何如
之！」這是目前國內現存的最早有關太極功的文字記載。由此

說明，在明末清初，古譜《太極功》已世代流傳不記其年，足以證明太極功（拳）的歷史源遠流長，絕非始於明末清初。

《古譜太極功》一書記載，西元五百年的南北朝梁武帝時，梁人韓拱月夫子（502-557）創編太極功。皖南休寧程靈洗年輕時，從韓拱月夫子學習太極功苦練多年有成，步履輕快，日行二百里。嘗以徒手搏數十人不喘，以太極功訓練裡中子弟禦侮。會太清二年八月，侯景叛亂，梁京建康被陷。程靈洗應徵防守歙州，迄元帝平亂後，以程氏防守有功授為休寧太守所著《觀經悟會法》云：「太極功非研易不能得，尤須朝夕悟在心內，會在身中，超乎象外，得其環中，有人所不知而己獨知之妙。」另傳韓拱月夫子所授〈四性歸原歌〉：

世人不知己之性，何能得知人之性。五性亦如人之性，至如天地亦此性。

我賴天地以存身，天地無物不成形。若能先求知我性，天地授我偏獨靈。

但觀此歌用言，決非梁朝時用語風格，疑為後人假託韓夫子之名而作。傳有用功五志：敬，緊，徑，勁，切。後為內家拳遵為用神秘訣。

太極功由程氏世代家傳，歷五百五十八年至宋紹興間，有進士程珌（1164-1242），官至吏部尚書，拜翰林學士晉封安君侯；稱擅長遠祖程靈洗一脈流傳下來的太極功。程珌精研易理，改太極功為小九天（丹霞子注：後世練家曰此乃小周天之音誤，有其理在焉），共十五勢，勢名有：七星八步，開

天門，什錦被，提手，臥虎跳澗，單鞭，射鷹，穿梭，白鶴升空，大襠拳，小襠拳，葉金花，猴頂雲，攬雀尾，八方掌。

程靈洗之太極功，在程靈洗鎮守歙州時，傳此太極功給羽士于歡子。于歡子於唐代睿宗景雲間，向醉心黃老修為的歙州城北許村散仙許宣平傳授道家靜坐功與太極功。許宣平得傳後，乃隱入新安城陽山，結茅庵棲息，避食煙火。許宣平身長七尺六寸，披髮赤足，鬍鬚過臍，時隱時現，人稱散仙，輕縱騰躍，形及奔馬，來去無蹤，鄉民咸知為高人，或有請益，則佯笑而不答，唯鄉中有德者，得其傳授。每負薪入市，獨吟曰：

> 負薪朝出賣，沽酒日夕歸；
> 借問家何在，穿雲入翠微。

李白慕名訪而不遇，題詩望仙橋「我吟傳捨詠，來訪真人居。」感歎而歸，（丹霞子查閱此詩詩文如後：《全唐詩·李白補遺》引〈詩話類編·題許宣平庵壁〉云：「我吟傳捨詠，來訪真人居。煙嶺迷高跡，雲林隔太虛。窺庭但蕭瑟，椅杖空躊躇。應化遼天鶴，歸當千歲餘。」）許宣平所傳太極功共三十七勢，故名三世七，亦名長拳。傳至十四代為明洪武初年的宋遠橋，以太極功著稱於世，自言為許仙許宣平之後代傳人。

民國初年，項城袁世凱帝制失敗。幕府機要宋書銘，本清末詞林鉅子，精研易理擅長太極功，自言為宋遠橋之十七世孫，其拳亦名三世七，以三十七勢得名，推手法則與當時流行

之太極拳相同。其時北京太極拳名教師許禹生，紀子修，吳鑒泉，劉恩綬，劉彩臣，姜殿臣等，聞宋書銘之名皆連袂往謁，與宋推手。時宋書銘七十老叟，但眾名家皆動靜不能自持，奔騰於宋之腕下，於是均執弟子禮，從學於宋之門下，時在一九一六年秋末。

宋氏太極功直接影響並導致了太極拳吳氏架的形成，目前太極拳吳氏架門內，凡正傳弟子皆存有宋譜。說明吳氏架門人，追求脈傳宗風的練拳原則，是尋根的表現。宋書銘所傳《宋氏家傳太極功源流支派論》記述太極功源流甚詳，對太極拳修為與悟道極有幫助。宋氏所著內功原道明理諸篇已廣播於世，宋氏晚年沈潛家居，抱道自娛，後遷老家保定作古。

此外，唐末大和間，皖南江北懷寧方士李道子，原名道山，童年學道九華山，後隱潛深山築觀修練，避火食，日啖麥麩充饑，嘗雲遊武當山，久居南岩宮，擅長太極功，但師從何人並無交待，所傳太極功亦名先天拳或長拳。宋代時傳與江南寧國府涇縣俞清慧及俞一誠父子，從此俞氏世代家傳。歷二百年後，至明洪武年間，俞氏後人俞蓮舟，俞岱岩同負太極功盛名，連絡各家太極傳人：宋遠橋，張松溪，張翠山等同遊武當山。道經玉虛宮拜見張三丰，乃共師受教月餘。回程遇老道，蓬首垢面，自稱夫子李，問及俞清慧；俞一誠父子時，俞蓮舟忽想祖師李道子，悚然曰：「此吾祖名字。」老道曰：「既是世代緣份，吾當教汝些功夫。」俞氏再拜受教，從此功夫大進。第二年，七人重訪武當山，李已不見。夫子李應是李道子，李道子是太極門中得證延年益壽，長生久駐大道的一代宗師。其所傳太極功歌訣：

無形無象，全身透空，應物自然，西山懸磬，

虎吼猿鳴，泉清河靜，翻江播海，盡性立命。

又有胡鏡子者傳《後天法》十七勢，肘法較多，與先天拳照應。此法傳宋仲殊，宋為安州人嘗遊姑蘇臺，於柱上倒書一絕：

天地久遠任悠悠，你既無心我亦休。

浪跡天涯人不管，春風吹笛酒家樓。

此法後傳至明代殷利亨等。後天法名目為：一陽肘，二陰肘，三遮陰肘，四肘裡槍，五肘開花，六八方捶，七陰五掌，八單提肘，九雙鞭肘，十臥虎肘，十一雲飛肘，十二研磨肘，十三山通肘，十四兩膝肘，十五一膝肘。

張三丰，名全一，字君實，遼東懿州人。出生於南宋理宗淳佑七年四月九日（西元一二四七年），生而稟賦不凡，十九歲補中山博陵令，遊葛洪山，忽萌訪道參玄遁世之念。三十九歲時父母去世遂絕意仕途奉歸遼陽。此間因遊旅防身需要，三丰也精於武術之技。忽遇邱姓道人來訪，曉以玄理，於是束裝出遊，走遍名山古跡，且行且住凡四十載。至陝西寶雞看山澤幽邃清靜，乃就住於此。中有三尖峰，蒼潤可悅，遂自號三丰居士。西元一三一四年（元延佑元年），六十七歲時，入終南山修練，遇陳摶弟子火龍真人，得傳修真大道，靜修四載，奉命闢地修練。混跡民間練性十年，泰定甲子（西元一三二四年）春，南登武當山，隱形潛修調神九載，道乃大成。學識修真，橫貫道儒釋三教。

太極功作為一門修真的道藝與法器，儘管已經系統完備，但是，傳承上僅限於道門修士間的隱修隱練，並沒有傳到俗世間。三丰居士原本是遵循「道不干政」「出世無為」的道家原則來修練的，但是由於社會的發展，世俗環境的變化，原本清靜無為性命雙修的道門法要也要突顯其無為無不為的內涵。一方面要追求以有形練無形的性命修真之道，另一方面還要養生延命，以武護道，如何把兩者合二為一，成了三丰居士的研究課題，其實，自古以來，中國的修練家們在靜功修持到一定成就的時候，自然會有先天功能的開發和顯現，為此，三丰居士結合儒釋道三家修真的功夫，結合已經學練掌握的中國傳統武術，尤其是少林派拳術，對中國武術的核心技術進行了深入的研究和破解，總結和研究，歸納分析出的結果表明：以所謂少林武術為代表的中國傳統武術遵循了一個常規的習練模式和思維定式，即：通常情況下，操練者操練少林派常規武術，遵循的是招式化招術，是功為招用，講究拳勢招法數量的繁難，以複雜和招法的數量堆積來充顯其武術功夫的實力。所謂招，就是一招一式。是外在有形的一來一往，而所謂術，即是內在的勁氣力功的運用，是無形的，常常是變化莫測無跡可尋，所以也稱為法術。眾所周知，許多得到內功的傳授並且操練所謂少林派拳法的練家子們都會遵循內練一口氣，外練筋骨皮的原則，會在修練過程中，化繁招為簡要，以簡單成方法，以無招對有招，以無法對有法，以內功化成法術；像這樣修練有成，術業有專攻，人稱行家裡手的傳統練家子，大有人在，所以，武術在向武學演變的過程中，習武者對武術真髓和真諦的追求，也由追求外在的招數轉向對內外兼修、身心俱練

的內功方面的追求。太極拳功的傳承與發展到了元末明初，張三丰這位中國歷史上，在道家修真的實踐歷程中繼往開來修成圓滿的道家修士，繼承整理並完善了太極功，並在此基礎上，在武當山上開內家太極門，立宗立派，對後世的武學和修真方式產生了前所未有的巨大影響。可以這樣說，當時的張三丰祖師就是總結和遵循了當時這些成功的武學實踐經驗之後，把以內功的研究和追求做為武學修練真諦和目的的中華武學先賢的傑出代表。自三丰祖師將內含有：養生、防身、開悟、明理、入道玄機的太極門內丹功之外架功法傳下來之後，繁衍變化，豐富發展，於是，有了武當派內家拳功體系。

武當派內家拳功這種新型武學修練模式發端於武當，其功理根植於道家太極陰陽學說，後世修練者於是尊奉張三丰居士為武當內家拳的開門祖師。自張三丰祖師起，內家拳以其高深莫測之內涵受到世人的矚目。從此，武當派或武當內家派與少林派也就遙相對應，自樹一門。三丰祖師所傳武當派拳功，傳拳非傳拳，傳道而不言丹，高標隱逸，忽隱忽現，有緣者得之，有緣者修之，它是以求度人教化為根本目的的。初期的武當派內家拳功實乃太極功，也就是後人所稱南派太極拳。張三丰祖師將其形象的稱為長拳，如長江大河，滔滔不絕。長拳者，一勢循環，往返不停地演練也。張三丰祖師是太極拳運動發展歷史上一位繼往開來，功績卓著的集大成者，後世太極拳諸家流派幾乎都奉張三丰居士為武當內家太極門的祖師，甚至有的太極拳流派把張三丰奉為太極拳的發明者，這些均是中國傳統文化中循宗尋根的敬意

和傳統儀軌與風俗，也是對他作為一代武學修真大宗師的肯定，但是大宗師和祖師絕不等於張三丰居士是太極拳功的創始祖師。

黃宗羲（1610-1695），字太沖，號南雷，浙江餘姚人，被學者們尊稱為梨洲先生，是明末清初傑出思想家。其父黃尊素為萬曆進士，天啟中為禦史，是東林黨人，因彈劾魏忠賢而被削職歸籍，不久又下獄，受酷刑而死。黃宗羲憤科舉之學錮人，恨閹黨宦官亂政，心思變之。隨發心盡讀家藏之書，且建「續鈔堂」於南雷，以承東林之緒。又從學於著名哲學家劉宗周，得蕺山之學。十年後，在南京參與一百四十人公佈《留都防亂公揭》，揭發閹黨阮大鋮的禍國殃民之罪，遭到殘酷鎮壓，亡命日本。清順治二年（1645），清軍南下，弘光政權崩潰，魯王朱以海監國於紹興。清軍入關後，黃宗羲招募裡中子弟數百人組成「世忠營」，在餘姚舉兵抗清，達數年之久，魯王政權授以監察禦史兼職方之職。在配合張煌言進行復國活動失敗後，漂泊海上，至順治十年（1653）始返回故里，課徒授業，著述以終，至死不仕清廷。黃宗羲為學領域極廣，成就宏富，於經史百家及天文、算術、樂律、釋道無不涉獵，而史學造詣尤深，清政府撰修《明史》，「史局大議必諮之」。黃宗羲一生著述頗豐，與顧炎武、王夫之、方以智並稱為清初四大家。黃百家是黃宗羲的季子，是個天生的奇才，他的學問跟他的名字一樣，百家都通。他出生於明崇禎十六年（1643）的十月二十六日，孺名竹，名百學，後來又改成百家，字主一，號不失，別號黃竹農家。他兩歲的時候，遭「甲申之變」，內憂外患，隨父親黃宗羲為抗清奔波，過著漂泊不定的生活，以

至到了成童之年，也沒開始讀書。六七歲時才開始讀些四書五經和句讀。黃百家十七歲時，萬斯同從寧波到餘姚龍虎山堂拜謁黃宗羲，他與萬斯同聊了許多，萬斯同問他近來讀什麼書？黃百家說沒有老師教啊！萬斯同就說，有您父親這樣的大師在，你難道還要去找其他的老師？黃百家說家父並不曾給我督課。萬斯同說：「嘻！人之樂有賢父兄者，豈必藉其諄諄訓誨乎？貴在自己，默臭其氣耳！」（引自：黃百家《萬季野先生斯同墓誌銘》）萬斯同的一席話令黃百家茅塞頓開，從此他立志讀書。父親的實際行動與潛移默化的作用是巨大的，黃百家的興趣與成就多半來自於父親黃宗羲的影響。黃宗羲先生把黃百家送至武當派內家拳大家王征南先生門下，學習武當內家功夫，卓有成效。黃宗羲先生在後來的〈王征南墓誌銘〉中說：「少林以拳勇名天下，然主於搏人，人亦得以乘之。有所謂內家者，以靜制動，犯者應手即僕，故別少林為外家，蓋起於宋之張三峰。」黃百家先生在〈學箕初稿・王征南先生傳〉中說：「自外家至少林，其術精矣。張三峰既精於少林，復從而翻之，是名內家，得其一二已足勝少林。」後代之人正是在黃梨洲所作的〈王征南墓誌銘〉中，得知了通過理論文字所記載的有關武當派內家拳之特點與神妙，知道武當內家派乃始自張三丰祖師。

　　黃宗羲之子黃百家，從王征南先生學內家拳於浙江四明寶幢之鐵佛寺，留下了〈學箕初稿・王征南先生傳〉。從這篇〈學箕初稿・王征南先生傳〉這篇文章中，後人更進一步得知，武當內家拳法，不是無源之水，乃是張三丰祖師在既精於少林的基礎之上，復從而創新翻之，是運用一翻字原理，變化

而得成，從此，以自家為內行而區別於外行的外家，取名內家功夫。這是有文字記載的關於武當內家拳功夫是三丰祖師在既精於少林之基礎上，復從而翻之而成的歷史文獻資料佐證。黃百家接著說道，修練武當內家拳功還有著「得其一二已足勝少林」的宏效，這句話過癮，省事，對於急功近利的後人非常有吸引力，讓人不由得望文而神思遐想。

　　既然有文字記載說三丰祖師是翻外家少林而成武當內家，是反其道而行之，具體的操練法又體現在哪些方面呢？按照武當內家拳法的演練模式，武當內家拳是不同於少林外家以招數化招術，以拳勢合理數的常規武學模式和方法的，它是一門新型的：以理造勢，以理求法，以法化術，以術成招，術為功用；因勢運氣，因氣生機，行機合理，理法兼備的武學修練模式。尤其是道家修真者把此套新型的武學修練模式納入以內丹功為內容的修真之道中，突出以道為核心，以道為靈魂，以修真得道證道為終極目的，把這門新型的武學的技擊制敵，護體護道的功能作為漫長修真之道之末學；把這門新型的武學的強身健體，養生益壽的功能視為修真築基階段中的延年續命之小術，把養生與技擊的功能統括在入道修真之中，這就為這門新型武學賦予了：以武載道，以武悟道，由靜入道，以武演道，武道合參，與道合真的新的內涵和豐富的精義。

　　武當內家武學是三丰祖師翻少林而成的內家，所以，我們後人修習武當派功夫就要在翻字上深悟領會。翻者，反其道而行也。武當派內家拳功是以理造勢，以理求法，改變常規的思維模式，講究功就拳成，招術為功所用。心有所應，身有所感，身如流水，自得自應，應物自然。尤其在拳功外露施

用方面嚴格遵循太上老子道德真經中「一曰慈二曰儉三不敢為天下先」的道家三寶之訓，主張隱忍涵讓，委曲求全；技高謙和，以靜制動；困而後發，高術莫用；對敵待勢，無招無勢；出手見紅，一招必殺；拳功為護身，護身為護道。由於武當派內家拳功修成後具備極大的殺伐戾氣，手段極為陰險狠重，因此，歷代修習武當派內家功夫的人都嚴格遵守心存好生之德，貴隱不貴顯，深藏而不露的規訓和戒律，嚴格地擇其人而授之，非其人而不傳之，在傳授方式上是師傅選弟子，選擇內脈平和，根性穎悟，稟性仁慈，性情穩重，勤於修為，一心向道的載道之人進行傳授，與外家俗世武行賣藝那種徒弟慕名找師傅，只要徒弟有錢有勢有地位就可以學的做法大相逕庭。並以此來區別於方外有為之術，其根本目的就是避免習練者內心浮躁而四處輕浮孟浪，顯擺所學，惹事生非，無端招惹來殺伐之事，不僅會擾亂道門修真之清淨，還會導致禍患於自身，糾纏不斷。

武當派內家拳功練法簡約，架勢簡練，易學而難精，講內涵，重內在，內執丹道，外顯金峰，練拳即是練功，練功即是修身，執簡驅繁，以一驅萬，主張得其一萬事畢，得其本而不愁末。強調練理、練勢、練機、練氣，正所謂道家後天修為的練己命功也。法術是無形的，故隱之於內；招式是有形的，故顯之於外，所謂招術招術，有內外之別，盲修瞎練者不知此理，竟以通常思維錯認招法為法術而落入武學修練的歧途之中。武當派內家拳功隨著時代的推移，歷經發展，可以說是泥沙頓下，魚龍混雜，已經背離了三丰祖師創立武當派內家拳功的初衷，已經違背了武當派內家拳功在創始之初就不設套

路，不搞散手和對練，性命雙修，以武演道的風範和特點。已經脫離了三丰祖師翻少林而為武當的初始面貌。所以，今人看所謂武當派功夫是套路花樣越來越多，求外不求內，求招不求理，求名不求意，求利不求義，今人已難見武當內家脈傳宗風。武當內家拳功高標隱逸，卓爾不群，不入俗流的道家修真風骨已經是蕩然無存。所以，三百多年前的黃宗羲在〈王征南墓誌銘〉中記載了王征南先生這樣一句話：「今人以內家無可眩耀，於是以外家攙入之，此學行當衰矣。」三百多年前的武當內家拳大師王征南先生這句話告訴我們這樣一個道理：正是因為後來的修習者們，急功近利，心浮氣躁，心存隨時隨地地以武力制服他人的迫不及待的念頭，無視武當內家功夫的修練機制和原理，急不可待地以外家拳法花樣攙和進武當內家拳功之中以便於能夠實現其練習武當內家功夫可以做到快學快用的一廂情願的個人目的，結果導致了武當內家拳派功夫體系的沒落，使得當時的武當內家拳功——南派太極拳功散亂而入俗，逐漸發展成為後世民間散流之太極拳，武當內家派這門武術絕學功夫從此衰落。

對於這一點，三丰祖師似乎早有預感，三丰祖師在其著作《大道論》中特別指出：「修道成真，法、財、侶、地缺一不可，須福德過三倍天子、智慧勝七輩狀元，方具備條件，千千萬萬修行者中，難得一人真知此道者。」王宗岳在解三丰祖師《太極拳論》中又特別說明：「非有夙慧之人，未能悟也。先師不肯妄傳，非獨擇人，也恐妄費功夫爾。」兩位祖師一番真言把太極拳功這門特殊新型武學的難學難練難成的問題向我們後人做了進一步的解釋。

由以上論述，我們可以清晰地瞭解到，人類太極運動在我們中國從無到有，是逐漸發展的，並在不斷的發展中經過了古典的太極運動、道家修真，形成系統的太極功，並在太極功的基礎上孕育並產生了太極拳功，再繼續發展衍化泛傳而有了今天世傳之多種多樣的太極拳架子，這樣如此回顧推算，我們通常所說的太極拳運動至今已有六千多年的悠久漫長的歷史了，所以決非「唐豪，顧留馨」之流誑論出陳王廷造拳的故事，而將中國太極拳運動歷史框定為距今四百多年的時間之內。因此可以這樣說，當今流傳並影響了太極拳界近百年的所謂「技擊是太極拳的靈魂，養生是太極拳的根本」的論點是需要斟酌對待的，因為，從理上來說，技擊和養生都是方法或者是功能，說到技擊，試問：哪家武術不講技擊？哪家拳術不講拼命？太極拳的所謂技擊一直以來飽受公眾的爭議：「把推手當實戰，把說手當高明，把表演當真實，把練拳架當做功夫，藉口規則遠離擂臺」等等，這些都讓真正用心於太極拳功的人們心存疑惑。說到養生更不必說，這是太極拳主打的招牌，其實養生這種維護生命保養生命的方法和手段，並不是只有太極拳功提倡，儒、釋、道、中醫、武學、西醫、現代保健學等諸家也都提倡和講究養生，養生作為維護生命保養生命的手段和方法，也是人生存過程中的一個本能，是人類在長期生存過程中，不斷總結經驗教訓而發展形成的觀念和思想方法體系，但是，方法並不能代表最終的結果，因為養生的最終結果是要看通過養生這種方式和手段，是否能夠達到減少疾病，強健身體，延年益壽的效果和目的。眾所周知，本人無需舉太多的事例，全國百歲老人中不會練太極拳的幾乎占

了絕大多數，相反那些以太極拳為業以教授太極拳來養家糊口的所謂太極拳大師、太極拳名家們卻往往是和普通人一樣壽命平常，而且得病死的為多，甚至有許多還是英年早逝，這些都是事實，在此不必一一列出姓名來，以免招致某些人的不快。因為，這用事實說明一個問題，儘管有很多人口口聲聲說練太極拳能養生，但是，實際情況卻是帶病堅持練拳、帶病堅持教拳，自己並沒有獲得延年益壽不老春的養生效果，這樣一來，就給那些啥也不會練的身體健康的老頭兒老太太們以及普通老百姓們提供了開心譏諷的話資。所以說，我們習練太極拳功，喜歡太極拳功，想繼承和鑽研祖國傳統文化技藝，身心雙修，這是件好事情，但是有個前提，就是要先真正弄明白太極拳功中所包含的太極之理，然後在老師和師傅的教導和指導下，靜心地深入習練。千萬不要一瓶子不滿，半瓶子晃蕩，拜師學習沒幾年，架子還沒紮穩，正處在一知半解階段呢，便人云亦云，浮皮潦草，不動腦子地跟著別人起哄，滿嘴胡說八道，東家長李家短的，這樣的人均屬於心浮氣躁、急功近利之徒，是練不好太極拳功的。我們對待太極拳功的技擊和養生功能，要分清方法與效果二者之間的區別，既不能誇大搞神秘玄虛主義，也不能等閒視之不深入思考研究，在對太極拳功的技擊和養生功能的追求方面不能說的太絕對，思想不能偏激排它，由此而忽視了太極拳功技擊與養生功能背後所包含的深層次道義。因為以道為核心，以道為靈魂，以修真得道，修真證道，修真成道作為終極目的才是張三丰祖師開宗立派創立武當內家武學的初衷和根本宗旨。明白了這一點，你才能找到真正的太極之門開在哪裡，也才能知道如何去邁門檻，如何拾階而

上，進而登堂入室，成為一名真正的太極門人。因為如果片面地宣傳「技擊是太極拳的靈魂，養生是太極拳的根本」這一指導思想，會直接導致學練太極拳者，執偏為全，以表為裡，投機取巧，急功近利，把太極拳功修練的形式方法和途徑當做太極拳運動的根本目，從而忽視了太極拳功深奧的內涵；會導致學練太極拳者把參與太極拳運動的重點和目標擺放在追求所謂技擊或者養生的表像功效上，從而忽略了對太極拳功的內功與心法的深入和實踐，從而徹底忽略了對太極之中所包含的宇宙天地生命大道的追求和明悟，其最終的後果是導致內涵深奧，法意恢弘，意味雋永，堪稱中國高雅之學的太極拳功變成了一種人人可以隨便參與的空架子慢運動，變成了一種大眾化的膚淺的簡單的體育健身運動。而名目繁多的太極拳操套路、太極拳操器械套路、太極推手的比賽表演活動所滋生的所謂太極拳名家、太極拳大師、太極拳特級大師、太極拳冠軍、太極拳王子、太極拳公主等等稱號，直接導致了太極拳功道家宗風的蕩然無存，導致了中國的太極拳運動的文藝舞蹈化與其體育競技運動的邊緣化，更直接加速了太極拳功這門中國高雅之學的沒落與衰敗。不斷編創的太極拳套路和不斷湧現的太極拳派別更使得傳統武當內家太極拳功誤導誤傳與面目全非，這樣的狀況，除了貽害無窮的後果之外，剩下的只有亂哄哄令人可笑的熱鬧。今天能效法祖師內外兼修，得幸能繼承一點武當派武學余續之人，已屬不易，更易慎思審思，明辨真偽，警惕和認清那些以演練和傳授一套太極拳架子，就四處妄充武當派武學傳人，自封太極拳大師的人，免受其騙，免受其害。

武當內家太極拳功是貫通天地，使天地人三才相合的引人步入修真正途的大學問，太極者天地之至理。諸位，這天地豈不是陰陽？這天地豈不是一橫一豎？這天地陰陽的大學問不正是一二嗎？武當內家派在技擊和養生的體用方面追求的是得其一而萬事畢，故而有了後來的內家拳論，有了黃百家〈學箕初稿·王征南先生傳〉讚譽武當內家功夫「得其一二，足勝少林。」的名句。這個立論從理兒上說是行得通的，這話聽起來也是很有誘惑力，讓急功近利投機取巧的世俗之人聽起來更會感到這是個省事的占大便宜的買賣。但是，話說的輕巧，實際實行起來卻不見得有那麼靈光，因為，功夫是要花費時間和精力吃苦修練出來的。「得其一二已足勝少林。」事情果真如此這般簡單嘛？作為武當內家功夫的集中體現和代表——太極拳功的修練為例，下功夫的練家子都有深刻的體會，得其一二已足勝少林。並不是那麼容易的事情。武當內家拳學以內為主，練內顯外，貴隱不貴顯，人前裝蔫，背後用功，不搞人前顯貴，背後遭罪的把戲，是屬於修真的途徑和法門。道家修真是世界上理想和願景最大的修行法門，它不僅追求肉身的長生久視，還要追求隱顯自如，聚則成型，散之為氣，豈是隨便說說的嘴皮子功夫。自古道家修為的追求境界最高，成功率也非常低，從某種角度說，道家修真的成功幾乎成了向道者的偉大理想而孜孜不倦地追求著，大多數人可以說是其結果是抱道而亡沒有結果，因此說，如果把握不好，道家修真即很容易落入神秘虛無化之中。古往今來，任何一門學問的理論與實踐都不是等量齊觀的。理論先行，理論領先於實踐，高於實踐，這是必然的規律，只有歷經無數實踐的反覆驗證，技藝水準提高

了，才能逐漸縮小和拉近實踐與理論之間的距離，所以，一門武學實踐與理論存在很大的距離這是非常正常的。一個學藝不精未成的還差著很大功夫的武當派內家拳手，在對付一個功力精純的少林派外家拳法高手時，此時「得其一二，足勝少林，」這句話，也就只能是一句過嘴癮的口頭禪，只能是武當內家的一廂情願的美好理想和願望而已。學藝不精，功夫不深的拳藝，此時也就成了中看不中用的花拳繡腿。反之亦然，一個從學少林，刀槍棍棒、軟硬兵器學得五花八門，百般套路，練得虎虎生風，但是，在一個得一而萬事畢的武當內家高手的眼裡，這些技藝就是白忙乎，是出力不討好的外家把勢，同樣是中看不中用，是不堪一擊的東西。此時才正好應驗「得其一二，足勝少林」那句話。所以，這樣說來，就應了古人那句話：天下沒有打不敗的拳法，只有打不敗的功夫。因為，任何一門拳法和技藝都是高僧大德、方家巨匠傳於後世的，都是自成體系，各具特點，均是我們民族的傳統武學瑰寶，不容輕視和另眼對待而心存分別之念。須知，不管你是少林武當還是峨眉派，你練成了、練的對了，武林人承認你是少林拳、是武當內家拳、是峨眉派，如果你練的不對，根本沒練成，毫無功夫可言，那對不起，什麼少林武當峨眉內家外家的，你啥都算不上，既然啥也不是，也就沒有必要打著什麼這派那派這門那戶的旗號，或者扛著師父祖師牌子四處招搖，說自己練的是正宗少林拳，是正宗的武當內家拳，是什麼嫡傳的峨眉拳等等，因為，這樣做的結果，只能被武林中人所恥笑。古人常講天下武林是一家，這句話可不是一句口號，不是嘴上說給別人聽的，而是要求自己行的道理。這句話的意義很

不簡單，這句話要求每一個習武者對於各自所研修的武學在內心裡都不能有一絲一毫的門戶之見，內謙虛、外恭敬，扎實踏實地練好自己的功夫，修身修德，不要東家長李家短地說三道四，要少說多練多看仔細悟，把精力放在武學內涵上。一個人在武學上得到了真傳授、有真修為、有真功夫的人，才稱得上是個地地道道的真修實練的人，你走到哪裡，都會得到武林中的真正練家子們的敬重，相反，依靠門派的聲名和聲譽，或者是依靠師父祖師的業績，招搖撞騙練嘴皮子的拳混子，走到哪裡，都會遭到真修實練低頭下功夫的人的蔑視，受到武林中練家子們的鄙視。明智的習武者此時此階段會趕緊反省，趕緊夾著尾巴，少說多練，勤修苦練，因為只有這樣才能把所學的功夫練到身上，才能使前輩的武學技藝便成自己的技藝和個人的無形財富。俗世人所說仙丹妙藥，到底有沒有呢？先人們早已說過確實有，所謂仙丹妙藥那就是一個「練」字，因為既便是仙丹妙藥也需要人日日堅持服用的，久久純熟才會技藝上身，進而步入道藝之門，一門一戶的武學技藝都放在那了，只說不練，或者練了，但是功夫沒到身上，那都等於是白搭，白費功夫。正所謂：「一把金鑰匙，日日隨身帶，開合自做主，身在太極門。」王宗岳解張三丰太極拳經「一羽不加至道藏」一句時解曰：一羽不能加，蠅蟲不能落。人不知我，我獨知人。英雄所向無敵，蓋皆由此而及也。這裡說道人不知我，我獨知人，這句話可是大有深意。武當內家功夫是眼睛向內用功夫，是專門研究性命之道的學問和技術，所以，這裡所說的第一個「我」，並不是指對象方位的人稱代詞我來說的，而是指人的本來自我的屬性，第二個「人」也是指人

的本來自我屬性而言，翻譯成白話文，通俗地說，普通沒有修練功夫的人，是不能內觀自身內部，不瞭解人的自然內在複雜結構和屬性，對於人體生命運動的規律和陰陽變化，無從認識，然而，對於有道家武當功夫的修真者而言，卻不是難事，因為，通過修練，可以逐步開發出許多諸如一羽不能加，蠅蟲不能落的先天所具有的良知良能，洞悉自身生命體的運動的規律和陰陽變化，提擎天地，把握陰陽，我的生命我做主，自我了脫生死，到了這個地步，難道不是英雄大丈夫所向無敵嘛？習功修真者得到了武當派修真法門的這「兩下子」之後，說出：「得其一二，足勝少林。」的話來也就極為自然。

　　功夫修行到了這一步，我們說武當內家功夫的「得其一二，足勝少林。」的可能和希望才剛剛開始，否則，「得其一二，足勝少林。」這句話，只能是紙上談兵夢裡事，說食不飽盡虛誇，不僅於事無益，甚而於世而有害。道門有言：君子報仇，十年不晚；留得青山在，不愁沒柴燒。三丰祖師在太極拳論中告訴世人：「欲使天下豪傑延年益壽，而不徒作技藝之末耳！」「想推用意終何在，延年益壽不老春。」太極拳功包含著大道智慧，大道啟示，有陰有謀，出妙計輔佐治國安邦，更可面南而視，區區一拳一腳單丁殺敵拼搏，豈非末技乎？丹霞子行文至此，恍惚間，忽與三丰祖師神遇，稍事休息，靜心再讀「得其一二，足勝少林。」一語，心中猛然一覺：此語乃暗示後人，一二者，陰陽也；一二者，養生延命一二百年也，長生久視之道也。哈哈，果真如此，「得其一二，足勝少林。」此言真實不虛矣。

第十四節　中華武術運動闡微

　　余自幼性好動，舞拳弄腿，胡亂而為。尤好聞奇俠怪傑、古代英雄之傳說。年稍長即拜師訪友，學武論技，先後習螳螂拳、五行通背拳，吳式太極拳、摔跤、拳擊等術，對迷宗拳、少林拳、羅漢拳、十路教門彈腿、山西車派行意四把捶也有涉獵，而最喜愛者，有七星螳螂拳、五行通背拳，吳式太極拳，楊式小架太極拳。十五年來，雖在學武途中多有曲折、辛酸、障礙，但余進取之志不墜，刻苦磨勵，朝悟暮想，對武學之道追根問底，特別是在全面掌握瞭解七星螳螂拳套路和技法的基礎上，豁然貫通終知武術運動之根本目的。

　　在身體力行、勤於實踐的同時，餘不忘理論之先行指導作用，自八○年代入高校學習以來的十年裡，閱讀武術書籍近百冊，各種涉及體育運動和武學的雜誌、報刊更是不計其數。並樂於同體育系之師生探討各種體育運動的特點、方法及效果，並在條件許可的情況下嘗試和參加各種運動，諸如田徑、球類、舉重、賽車、滑冰、體操等等，開闊了視野，增加了對各種運動的認識和瞭解。

　　中國武學作為一項體育運動，究竟與其他體育運動有什麼區別呢？餘以為：世界上任何一種運動與中國武學相比，都具有明顯的缺陷，原因在於中國武學集養生、技擊、欣賞（表演）為一體，對人體的鍛練是最廣泛、最充分的，它修正人心，改造生理、抒發情感，激發良能。對於這一點，餘有一條十幾年習武實踐過程中最堪稱道的一條體會，那就是中國武

學中任何一種、任何一派的修練境界都可以歸於一點—全身心的運動。這種全身心的運動不僅有筋骨皮的鍛練，而且有精神與神經的訓練，有內臟的鍛練，有氣的鍛練。這種全身心的運動結果是身體協調、內外相合、有感而應、一動俱動、一靜皆靜、脈絡能開能閉，氣血流通舒暢無阻。但是這種全身心的運動的靈魂是神經與心理的鍛練，精神的培養，失去了這一種，也就等於把中國武學等同於拳擊等其他運動專案，武學也就失去了它存在的意義。

中國武學這種全身心的運動結果，可使學者具備堅強的意志、無所畏懼的膽量、靈敏異常的反應、充足的氣力，迅速的動作。明確了這一點，則可對中國武學中緩慢的、急速的、大開大合的、短小緊湊的、柔和的、剛硬的、震腳淌泥而行的、邁步翩翩而動的、直來直去的、走圓打方的種種不同風格特點的拳學有個正確的認識，即任何一種門派的拳學都只是形式和鍛練手段而已。各門拳學有各門的精華，任何一種拳學皆能造就大家。而成大家者，又在於學者誠心嚮往、恒心一貫，並有超拔的悟性與學養做基礎，所謂拳都是好拳，關鍵看怎樣練。在這裡怎樣練就包含了如何實現全身心運動。

作拳好比書法之道，有楷、行、隸、篆、草之分，也就是說任何一種拳學只要能得「法」，自然能實現全身心運動。那麼所說的「法」指的是什麼呢？這個法指的是「法理」，是武學的根本目的。說的通俗一些即指「得勁」，也可解釋為拳勁上身。那麼拳勁是一種什麼勁呢？我解釋為一點彈性勁。這種勁要剛不剛，要柔不柔，剛中寓柔，柔中含剛，神經支配，本能發揮，還可解釋為靈機勁。這種勁是無數拳學大家終

身摸索，追求的勁。這種勁作為中國武學的真髓，以往武林中人，或故弄玄虛、閉口不談，或者誇大其詞，煩瑣解釋。余以為說成是靈機勁最為具體恰當，它是指得勁者，全身無處不有勁，隨意發動，本能發揮，所謂「靈機一動雀難飛」之意。

那麼究竟採取什麼方式才能得勁呢？余以為武學的研究也遵循這樣一條規律，由初級到高級、由不自然到自然以至天然、由單純的形體之練過度到行意相互結合的訓練，再昇華到形神兼備、形神統一的訓練。無論是樁、頂、腰、腿四大基本功，還是套路，散招都遵循這個規律。舉一例說明，初學者打一套簡單的套路，好比白開水一杯，而成大家者同樣打這一套簡單的套路，就會使人感到意蘊深長、含義萬千。那麼究竟怎樣才能由初級到高級呢？我解釋為初級的運試到高級的運試。初級的運試是指樁、頂、腰、腿四大基本功，初級套路以及輔助性的功法。輔助性的功法指所有單項練習的功法象少林七十二藝中的一些內容等。這一階段也是所謂招熟的階段，在這初級運試的過程中，學者非有三至五年的純功，而難以奏效。所謂根深才能樹大，水到才能渠成，只有基礎牢，才能有大成果。「由招熟而漸悟懂勁，由懂勁而階及神明」，此並非太極拳一家之言，實乃中國武學修練之普遍規律。當前武林中不乏江湖騙子，揚言「捷徑、速成」，純屬騙錢惑眾之鬼話，學者務必以唯物辨證的思想察辨之。

最終歸結到「運試」二字，運試可以顧名思義，理解為嘗試性運動，它是帶有主觀思想活動的全身心運動。因此意念活動主宰著這一全身心運動。這種意念活動是一種抗爭的、矛盾的、鬆緊的、彈性的、假借的意念活動，這種意念活動不

是獨立的，而是依賴於形體動作。單純的意念和心意是無用的空想，只有形神兼備、內外統一，才能學有所用，所謂得意忘形並非無形，而指形的更自然。所以說即使到了高級運試階段，學者仍要嚴格要求，於形體訓練不放鬆，如此才能形神，神形高度統一，如此才能達到武學之真運動，從而實現起、止、坐、臥時時在動，身體不養而自養，不動而自動，真所謂生生不已之動也。（作於1990年4月28日。）

第十五節　與武學修練相關的二篇文章

一、看破浮名忘自平──逝去的于植元先生留給我的感悟

植元先生於二〇〇三年的元月二十五日辭世，今年是第三周年。我最後一次與先生相見是在一九九三年的春天，先生應邀參加一家酒店的開業典禮，先生是貴賓，站在酒店的門前，我們這些所謂的嘉賓，只能站在一邊。先生看到我，很是親切，握著我的手，詢問我是否脫下軍裝？並送給我一張反正面上印著四十多個頭銜的新名片，囑咐我抽時間去家裡一敘。先生神采奕奕，慈祥地微笑著，一代大儒的風範，先生高山仰止，而我是個在部隊裡苦熬十年，學無長樹，業無所立的即將轉業的共軍上尉。先生的熱情客氣我只當作逢場的應酬，豈可立刻當真？但是我的內心卻暗暗下了決心，若非學業、事業、功夫沒有切實的進步則必不在人前談論先生，這也是我從小以來的個性，大概也是習武之人的秉性，所謂學有所得方才有師。植元先生桃李滿天下，有建樹者眾不可數，因此

在當時的背景下，我沒有資格自稱是先生的學生，如果那樣做了，不僅心裡愧疚，臉上也會發熱。但是當我十年後的春天，懷揣著些許的躊躇預約和先生見面時，沒想到得到的卻是先生駕鶴西去後的空鳴。

人生在世，人與人的關係，以道儒釋的對待觀來認識皆是緣定之旁正淺深。而無論是先入世然後出世，還是出世為了入世，抑或是單純的出世，道儒釋三家的核心都是強調兩方面的修為不可偏廢，那就是形神雙修，性命雙修，定慧雙修，這兩方面說到底都是一回事。所以，從來真正做學問者，首要的是解決自己的問題，最後，能夠無疾而終。先生對傳統養生之道理是暗熟在心的。我想對於日常的調理，先生也是有一套方法的，但是，先生的結局，是沒有做到無疾而終，相反，當年中文系幾位老來殘喘的副教授們卻依然健在，這使我感到所謂「破碗用得久。」的道理。先生走了，據說，師母的挽聯上寫著：「安息吧！你太累了。」先生的病故，留給我的是對先生的遺憾和歎息。

今年的三月二十六日星期天上午的九時，在大連市圖書館二樓多功能廳召開了由原市委市政府領導、日本國伊萬里市議員、先生的生前友好、學生參加的植元先生逝世三周年的紀念會。我忝在受邀之列。會上放映了植元先生當年從事中日文化交流活動的電視片，先生的幾位生前友好還在會上作了回憶植元先生的發言。尤其是師母轉贈的蓉石書屋文集，更使我讀物思情，感慨萬千，回到家，拿出珍藏了整整二十二年的先生寫給我的親筆信，望著牆上掛著的先生題贈的墨寶條幅，不由得感慨悲愴，兀兀經年，燃膏繼晷之中，不知不覺地我已走過四

十四年的人生歲月，苦辣酸甜積澱發酵的人生之酒，應該品嚐回味一杯，於是，有關和植元先生之間的神來神往，情同情通之處，一幕幕浮現出來，收扯不住，便有了下面的文字。

植元先生在我考上大連師範專科學校中文系的時候，是中文系的系主任，是學校裡唯一的正教授。他少年時從師於梁國銓（原上海勞動大學教授、大書法家）、湯景麟（國學大師章太炎弟子）、于季舫（北京乾隆國舅府教師），少年時便學完中學及大學文史課程。同時還投師於清末一東北捕快練功習武。一九四六年到大連開始他的教學生涯。他的學術範圍涉及古代歷史、古代文學史、古代文學、古代文字語言、古代文物、近現代文學、中日文化關係史、書法美學乃至滿族文學。他還在中日文化交流史上佔有重要的一席之地。曾多次出訪日本進行講學和書法交流。著有研究滿族文學的長篇專著《英和與奎照》，被列為滿族文學的「重大發現」。他廣博專精，津津樂道於雜家學問，他是書法家，古漢語訓古學家，文物鑒定家，歷史學家，教育家。聽先生講課，如沐春風，如醍醐灌頂，他旁徵博引，風趣詼諧，所以他的課也顯得格外重要和受歡迎。

我的外祖母全家下放農村期間，當時大連市海燕雜誌的老編輯劉鐵成先生也在村裡下放勞動，在那個艱苦的歲月裡與我們家結下了純潔樸實的友情。所以，後來鐵成先生聽說我在植元先生的中文系讀書時，便以老朋友的身分有意特別進行了引見。自此，植元先生便對我有了幾分偏心，這種時時走動的師生關係一直延續到我到部隊後的第三年，確切地說是到一九八八年。

我是從小習武，並且受到師父們的影響，所以對道家的功夫以及中醫的知識有著很大的興趣，並且這種興趣伴隨著我從不間斷的苦練與探索。當我知道植元先生從小習武對武學醫學深有研究時，便頗感高興，竊以為能有一天，植元先生能個別指點和有所傳授。這樣的機會，終於一個接一個地來了。我給植元先生練拳看，聽植元先生講述習武的經過以及武林中的掌故，收益頗多，對武學的認識也有些許的新知。不過，植元先生對我熱衷於鑽研武學是不提倡的，他主張我鑽研學問，尤其是要我發揮在古漢語方面的偏長，另外於書法之道，先生也悉心點撥。我學習書法始於小學，真正有師指點入門是在初中時，唐永生老師是母親的同事，一九六八屆的畢業生，學養很深，他教我正規的下手功夫從歐陽詢的九成宮醴泉銘帖開始。後來我在一個偶然的機會獲得一本趙松雪的膽巴碑帖，愛不釋手，從此喜歡上趙體。植元先生對此客觀批解，全無門戶之見，勸人之道極為和緩。植元先生法二王臨魏碑而自成一家，當然推崇王體，而我異想天開，認為趙體乃古今習王體之集大成者。先生對字以人傳，還是人以字傳都有獨到的見解。他飽經動亂的折磨，十分珍惜學問的研究，似乎更重視文化的宣傳。我相信槍桿子裡出政權的毛氏定理，也篤信詩書原為稻粱謀的古訓的。所以，和先生的觀點常有相悖之時，大概是正好有了這些不同的見解和追求，植元先生反倒喜歡和我在一起爭論。

　　一九八四年我投筆從戎，應徵入伍，先生在百忙中，也不忘記給我回信，而且專門寫下四幅墨寶，專門寄給我，囑咐我讓我送給我的直接領導。秀才人情半張紙，我和先生只在鴻雁

往來中敘著難得的師生情誼。

聖東：

　　來函盡悉。遵囑為寫一幅，今寄上，請查收。

　　我忙於行政工作和學術活動，極為緊張，國內外囑我寫字者無日無之，我只好一一及時完成以免有怠慢之咎。你的囑託當然更會儘量辦妥，希以後多多聯繫。

　　我家住西崗北石道街北石道街206號，家的電話72075。

　　匆此即頓

　　大安

植元

十一日

聖東：

　　來信收悉。

　　上次接你信後，我沒有體會到付教也有索字的事，以致忘記順便也寄張給他，此事並不難辦，你見我信後即覆我一函，將索字者的姓名告我，我會立即寄來。此事並不麻煩，希不必客氣。

　　我忙於行政工作，主要影響是科研的時間被擠掉了。現在力求擺脫，但也不大容易。每天處理國內外來信便占去我大部分時間，而此種復函又非別人所能代替。我幾乎是每天早上利用上車前趕寫十封信，這才能應付過去。

　　你有事望來信。雖然離校了，和母校聯繫總和別的單位不一樣。

我家的地址是西崗北石道街北石道街206號，家的電話72075。有事可直接聯繫。

　　謝謝你對我的關心，但我自愧貢獻微薄，有負於許多親友的厚望。

　　匆此即頓

　　進步

于植元
二十日

聖東：

　　今日到校，收到你的覆信，即為李俊民同志書一條幅，是戚繼光的詩。這位明末的愛國將領，有些詩極為動人，故以之贈俊民同志。因為反正需用大紙袋郵寄，即順便給你寫一張，是杜甫詩句即陳毅元帥最為欣賞者，因其愛恨分明，故以相贈。

　　因為來了日本友人，一定要見我，即這幾位外賓又是今年春天贈給我六百二二本新的中小學教科書的主持者，故情誼深重，故為之作字十餘幅。無以為報，秀才人情紙半片而已！

　　謝謝你對我的一切的深摯關心。我常想，能多作點工作，因為我看到我能幹下去的事情很多。然而，時間又由不得我個人支配。國內外許多人，不知他們用什麼方法居然都可以把信直寄學校，以至於寄到家裡。奇而又奇，勢難招架。

　　我家電話72075，有事可晚來打電話來。

匆匆即頓，

進步。

植元

一九八四年十月二十九日

　　僅僅從以上選出的三封信的內容。我們就可以看得出先生為人的熱情慷慨與豁達，當然中間也透露著忙碌和不易以及內心的無奈和煩惱。比至九○年代後期，先生名聲日隆，社會活動的更加頻繁就可想而知了。

　　先生給我的題詞是杜甫的「將赴成都草堂途中有作先寄嚴鄭公共五首七言律詩：

　　　常苦沙崩損藥欄，也從江檻落風湍。
　　　新松恨不高千尺，惡竹應須斬萬竿！
　　　生理只憑黃閣老，衰顏欲付紫金丹。
　　　三年奔走空皮骨，信有人間行路難。

　　先生瞭解我，知道我內心的願望，所以說，植元先生是學生們的知己。我有時還想起，先生與我在一起談論中醫脈法時的情景，先生的語調悠揚：「正取無脈，反在關骨之上。」云云。文道、醫道、書道、武道，先生的體會與真知灼見深深地啟發著我。

　　我在先生所擅長的學術領域沒能做出建樹，命運的安排使我循規蹈矩地沿著讀書、當兵、轉業、工作的軌跡一步步地成長著，這種成長與其是進步不如說是一種生存的方式。因為諸

如先生一樣的名人們給了我深刻的現實教育，因為諸如先生一樣的官員們給了我深刻的歷史警戒。名也利也，都是自己在折騰自己，人生大舞臺，你方演罷我登場，原來遊戲一場，逗你玩兒哪！何必那麼認真？何必那麼算計？人到中年，想想當初少年立下的志願——中華道學與傳統太極拳的研究，竟然能不期然而獲得一點點體會和收穫時，心裡並沒有一點的高興，相反還增添了幾分失落和空蕩蕩的感覺，當然這絕不是矯情，而是登山後的內心的真實。回想起自己走過的求學求真的曲折艱苦的道路時，我常常感念植元先生對我的指點，先生的道德文章，入世行事的風範還是對我起到很大的借鑒作用的，從這個角度說，以及從學而有得方為有師的角度說，我忝為植元先生的親炙弟子當是不違心不為過的。說到植元先生對我的另一個幫助和借鑒那就是植元先生的後半生為我的後半生敲響了警鐘，修身齊家治國平天下不是說著玩的，人的一生單單是一個「修身」二字就相當不容易，僅僅是道德思想的修養嘛？絕對不是。沒有解決自己健康上的實際問題，再高深的學問也是瘸腿的。「經多實踐思方壯，看破浮名忘自平。」這是著名作家姚雪垠的一句詩。好好修練吧！為名所害，同樣也是為病所害呀！為利所害，當然也就不必說了。所以，三年多來，來訪的國內外友人問起我，為何中斷了太極拳的對外傳授時，我一言以蔽之：急功近利已成普世之風，真正想好好練拳的人太少，更別提修練了。而當談到現在太極拳的推廣狀況時，我常說：說句不好聽的，太極拳根本不是推廣的運動，太極拳也不是文盲拳棍們所能領悟的，太極拳是自然之道，怎麼可以胡編亂造。人活著要吃糧食，如果讓你吃「人造糧食」，你敢吃

嗎？人活著要吃肉，如果讓你吃「人造肉」，你敢吃嗎？人活著要吃蔬菜，如果讓你吃「人造蔬菜」你敢吃嗎？人活著要吃水果，如果讓你吃「人造水果」，你敢吃嗎？你說：我敢吃，我願吃，你看大家都吃呢。那麼我告訴你：你好好吃吧！你倒楣去吧！

太極拳也是一樣，人造的東西太多，趙錢孫李式王二麻子式，政府一套，民間一套的，花樣百出，弊病叢生，今天市面上的太極拳離內家武當太極門，有十萬八千里遠，你說這是什麼運動？反正我是不知道。急功近利，弄虛作假，喪盡天良的社會風氣，不是哪個人能管得了，中國的落後就是因為廢物人口太多造成的，所以需要大量的假冒偽劣有毒有害的東西伺候著，否則，中國怎麼擺脫人口大國落後大國的帽子。所以，現實中有非常多非常多的人在積極地忙活著，他們在忙活著用假冒偽劣的東西帶領著廢物人口們一溜小跑地奔向火葬場，為了中國早日擺脫貧困，而在作不懈的努力著。本來是回憶植元先生，忽然有點說遠了，但是，我感覺並沒有跑題。有心者好好品吧！

二、一生習練不止，精武求真不渝——深情追憶閻景泰恩師

二〇〇三年八月二十八日深夜，我剛剛進入夢鄉，一陣清脆的電話鈴聲把我驚醒。拿起電話，電話裡傳來撫順市的大師兄閻勇的聲音，「聖東嗎？我是你師兄閻勇，跟你通報一聲，我父親老了，是今天下午兩點五十七分……。」師父走了，這是預料中的事，畢竟師父已經八十八歲的高齡。人死藝絕啊！寂靜的黑夜中，我睜著眼睛，感歎著生命的無常，耳邊迴響著師兄悲痛的聲音。

（一）少年習武，畢生苦練

　　閻師父出生於西元一九一六年農曆四月二十三日，是年為龍年。師父兄弟二人，排行老二，幼年喪父，母親攜兄弟二人闖關東，來到遼寧省丹東市討生活。閻師十三歲時遇見山東煙臺人經由大連來丹東教場子的一位武師，託名趙鳳亭。實際上真正的趙鳳亭在大連開武館教場子，與林師是同鄉好友，林師到丹東之前曾在大連趙鳳亭處逗留過一段時間。

　　趙鳳亭先生是有名的彌宗拳傳人，人稱趙大槍，是山東省著名彌宗拳家孫曰盛的得意弟子，生於一九〇六年，卒於一九六三年，在大連地區非常有名氣，所傳弟子很多。現在大連地區練彌宗拳有一定成就者，其中有半數以上為其所傳，如曾任國家武術隊隊長的嚴廣才教授，武術八段，就曾陪同周恩來總理出國訪問交流表演；現任大連市武術協會副主席于布君先生等也都出自趙鳳亭師傅的門下。所以後來遼寧地區武術界流傳有「真假趙鳳亭」的說法，也可以由此文得到一個比較好的解釋：趙鳳亭師傅名氣大，所以便於招收生源；林師生活所迫，於外地託名開館教拳，事出有因，情有所緣。

　　這位林姓武師乃出身武術世家，從小習武，經師多位，精通螳螂拳、八卦拳、彌宗拳及軟硬兵器。閻師從此跟隨該武師習武，這一學就是十二年。在後來的學武的過程中間，閻師才瞭解到這位武師不叫趙鳳亭，真姓林，因有命案官司在身，所以隱名埋姓，不對外人言其出身。林師身材魁偉，氣質不凡，武功高強，氣盛過人，常常喜歡與武林中人士比武切磋。名字雖然假，但是功夫卻不假。林師平日開場子所教，乃

以彌宗拳為主，刀槍劍戟等器械為輔，其看門功夫是北派老架螳螂拳。

　　就螳螂拳的傳承來說，比較真實，有據可考的歷史為西元一八○○年以後的二百年間的歷史。至於傳說的明末清初山東墨縣人氏王朗創螳螂拳後的傳承情況，歷來都是傳說的傳說，說法不一，欲求個大概都很難，而且，有關螳螂拳方面的文獻資料匱乏，枝零破碎，很不完整。當代著名螳螂拳家于海先生便持客觀的考據態度，認為傳說只可作為一種參考。

　　此一枝螳螂拳，為老架，言其老，是說這一枝螳螂拳保留了王朗所創螳螂拳沒有形成梅花螳螂拳、太極螳螂、七星螳螂拳，秘門螳螂、六合螳螂拳等不同風格的螳螂拳分支以前的風格與特點。內容精練，套路不多，有：上山、下山、出洞、回洞、上八絕、下八絕、三十六螳螂手、攔截，蹦捕、扒肘，偷桃，捕蟬等約十來套拳路子。林師多年闖蕩江湖，性格怪異，戒備心很強，對螳螂拳的傳授也很保守，即便傳授，也只是一年傳授一套。閻師生性忠厚老實，侍奉師父又非常恭敬，所以能得到螳螂拳法要緊的傳授。「九一八」事變後，這位林師開始與憲兵員警來往，常常酗酒，脾氣非常暴躁，徒弟們能長期堅持下來的很少。一九三七年「七七事變」後，這位林師不僅酗酒而且常常動手打徒弟，於是徒弟們紛紛散去。只有閻師難忍能忍，刻苦學藝，供奉孝敬，一直到光復前夕，林師離開丹東回山東老家為止。

　　閻師在二十三歲左右時，曾在丹東教了一回場子，期間還從師過當時丹東的高玉清師父習藝幾個月。那時候與閻師同門習藝的師兄弟中有幾個人與閻師相處甚密，他們是胡立明，張

錦堂、劉天德、于殿魁、郎會業。這幾個人與閻師後來一同到了瀋陽。其中，張錦堂住和平區搞電料行生意，劉天德從事修表行業，于殿魁先是賣服裝，後因做的一手好饅頭，在瀋陽市第三建築公司做飯，其中胡立明，劉天德均在解放前去世，張錦堂與于殿魁均忙於生計，不再習武，師兄弟中堅持下來並開場子教徒弟的只有閻師與朗會業兩位。閻師在瀋陽連續教場子十幾年，邊教邊練，從不主動找人比武，每逢有前來找找手的人，閻師總是以深厚的功力，獨特的打法，令來人折服，事後便不再提起。按照閻師父的話說：武行有武行的規矩，臭哄人，壞人的名聲，是砸人家的飯碗，是最缺德的，正經人不能這樣幹。閻師為人倔強要強，但是待人謙和，尤其是晚年。當年，人送美號「王大鬍子」的原遼寧省武協副主席，著名七星螳螂拳師王慶齋，名氣較大，比閻師大整整十歲，但彼此過往親切。王慶齋老師當年就曾評價過閻師習練的這一枝螳螂拳，認為確是有許多與眾不同之處，是螳螂拳的老枝。「文革」一開始，武術也都成了「封建四舊」，閻師從此便停止了教拳。隨從閻師學拳的人數大概在兩百多人左右，學的長的一般在六七年，短的在二三年、四五年，能夠堅持下來實在不多，閻師有三子一女，三位師兄也沒有堅持下來。當時練的比較好的有閻東梅師妹，王少波師兄等。所以閻師有一句口頭禪：「功夫功夫，得下功夫、費功夫、攻出來才行；十年練是練；二十年練也是練；堅持一輩子練那才是真練呢！」

　　閻師從十三歲習武始，就再也沒有中斷過，即使是在「文革」開始，他停止開場子以後，閻師仍然習武不止。到了生命最後的五六年裡，閻師年事已高，早年練功留下的硬傷，使得

他腰腿脊柱都患有病，家裡人怕出意外，便不讓其出門。閻師就吩咐三師兄閻忠，在他睡覺的鐵床邊的上方，裝上一副類似於單槓的橫樑，每日高興時練、早晚時練。這副鐵橫樑輾轉伴隨著閻師，從三師兄家到二師兄家，再到撫順的大師兄家，直到老人去世。

閻師晚年，回憶一生授徒習武的經歷，每每感慨萬分。二〇〇一年的元旦前夕，閻師居住在二師兄家。閻師知道我要北上瀋陽看望他，窮苦出身，沒有多少文化的他老人家，竟然日有所思，夜夢詩句，令人不可思議。閻師囑咐師兄閻勇將所夢佳句書寫後掛於牆上：「千里尋高友，萬里送佛誠，永記皇天恩，世代福不休。」

（二）真情授藝，武德崇高

一九八六年的春天，我參加瀋陽軍區政治部組織的為期兩個月的報導幹事培訓班，來到了培訓駐地——當時的瀋陽軍區體工大隊，這一年，我剛剛二十三歲。體工大隊位於瀋陽市皇姑區北陵大街一段的一處封閉的大院子裡，院內有一個大的操場，有一個大的苗圃，高樹林立，是一個訓練運動員的好處所。我們這些來自各部隊接受報導宣傳工作培訓的學員一百多人，集中在一起，白天聽課學習，晚上自習或者自由活動。少年習武從沒有間斷過的我，每天天不亮就起床練功，晚上也要練一身的汗。一天晚上，我練完功返回宿舍樓，天天見面的門衛師傅，熱情地告訴我，體工大隊的院子裡，臨時住著一位老武術師，是練螳螂拳的。我一聽，非常高興。那時的我，年輕，精力旺盛，對什麼都感興趣。我雖然鑽研太極拳，但

是，貪多獵奇的思想還很嚴重，特別是對於技擊一道，更是非常感興趣。聽說誰有一技之長，便會想盡辦法去學。那時我非常喜歡七星螳螂拳，當時也能練十幾套，諸如：大小翻車、攔截、蹦捕、扒肘、偷桃、獻書、捕蟬、拙剛、出洞，摘要等。

第二天晚上，吃過晚飯，我早早地來到苗圃。閻師一直是瀋陽市園林處的職工，已經退休。因為房屋動遷，閻師暫時住在體工大隊苗圃的職工宿舍房裡。因為正值全國的武術熱，因此，有時仍有閻師的學生徒弟們前來。那一天，正巧閻師與五六個徒弟在練功，對於我這個不速之客，大家還是挺冷淡的。我身著一身軍裝，徑直來到閻師跟前，恭敬地給閻師鞠了個躬，做了自我介紹。並且主動地一連打了三套螳螂拳，請閻師指點。經我這麼一練，氣氛活躍起來。閻師一臉的微笑，和藹地對我和它的徒弟們說：螳螂拳就是螳螂拳，狗有狗象，人有人象；是龍就得盤著，是虎就得臥著；是有形有意的東西，七星也好梅花也好，太極梅花也好，都是個叫法。邊說便指著我說：「你看人家這位大連來的，拳一打就知道下了功夫，功夫功夫就是費了工夫練出來的，拳都是好拳，關鍵看你下不下功夫。」閻師的話，句句印在我的腦海裡。

閻師說得高興，便下到場子裡演練起來。剛才那位身材不高，其貌不揚，和藹可親的古稀老人不見了，展現在我面前的是一位眼露凶光，虎虎生風，咄咄逼人的江湖猛漢。只見閻師步走趟泥，進退拖蹅，一進一退若鐵牛耕地一般夯實；出手回手，剛中寓柔，兩手若刀斧鋼鋸一般；尤為特別的是閻師腰活胯穩，膝扣襠緊，形如蹲猴；真是讓我大開了眼界。老人告訴

我，這套拳叫做回洞，我一聽更是喜上加喜，因為我只練過出洞套路，而回洞這套拳，大連市螳螂拳界也只是傳說有，並未見有人練過。

　　大約晚上九點多鐘，閻師的徒弟們散去了。我陪著閻師來到他的住處，閻師的住處兼著夜間打更的值班室，十幾平方米的小屋靜悄悄的，屋裡唯一的家用電器是一臺雙波段的小半導體收音機。我向閻師表達了我的心情：我從小愛好習武，非常喜歡的拳種有：太極拳、螳螂拳、通背拳、形意拳等，凡事總想搞個究竟，與閻師相遇是上天的安排，懇請閻師能教我一套拳。閻師跟我說：習武的人確實不容易，你大老遠的來到瀋陽，抓住機會訪師尋友，說明你是真心愛好武術，你想學，我教你。我當即說：師父在上，受弟子叩拜，說著便給閻師下跪。閻師趕緊將我拉起，說：現在是新社會了，不興這個了。我跟師父說：師父只教我回洞拳這一套，徒弟就知足了。閻師說：「習武不在學的多少，關鍵看你精不精，能不能堅持到底，有些人年輕時練得挺好，上了歲數，就嘴發勤、身發懶，不肯下功夫，只想吃老本，學的再多，也是稀鬆平常。」那天晚上，我和閻師父一直嘮到深夜，閻師的話語對於我在後來的武術生涯中，能夠取得卓然的成績，起到了至關重要的作用。

　　此後的每天晚上。九點鐘，我都如約來到師父房前，由師父手把手地教拳。一套回洞拳我僅學了兩個晚上就記住了，我還把師父每天的講話，都記在筆記本上。師父晚上教，我早晨早早起床，刻苦練習。不幾天的時間，一套回洞拳就打得比較熟練了。閻師看了，很高興，說：趁著你在瀋陽的時間，多

學一點，包括器械，藝不壓人。我說：貪多嚼不爛，習武十來年，我這次到瀋陽，才感到，習武要求精、習武要求真，這套回洞拳我一定下功夫練好。閻師聽了，點點頭。後來的幾天晚上，師父為我拆拳、批招，有時還讓我與他過幾招。每當這時我都全神貫注，不敢鬆懈，開始原以為師父年紀大，一旦交手發力，必定不會吃虧太多。可是，不曾想，一旦我上步進招，而閻師好像都事先等好了似的，我進一招，堵我一招，讓我招招失利，有勁使不出來，有時猝然一發，便將我打出兩三米遠。閻師的採手法與斧刃腳非常特別，更是獨到。拿而不死，一採即拿，螳螂手剛如鐵鉗、柔似柳葉；斧刃腳隱蔽多變、神出鬼沒，發力沉悶，猶如巨斧砍樹。閻師跟我說：力不打拳，拳不打功，功裡有拳，拳中帶功。過招比武，不分內家外家，控制住對方，是好傢伙。八卦也好六卦也好；太極、通背、形意也罷，功夫沒下到，練不好，照樣不管用。

　　天不遂人願。我們的報導幹事學習班安排了下部隊的實習任務，所以將要提前結束。近一個月的時間，我與閻師建立了一種難以割捨的情誼，所以，當我把這個消息告訴師父時，閻師兩眼望著窗外，有好一會兒，沒有說話。接下來的兩天晚上，閻師專門給我講解過去走江湖的一些規矩，重點傳授螳螂門的所謂「三把六轉」擒拿法，和俗稱「驢打滾、騾子翻身」的螳螂門地躺打法，這些技藝都是過去老拳師開場子，吃飯的本錢，輕易不傳人，就是入門多年的徒弟，都不見得聽說過，更不用說得到傳授。師恩不可忘，我跟師父約好說，我回到部隊後，工作安頓好，我就給師父寫信，如有出差的機會，便來看望師父。

（三）十載尋師，聚首歡言

　　一九八六年的五月，我回到旅大警備區，當時正值全軍裁軍一百萬的第一年，我剛給師父寫過第一封信，便開始了頻繁的工作調動，駐地不定，位址多變，那時家庭電話又不普及。就這樣一直到一九八八年，我才開始恢復給師父寫信。師父文化程度不高，我沒有希望師父能常常回信，只是想到，讓師父他老人家知道，徒弟心裡想著他，掛念著他。但是幾封信都被打了回來。又經過了六年的部隊生活，一九九四年我才從部隊轉業。一九九五年冬天，一個偶然的機會，為我所在的省外貿公司加工出口服裝的瀋陽革皮服裝廠有一位技術科長叫李志綱，為人義氣，樂於助人。當他得知了我與閻師父的故事後，非常感動，熱情地答應幫我尋找師父。李志綱科長按照我提供的線索，開始尋找。我們幾乎每週都要通一次電話，溝通情況，但是，均沒有結果。當我情緒十分低落時，李志綱的一位在公安局的朋友幫了我們的大忙。他幫助我找到了師父，並提供了三師兄──師父的小兒子單位電話及家庭住址。這時已經是一九九六年的七月，從托人找師父，整整過去了大半年的時間。

　　有了師父的消息，我興奮的一宿沒有合眼，早晨起來，練練閻師教的回洞拳，更是百感交集。我首先與從未謀面的三師兄通上電話，得知師父很健康，就住在三師兄的家裡，家中按有電話。感謝現代科技的進步，我和師父在電話裡重逢了。閻師父聲音洪亮，聽到我的聲音，老人很高興：「我很好，不用掛念我，得便到瀋陽家裡來……。」師父那純正的山東文登口音，還是那樣熟悉。

過了沒幾天，我就乘火車到瀋陽，見到了闊別十年，朝思暮想的師父。當我與師父的雙手緊緊地握在一起時，我和師父都百感交集，我只說了一句：「師父，徒弟想你老人家呀。」便再也說不出話來。

　　二〇〇一年元旦的前夕，我想到忙裡偷閒，利用元旦三天的假日，趕到瀋陽看望師父，因為，近一年多來，聽師兄說，閻師上了年級，已經不下樓啦。

　　二〇〇一年一月一日，瀋陽市的氣溫近乎零下三十度，白雪飄飄。我直接趕到二師兄家。二師兄剛在半年前分到一處兩居室的房子，元旦前便把閻師父請過來住。師徒倆第三次聚首，大師兄與二師兄都是第一次見面。這一次，我在瀋陽待了兩天。當我把這幾年在《精武》、《武當》雜誌發表的學術文章以及參加「華龍杯」武當名家邀請賽獲得的銀牌拿出來給師父看時，師父高興的連說好。聽到我的太極拳專著《太極之光──太極拳心法秘鑰》正在準備出版中時，師父說：練武要精，只要有恒心，堅持到底，就能幹出名堂來。」師父說，自己老啦，鼓勵我好好練功。並將屋裡的人支開，只留下我和大師兄，給我講解螳螂門的上八絕：一絕仙人手；二絕仙人肘；三絕仙人靠；四絕懷中抱；五絕鐵門拴；……。我將師父扶到床前坐下，對師父說：我來就是為看師父，可不是來學東西的，等你老身體好起來，我下次來的時候再學。大師兄感慨地對我說「聖東，我爸跟我們哥幾個都沒說過的跟你說了，這是為了你的一份情誼呀。」這次會面後，我刻苦鑽研，終於在二〇〇二年春天出版了《太極之光──太極拳心法秘鑰》這部專著，並於當年年底，獲得永年太極拳國際交流大會趙堡

太極拳比賽的冠軍，同時入選《中國武術大典——太極人物志》，每次我都把消息通過電話告訴師父，原想能抽時間到撫順看望師父，可是未曾想，二〇〇一年元旦的聚首竟成了我們師徒之間的永訣，大概緣分至此吧！由閻師的傳授，可以得知，老武術師所奉行的寧肯失傳也不錯傳的古訓，在他們的思想中是何等的根深蒂固。那時我就想，可惜我離閻師太遠，師父歲數又大，否則，一定將閻師父所掌握的螳螂門的技藝完整地繼承下來，免得人死藝絕。我從師閻景泰師父學藝，時間短，得到的傳授不多，但是閻師習武求精，腳踏實地，不弄虛作假的精神，卻在我習武求道，以道和真的道路上起到了關鍵的作用。

願閻師所代表的中華傳統武術中，執著進取、習武精武的精神代代相傳！

閻師父永垂不朽！

修練太極拳功宜閱研的
傳統經典

一、敬錄《太上道德真經》
（黃元吉祖師《道德經真義版本》）

第一章、眾妙之門；第二章、功成弗居；第三章、不見可欲；

第四章、和光同塵；第五章、不如守中；第六章、穀神不死；

第七章、天長地久；第八章、上善若水；第九章、功成身退；

第十章、專氣致柔；第十一章、無之為用；第十二章、去彼取此；

第十三章、寵辱若驚；第十四章、無象之象；第十五章、微妙玄通；

第十六章、虛極靜篤；第十七章、功成身遂；第十八章、大道廢；

第十九章、少私寡欲；第二十章、獨異於人；第二十一章、孔德之容；

第二十二章、全而歸之；第二十三章、希言自然；第二十四章、跂者不立；

第二十五章、道法自然；第二十六章、重為輕根；第二十七章、常善救人；

第二十八章、常德不離；第二十九章、去奢去泰；第三十章、故善者果；

第三十一章、恬淡為上；第三十二章、知止不殆；第三十

三章、知人者智；

　　第三十四章、終不為大；第三十五章、往而無害；第三十
六章、國之利器；

　　第三十七章、道常無為；第三十八章、上德不德；第三十
九章、以賤為本；

　　第四十章、有生於無；第四十一章、大器晚成；第四十二
章、損之而益；

　　第四十三章、無為之益；第四十四章、多藏厚亡；第四十
五章、大成若缺；

　　第四十六章、天下有道；第四十七章、不為而成；第四十
八章、為道日損；

　　第四十九章、聖無常心；第五十章、生生之厚；第五十一
章、尊道貴德；

　　第五十二章、天下有始；第五十三章、行于大道；第五十
四章、修之於身；

　　第五十五章、含德之厚；第五十六章、為天下貴；第五十
七章、以正治國；

　　第五十八章、禍兮福倚；第五十九章、長生久視；第六十
章、兩不相傷；

　　第六十一章、大者宜下；第六十二章、為天下貴；第六十
三章、終不為大；

　　第六十四章、無為無執；第六十五章、善為道者；第六十
六章、為百谷王；

　　第六十七章、我有三寶；第六十八章、不爭之德；第六十
九章、哀者勝矣；

第七十章、被褐懷玉；第七十一章、知不知上；第七十二章、民不畏威；

第七十三章、不召自來；第七十四章、民不畏死；第七十五章、賢於貴生；

第七十六章、柔弱處上；第七十七章、為而不恃；第七十八章、受國之垢；

第七十九章、常與善人；第八十章、小國寡民；第八十一章、為而不爭。

第一章　眾妙之門

道可道，非常道；名可名，非常名。無名天地之始，有名萬物之母。故常無欲以觀其妙，有欲以觀其竅。此兩者同出而異名，同為之玄，玄之又玄，眾妙之門。

第二章　功成弗居

天下皆知美之為美，斯惡已；皆知善之為善，斯不善已。故有無相生，難易相成，長短相形，高下相傾，音聲相和，前後相隨。是以聖人處無為之事，行不言之教，萬物作焉而不辭，生而不有，為而不恃，功成而不居；夫惟弗居，是以不去。

第三章　不見可欲

不尚賢，使民不爭；不貴難得之貨，使民不為盜；不見可欲，使心不亂。是以聖人之治，虛其心，實其腹，弱其志，強其骨，常使民無知無欲，使夫知者不敢為也。為無為，則無不治。

第四章　和光同塵

道沖而用之，或不盈，淵兮似萬物之宗。挫其銳，解其紛，和其光，同其塵。湛兮，似若存。吾不知誰家子，象帝之先。

第五章　不如守中

天地不仁，以萬物為芻狗；聖人不仁，以百姓為芻狗。天地之間，其猶橐籥乎？虛而不屈，動而愈出。多言數窮，不如守中。

第六章　穀神不死

穀神不死，是謂玄牝。玄牝之門，是謂天地根。綿綿若存，用之不勤。

第七章　天長地久

天長地久。天地之所以能長且久者，以其不自生，故能長生。是以聖人後其身而身先，外其身而身存。非以其無私耶？惟其無私，故能成其私。

第八章　上善若水

上善若水。水利萬物而不爭，處眾人之所惡，故幾於道。居善地，心善淵，言善信，政善治，事善能，動善時。夫惟不爭，故無尤。

第九章　功成身退

持而盈之，不如其已。揣而銳之，不可長保。金玉滿堂，莫之能守。富貴而驕，自貽其咎。功成名遂身退，天之道。

第十章　專氣致柔

載營魄抱一，能無離乎？專氣致柔，能嬰兒乎？滌除玄覽，能無疵乎？愛國治民，能無為乎？天門開闔，能無雌乎？明白四達，能無知乎？生之、畜之，生而不有，為而不恃，長而不宰，是謂玄德。

第十一章　無之為用

三十輻共一轂，當其無，有車之用。埏埴以為器，當其無，有器之用。鑿戶牖以為室，當其無，有室之用。故有之以為利，無之以為用。

第十二章　去彼取此

五色令人目盲；五音令人耳聾；五味令人口爽；馳騁田獵，令人心發狂；難得之貨，令人行妨。是以聖人為腹不為目，故去彼取此。

第十三章　寵辱若驚

寵辱若驚，貴大患若身。何謂寵辱若驚？寵為下，得之若驚，失之若驚，是謂寵辱若驚。何謂貴大患若身？吾所以有大患者，為吾有身，及吾無身，吾有何患？故貴以身為天下，若

可托下；愛以身為天下，若可寄天下。

第十四章　無象之象

視之不見，名曰夷；聽之不聞，名曰希；搏之不得，名曰微。此三者不可致詰，故混而為一。其上不皦，其下不昧，繩繩不可名，復歸於無物。是謂無狀之狀，無象之象，是謂恍惚。迎之不見其首，隨之不見其名。執古之道，以禦今之有，能知古始，是謂道紀。

第十五章　微妙玄通

古之善為士者，微妙玄通，深不可識。夫唯不可識，故強為之容：豫兮，若冬涉川；猶兮，若畏四鄰；儼兮，其若客；渙兮，若冰之將釋；敦兮，其若樸；曠兮，其若谷；渾兮，其若濁。孰能濁以澄靜之，徐清？孰能安以久動之，徐生？保此道者不欲盈，故能敝不新成。

第十六章　虛極靜篤

致虛極，守靜篤。萬物並作，吾以觀其復。夫物芸芸，各復歸其根。歸根曰靜，靜曰覆命。覆命曰常，知常曰明。不知常，妄作凶。知常容，容乃公，公乃王，王乃天，天乃道，道乃久，沒身不殆。

第十七章　功成身遂

太上，不知有之（諸家皆作「下知有之」，然與經意不合，此傳寫之誤也）；其次，親之譽之；其次，畏之。其

次，侮之。信不足焉，有不信焉。猶兮其貴言。功成事遂，百姓皆謂「我自然」。（猶兮句言優遊感孚，慎重其誥也。）

第十八章　大道廢

大道廢，有仁義。智慧出，有大偽。六親不和，有孝慈。國家昏亂，有忠臣。

第十九章　少私寡欲

絕聖棄智，民利百倍；絕仁棄義，民復孝慈；絕巧棄利，盜賊無有；此三者以為文不足，故令有所屬：見素抱樸，少私寡欲，絕學無憂。

第二十章　獨異於人

絕學無憂。唯之與阿，相去幾何？善之與惡，相去幾何？人之所畏，不可不畏。荒兮，其未央哉！眾人熙熙，如享太牢，如登春臺，我獨泊兮，其未兆，如嬰兒之未孩（指未離母腹時）。乘乘兮（指任天而動）若無所歸（指不著跡）！眾人皆有餘，而我獨若遺。我愚人之心也哉！沌沌兮，俗人昭昭，我獨昏昏；俗人察察，我獨悶悶。澹兮（謂無欲於外）其若海，飂兮（謂不泥於形）若無所止。眾人皆有以，我獨頑且鄙。我獨異於人，而貴求食於母。

第二十一章　孔德之容

孔德之容，唯道是從。道之為物，惟恍惟惚。惚兮恍，其中有象；恍兮惚，其中有物。窈兮冥，其中有精。其精甚

真，其中有信。自古及今，其名不去，以閱眾甫。吾何以知眾甫之狀哉？以此。

第二十二章　全而歸之

「曲則全，枉則直，窪則盈，敝則新，少則得，多則惑」。是以聖人抱一為天下式。不自見故明，不自是故彰，不自伐故有功，不自矜故長。夫惟不爭，故天下莫能與之爭。古之所謂曲則全者，豈虛言哉？誠全而歸之。

第二十三章　希言自然

希言自然。故飄風不終朝，驟雨不終日。孰為此者？天地。天地尚不能久，而況於人乎？故從事於道者：道者同於道，德者同於德，失者同於失。同於道者，道亦樂得之；同於德者，德亦樂得之；同於失者，失亦樂得之，信不足焉，有不信焉。

第二十四章　跂者不立

跂者不立，跨者不行，自見者不明，自是者不彰，自伐者無功，自矜者不長。其於道也，曰餘食贅行。物或惡之，故有道者不處。

第二十五章　道法自然

有物混成，先天地生，寂兮寥兮，獨立而不改，周行而不殆，可以為天下母。吾不知其名，字之曰道，強為名之曰大。大曰逝，逝曰遠，遠曰反。故道大，天大，地大，王亦

大。域中有四大，而王居其一焉。王法地，地法天，天法道，道法自然。

第二十六章　重為輕根

重為輕根，靜為躁君。是以聖人終日行不離輜重。雖有榮觀，燕處超然。奈何萬乘之主而以身輕天下？輕則失臣，躁則失君。

第二十七章　常善救人

善行無轍跡，善言無瑕摘，善教不用籌策，善閉無關鍵而不可開，善結無繩約而不可解。是以聖人常善救人，故無棄人；常善救物，故無棄物。是謂襲明。故善人者不善人之師；不善人者善人之資。不貴其師，不愛其資，雖智大迷。是謂要妙。

第二十八章　常德不離

知其雄，守其雌，為天下谿；為天下谿，常德不離，復歸於嬰兒。知其白，守其黑，為天下式；為天下式，常德不忒，復歸於無極。知其榮，守其辱，為天下谷；為天下谷，常德乃足，復歸於樸。樸散則為器，聖人用之則為官長。故大制不割。

第二十九章　去奢去泰

將欲取天下而為之，吾見其不得已。天下神器，不可為也，不可執也。為者敗之，執者失之。故物或行或隨，或呴或吹，或強或羸。是以聖人去甚，去奢，去泰。

第三十章　故善者果

以道佐人主者，不以兵強天下，其事好還：師之所處，荊棘生焉，大兵之後，必有凶年。故善者果而已，不敢以取強。果而勿矜，果而勿伐，果而不得已，果而勿強。物壯則老，是謂不道，不道早已。

第三十一章　恬淡為上

夫兵者不祥之器，物或惡之，故有道者不處。君子居則貴左，用兵則貴右。兵者不祥之器，非君子之器，不得已而用之，恬淡為上。勝而不美，而美之者，是樂殺人也。夫樂殺人者，不可得志於天下矣。故吉事尚左，凶事尚右。是以偏將軍處左，上將軍處右，以喪禮處之。殺人眾多，以悲哀泣之；戰勝，以喪禮處之。

第三十二章　知止不殆

道常無名。樸雖小，天下不敢臣。侯王若能守，萬物將自賓。天地相合，以降甘露，人莫之令而自均。始制有名，名亦既有，夫亦將知止；知止所以不殆。譬道之在天下，猶川谷之於江海也。

第三十三章　知人者智

智人者智，自知者明。勝人者有力，自勝者強。知足者富，強行者有志。不失其所者久，死而不亡者壽。

第三十四章　終不為大

大道汜兮，其可左右。萬物恃之以生而不辭，功成不名有。衣被萬物而不為主。常無欲，可名於小。萬物歸焉而不為主，可名於大。是以聖人終不自為大，故能成其大。

第三十五章　往而無害

執大象，天下往。往而無害，安平泰。樂與餌，過客止。道之出口，淡乎其無味。視之不可見，聽之不可聞，用之不可既。

第三十六章　國之利器

將欲歙之，必固張之。將欲弱之，必固強之。將欲廢之，必固興之。將欲奪之，必固與之。是謂微明。柔勝剛，弱勝強。魚不可脫於淵。國之利器，不可以示人。

第三十七章　道常無為

道常無為而無不為。侯王若能守之，萬物皆自化。化而欲作，吾將鎮之以無名之樸。無名之樸，夫亦將不欲。不欲以靜，天下將自定。

第三十八章　上德不德

上德不德，是以有德。下德不失德，是以無德。上德無為而無以為，下德為之而有以為。上仁為之而無以為，上義為之而有以為。上禮為之而莫之應，則攘臂而扔之。故失道而後

德，失德而後仁，失仁而後義，失義而後禮。夫禮者，忠信之薄，而亂之首也。前識者，道之華而愚之始也。是以大丈夫處其厚不處其薄；居其實，不居其華。故去彼取此。

第三十九章　以賤為本

昔之得一者：天得一以清，地得一以寧，神得一以靈，穀得一以盈，萬物得一以生，侯王得一以為天下貞，其致之一也。天無以清，將恐裂；地無以寧，將恐發；神無以靈，將恐歇；萬物無以生，將恐滅；侯王無以貞，貴高將恐蹶。故貴以賤為本，高以下為基。是以侯王自謂孤、寡、不穀，此其以賤為本也，非乎？故致數車無車，不欲琭琭如玉，落落如石。

第四十章　有生於無

反者道之動，弱者道之用。天下萬物生於有，有生於無。

第四十一章　大器晚成

上士聞之，勤而行之；中士聞道，若存若忘；下士聞道，大笑之——不笑不足以為道。故建言有之：「明道若昧，進道若退，夷道若纇，上德若穀，大白若辱，廣德若不足，建德若偷，質直者渝，大方無隅，大器晚成，大音希聲，大象無形。」道隱無名，夫惟道，善貸且成。

第四十二章　損之而益

道生一，一生二，二生三，三生萬物。萬物負陰而抱陽，沖氣以為和。人之所惡，唯孤寡不穀，而王公以為稱。故物或

損之而益，或益之而損。人之所敬，我亦教之；「強梁者不得其死。」吾將以為教父。

第四十三章　無為之益

天下之至柔，馳騁天下之至堅。無有入於無間，吾是以知無為之有益。不言之教，無為之益，天下希及之。

第四十四章　多藏厚亡

名與身孰親？身與貨孰多？得與亡孰病？是故甚愛必大費，多藏必厚亡。知足不辱，知止不殆，可以長久。

第四十五章　大成若缺

大成若缺，其用不弊。大盈若沖，其用不窮。大直若屈，大巧若拙，大辨若訥。躁勝寒，靜勝熱，清靜為天下正。

第四十六章　天下有道

天下有道，卻走馬以糞；天下無道，戎馬生於郊。罪莫大於可欲，禍莫大於不知足。咎莫大於欲得。故知足，知足常足。

第四十七章　不為而成

不出戶，知天下。不窺牖，見天道。其出彌遠，其知彌少。是以聖人不行而知，不見而名，不為而成。

第四十八章　為道日損

為學日益，為道日損，損之又損，以至於無為；無為而無不為矣。故取天下者常以無事；及其有事，不足以取天下。

第四十九章　聖無常心

聖人無常心，以百姓心為心。善者吾善之，不善者吾亦善之，德善矣。信者吾信之，不信者吾亦信之，德信矣。聖人在天下，惵惵為天下渾其心。百姓皆注其耳目，聖人皆孩之。

第五十章　生生之厚

出生入死。生之徒十有三；死之徒十有三；人之生，動之死地亦十有三。夫何故？以其生生之厚。蓋聞善攝生者，陸行不遇兕虎，入軍不被甲兵。兕無所投其角，虎無所措其爪，兵無所容其刃。夫何故？以其無死地。

第五十一章　尊道貴德

道生之，德蓄之，物形之，勢成之。是以萬物莫不尊道而貴德。道之尊，德之貴，夫莫之命而常自然。故道生之，德蓄之，長之育之，成之熟之，養之覆之。生而不有，為而不恃，長而不宰，是謂玄德。

第五十二章　天下有始

天下有始，以為天下母。既得其母，以知其子；既知其子，復守其母，沒身不殆。塞其兌，閉其門，終身不勤。開復

歸其明，無遺身殃，是謂襲常。

第五十三章　行於大道

使我介然有知，行於大道，惟施是畏。大道甚夷，而民好徑。朝甚除，田甚蕪，倉甚虛；服文綵，帶利劍，厭飲食，財貨有餘，是謂盜竽。非道也哉！

第五十四章　修之於身

善建者不拔，善抱者不脫，子孫祭祀不輟。修之於身，其德乃其；修之於家，其德乃餘；修之於鄉，其德乃長；修之於國，其德乃豐；修之於天下，其德乃普。故以身觀身，以家觀家，以鄉觀鄉，以國觀國，以天下觀天下。吾何以知天下之然哉？以此。

第五十五章　含德之厚

含德之厚，比於赤子。毒蟲不螫，猛獸不據，攫鳥不搏。骨弱筋柔而握固，未知牝牡之合而脧作，精之至也。終日號而嗌不嗄，和之至也。知和曰常，知常曰明。益生曰祥。心使氣曰強。物壯則老，是謂不道；不道早已。

第五十六章　為天下貴

知者不言，言者不知。塞其兌，閉其門，挫其銳，解其紛，和其光，同其塵，是謂玄同。故不可得而親，不可得而疏；不可得而利，不可得而害；不可得而貴，不可得而賤。故為天下貴。

第五十七章　以正治國

以正治國，以奇用兵，以無事取天下。吾何以知其然哉？以此：夫天下多忌諱，而民彌貧；人多利器，國家滋昏；人多伎巧，奇物滋起；法令滋彰，盜賊多有。故聖人云：「我無為而民自化。我好靜而民自正，我無事而民自富，我無欲而民自樸。」

第五十八章　禍兮福倚

其政悶悶，其民醇醇。其政察察，其民缺缺。禍兮福所倚；福兮禍所伏。孰知其極？其無正耶？正復為奇，善復為妖。人之迷，其日固久。是以聖人方而不割，廉而不劌，直而不肆，光而不耀。

第五十九章　長生久視

治人事天莫如嗇。夫惟嗇，是謂早服。早服，謂之重積德。重積德則無不克。無不克則莫知其極；莫知其極，可以有國。有國之母，可以長久。是謂深根固蒂，長生久視之道。

第六十章　兩不相傷

治大國者若烹小鮮。以道蒞天下，其鬼不神。非其鬼不神，其神不傷人。非其神不傷人，聖人亦不傷人。夫兩不相傷，故德交歸焉。

第六十一章　大者宜下

大國者下流，天下之交，天下之牝。牝常以靜取牡，以靜為下。故大國以下小國，則取小國；小國以下大國，則取大國。故或下以取，或下而取。大國不過欲兼畜人，小國不過欲入事人。夫兩者各得其所欲，故大者宜為下。

第六十二章　為天下貴

道者萬物之奧，善人之寶，不善人之所保。美言可以市，尊行可以加人。人之不善，何棄之有？故立天子置三公，雖有拱璧以先駟馬，不如坐進此道。古之所以貴此道者何？不曰求以得，有罪以免耶？故為天下貴。

第六十三章　終不為大

為無為，事無事，味無味。大小多少，報怨以德。圖難於其易，為大於其細。天下難事，必作於易；天下大事，必作於細。是以聖人終不為大，故能成其大。夫輕諾必寡信，多易必多難。是以聖人猶難之，故終無難。

第六十四章　無為無執

基安易持，其未兆易謀，其脆易破，其微易散。為之於未有，治之於未亂。合抱之木，生於毫末；九層之臺，起於累土；千里之行，始於足下。為者敗之，執者失之。是以聖人無為，故無敗；無執，故無失。民之從事，常於幾成而敗之。

慎終如始，則無敗事。是以聖人欲不欲，不貴難得之貨；學不學，復眾人之所過。以輔萬物之自然，而不敢為。

第六十五章　善為道者

古之善為道者，非以明民，將以愚之。民之難治，以其智多。故以智治國，國之賊；不以智治國，國這福。知此兩者亦楷式。常知楷式，是謂玄德。玄德深矣。遠矣，與物反矣，然後乃至於大順。

第六十六章　為百谷王

江海所以能為百谷王者，以其善下之，故能為百谷王。是以聖人欲上人，必以言下之；欲先人，必以身後之。是以聖人處上而人不重，入前而人不害。是以天下樂推而不厭。以其不爭，故天下莫能與之爭。

第六十七章　我有三寶

天下皆謂我大，似不肖。夫惟大，故似不肖；若肖，久矣其細也夫。我有三寶，持而保之：一曰慈，二曰儉，三曰不敢為天下先。夫慈故能勇；儉故能廣；不敢為天下先，故能成器長。今捨慈且勇，捨儉且廣，捨其後且先，死矣。夫慈，以戰則勝，以守則固。天將救之，以慈衛之。

第六十八章　不爭之德

善為士者不武，善戰者不怒，善勝敵者不爭，善用人者為之下。是謂不爭之德，是謂用人之力，是謂配天，古之極。

第六十九章　哀者勝矣

用兵有言：「吾不敢為主而客，不敢進寸而退尺。」是謂行無行，攘無臂，仍無敵，執無兵。禍莫大於輕敵，輕敵則幾喪吾寶。故抗兵相加，哀者勝矣。

第七十章　被褐懷玉

吾言甚易知，甚易行。天下莫能知，莫能行。言有宗，事有君。夫惟無知，是以不我知。知我者希，則我貴矣。是以聖人被褐懷玉。

第七十一章　知不知上

知不知，上；不知知，病。夫惟病病，是以不病。聖人不病，以其病病，是以不病。

第七十二章　民不畏威

民不畏威，大威至矣。無狹其所居，無厭其所生。夫惟不厭，是以不厭。是以聖人自知不自見，自愛不自貴。故去彼取此。

第七十三章　不召自來

勇於敢則殺，勇於不敢則話。此兩者或利或害。天之所惡，孰知其故？是以聖人猶難之。天之道，不爭而善勝，不言而善應，不召而自來，坦然而善謀。天網恢恢，疏而不漏。

第七十四章　民不畏死

民不畏死，奈何以死懼之？若使民常畏死而為奇者，吾得執而殺之。孰敢？常有司殺者殺。夫代司殺者殺，是謂代大匠斲。夫代大匠斲者，稀有不傷其手矣。

第七十五章　賢於貴生

民之饑，以其上食稅之多，是以饑。民之難治，以其上之有為，是以難治。民之輕死，以其上求生之厚，是以輕死。夫惟無以生為者，是賢於貴生。

第七十六章　柔弱處上

人之全也柔弱，其死也堅強。萬物草木之生也柔脆，其死也枯槁。故堅強者死之徒，柔弱者生之徒。是以兵強則不勝，木強則拱。強大處下，柔弱處上。

第七十七章　為而不恃

天之道，其猶張弓乎？高者抑之，下者舉之；有餘者損之，不足者補之。天之道，損有餘而補不足；人之道則不然，損不足以奉有餘。孰能有餘以奉天下？唯有道者。是以聖人為而不恃，功成而不處，其不欲見賢耶？

第七十八章　受國之垢

天下柔弱莫過於水，而攻堅強者莫之能勝，其無以易之。故弱勝強，柔勝剛，天下莫不知，莫能行。是以聖人云：

「受國之垢，是為社稷主。受國之不祥，是為天下王。」正言若反。

第七十九章　常與善人

和大怨必有餘怨，安可以為善？是以聖人執左契，而不責於人。故有德司契，無德司徹。天道無親，常與善人。

第八十章　小國寡民

小國寡民，使有什伯人之器而不用，使民重死而不遠徙。雖有舟輿，無所乘之；雖有甲兵，無所陳之。使民復結繩而用之。甘其食，美其服，安其居，樂其俗。鄰國相望，雞犬之聲相聞，民至老死不相往來。

第八十一章　為而不爭

信言不美，美言不信。善者不辯，辯者不善。知者不博，博者不知。聖人不積，既以為人，己愈有；既以與人，己愈多。天之道，利而不害；聖人之道，為而不爭。

二、精選《黃帝內經》

〈素問〉

上古天真論篇第一

昔在黃帝，生而神靈，弱而能言，幼而徇齊，長而敦敏，成而登天。乃問於天師曰：余聞上古之人，春秋皆度百歲，

而動作不衰。今時之人，年半百而動作皆衰者，時世異耶？人將失之耶？岐伯對曰：上古之人，其知道者，法於陰陽，和於術數，食飲有節，起居有常，不妄作勞，故能形與神俱，而盡終其天年，度百歲乃去。今時之人不然也，以酒為漿，以妄為常，醉以入房，以欲竭其精，以耗散其真，不知持滿，不時禦神，務快其心，逆於生樂，起居無常（節），故半百而衰也。

夫上古聖人之教下也，皆謂之虛邪賊風，避之有時，恬澹虛無，真氣從之，精神內守，病安從來？是以志閒而少欲，心安而不懼，形勞而不倦，氣從以順，各從其欲，皆得所願。故美其食，任其服，樂其俗，高下不相慕，其民故曰樸。是以嗜欲不能勞其目，淫邪不能惑其心，愚智賢不肖，不懼於物，故合於道。所以能年皆度百歲，而動作不衰者，以其德全不危也。

帝曰：人年老而無子者，材力盡邪？將天數然也？岐伯曰：女子七歲，腎氣盛，齒更髮長。二七而天癸至，任脈通，太沖脈盛，月事以時下，故有子。三七，腎氣平均，故真牙生而長極。四七，筋骨堅，髮長極，身體盛壯。五七，陽明脈衰，面始焦。髮始墮。六七，三陽脈衰於上，面皆焦，髮始白。七七，任脈虛，太沖脈衰少，天癸竭，地道不通，故形壞而無子也。丈夫八歲，腎氣實，髮長齒更。二八，腎氣盛，天癸至，精氣溢瀉，陰陽和，故能有子。三八，腎氣平均，筋骨勁強，故真牙生而長極。四八，筋骨隆盛，肌肉滿壯。五八，腎氣衰，髮墮齒槁。六八，陽氣衰竭於上，面焦，髮鬢頒白。七八，肝氣衰，筋不能動，天癸竭，精少，腎藏衰，形體皆極。八八，則齒髮去。腎者主水，受五臟六腑之精而藏

之，故五臟盛乃能瀉。今五臟皆衰，筋骨解墮，天癸盡矣，故髮鬢白，身體重，行步不正，而無子耳。

帝曰：有其年已老而有子者，何也？岐伯曰：此其天壽過度，氣脈常通，而腎氣有餘也。此雖有子，男不過盡八八，女不過盡七七，而天地之精氣皆竭矣。帝曰：夫道者年皆百數，能有子乎？岐伯曰：夫道者能卻老而全形，身年雖壽，能生子也。

黃帝曰：余聞上古有真人者，提挈天地，把握陰陽，呼吸精氣，獨立守神，肌肉若一，故能壽敝天地，無有終時，此其道生。

中古之時，有至人者，淳德全道，和於陰陽，調於四時，去世離俗，積精全神，遊行天地之間，視聽八達之外，此蓋益其壽命而強者也。亦歸於真人。

其次有聖人者，處天地之和，從八風之理，適嗜欲於世俗之間，無恚嗔之心，行不欲離於世，被服章，舉不欲觀於俗，外不勞形於事，內無思想之患，以恬愉為務，以自得為功，形體不敝，精神不散，亦可以百數。

其次有賢人者，法則天地，象似日月，辯列星辰，逆從陰陽，分別四時，將從上古合同於道，亦可使益壽而有極時。

四氣調神大論篇第二

春三月，此謂發陳，天地俱生，萬物以榮，夜臥早起，廣步於庭，被髮緩形，以使志生，生而勿殺，予而勿奪，賞而勿罰，此春氣之應，養生之道也。逆之則傷肝，夏為寒變，奉長者少。

夏三月，此謂蕃秀，天地氣交，萬物華實，夜臥早起，無厭於日，使志無怒，使華英成秀，使氣得泄，若所愛在外，此

夏氣之應，養長（ㄓㄤˇ）之道也。逆之則傷心，秋為瘧，奉收者少，冬至重病。

秋三月，此謂容平，天氣以急，地氣以明，早臥早起，與雞俱興，使志安寧，以緩秋刑，收斂神氣，使秋氣平，無外其志，使肺氣清，此秋氣之應，養收之道也。逆之則傷肺，冬為飧（ㄙㄨㄣ）泄，奉藏者少。

冬三月，此謂閉藏，水冰地坼，無擾乎陽，早臥晚起，必待日光，使志若伏若匿，若有私意，若已有得，去寒就溫，無泄皮膚，使氣亟奪，此冬氣之應，養藏之道也。逆之則傷腎，春為痿厥，奉生者少。

天氣，清淨光明者也。藏德不止，故不下也。天明則日月不明，邪害空竅，陽氣者閉塞，地氣者冒明，雲霧不精，則上應白露不下，交通不表，萬物命故不施，不施則名木多死。惡氣不發，風雨不節，白露不下，則菀（ㄨㄢ）槁（茂木與禾稈）不榮。賊風數至，暴雨數（ㄕㄨㄛˋ）起，天地四時不相保，與道相失，則未央絕滅（未久而有絕滅之患矣）。唯聖人從之，故身無奇病，萬物不失，生氣不竭。

逆春氣，則少陽不生，肝氣內變；逆夏氣，則太陽不長，心氣內洞；逆秋氣，則太陰不收，肺氣焦滿；逆冬氣，則少陰不藏，腎氣獨沉。

夫四時陰陽者，萬物之根本也。所以聖人春夏養陽，秋冬養陰，以從其根，故與萬物沉浮於生長之門。逆其根，則伐其本，壞其真矣。故陰陽四時者，萬物之終始也，死生之本也。逆之則災害生。從之則苛疾不起，是謂得道。道者，聖人行之，愚者佩之。

從陰陽則生，逆之則死；從之則治，逆之則亂。反順為逆，是謂內格。是故聖人不治已病治未病，不治已亂治未亂，此之謂也。夫病已成而後藥之，亂已成而後治之，譬猶渴而穿井，鬥而鑄錐，不亦晚乎？

生氣通天論篇第三

黃帝曰：夫自古通天者生之本，本於陰陽。天地之間，六合之內，其氣九州九竅，五臟十二節，皆通乎天氣。其生五、其氣三，數犯此者，則邪氣傷人，此壽命之本也。

蒼天之氣，清淨則志意治，順之則陽氣固，雖有賊邪，弗能害也，此因時之序。故聖人傳精神，服天氣而通神明。失之則內閉九竅，外壅肌肉，衛氣散解。此謂自傷，氣之削也。（蒼天清靜之氣聖人調服之，故陽氣堅固；庸人逆之失之，故謂自傷也。）

陽氣者，若天與日，失其所，則折壽而不彰。故天運當以日光明，是故陽因而上，衛外者也。因於寒，欲如運樞，起居如驚，神氣乃浮。因於暑，汗煩則喘喝，靜則多言，體若燔炭，汗出而散。因於濕，首如裹，濕熱不攘，大筋軟短，小筋弛長，媆（ㄇㄨㄢˇ）短為拘，馳長為痿。因於氣，為腫，四維相代，陽氣乃竭。

陽氣者，煩勞則張，精絕，辟積於夏，使人煎厥，目盲不可以視，耳閉不可以聽，潰潰乎若壞都，汩汩乎不可止。

陽氣者，大怒則形氣絕；而血菀（ㄨㄢ）於上，使人薄厥。有傷於筋，縱，其若不容，汗出偏沮，使人偏枯。汗出見濕，乃生痤（ㄘㄨㄛˊ）疿（ㄈㄟˋ）。高梁之變，足生

大丁，受如持虛。勞汗當風，寒薄為皶（ㄓㄚ，為面鼻赤皰也），鬱乃痤。

　　陽氣者，精則養神，柔則養筋。開闔不得，寒氣從之，乃生大僂。陷脈為瘺，留連肉腠。俞氣化薄，傳為善畏，及為驚駭。營（榮）氣不從，逆於肉理，乃生癰腫。魄汗未盡，形弱而氣爍，穴俞以閉，發為風瘧。

　　故風者，百病之始也，清靜則肉腠閉拒，雖有大風苛毒，弗之能害，此因時之序也。故病久則傳化，上下不並，良醫弗（勿）為。故陽蓄積病死。而陽氣當隔，隔者當瀉，不亟正治，粗乃敗之。故陽氣者，一日而主外，平旦人氣生，日中而陽氣隆，日西而陽氣已虛，氣門乃閉。是故暮而收拒，無擾筋骨，無見霧露，反此三時，形乃困薄。

　　岐伯曰：陰者，藏精而起亟（數也）也；陽者，衛外而為固也。陰不勝其陽，則脈流薄疾，並乃狂。陽不勝其陰，則五臟氣爭，九竅不通。是以聖人陳（彌布也）陰陽，筋脈和同，骨髓堅固，氣血皆從。如是則內外調和，邪不能害，耳目聰明，氣立如故。風客淫氣，精乃亡，邪傷肝也。因而飽食，筋脈橫解，腸澼為痔。因而大飲，則氣逆。因而強力，腎氣乃傷，高骨（腰高之骨壞而不能動，腎將憊也）乃壞。凡陰陽之要，陽密乃固。兩者不和，若春無秋，若冬無夏。因而和之，是謂聖度。故陽強不能密，陰氣乃絕；陰平陽秘，精神乃治；陰陽離決，精氣乃絕。因於露風，乃生寒熱。是以春傷於風，邪氣留連，乃為洞泄；夏傷於暑，秋為痎（ㄐㄧㄝ）瘧；秋傷於濕，上逆而咳，發為痿厥；冬傷於寒，春必溫病（溫）。四時之氣，更傷五臟。

陰之所生，本在五味；陰之五宮，傷在五味。是故味過於酸，肝氣以津，脾氣乃絕；味過於鹹，大骨（腰高之骨，腎之府也）氣勞，短肌，心氣抑；味過於甘，心氣喘滿，色黑，腎氣不衡；味過於苦，脾氣不濡，胃氣乃厚；味過於辛，筋脈沮弛（金氣勝則筋脈馳懈也），精神乃央（通殃）。是故謹和五味，骨正筋柔，氣血以流，腠理以密，如是，則骨氣以精。謹道如法，長有天命。

陰陽應象大論篇第五

　　黃帝曰：陰陽者，天地之道也，萬物之綱紀，變化之父母，生殺之本始，神明之府也。

　　治病必求於本。故積陽為天，積陰為地。陰靜陽躁，陽生陰長，陽殺陰藏。陽化氣，陰成形。寒極生熱，熱極生寒。寒氣生濁，熱氣生清。清氣在下，則生飧泄；濁氣在上，則生䐜脹。此陰陽反作，病之從逆也。故清陽為天，濁陰為地；地氣上為雲，天氣下為雨。雨出地氣，雲出天氣。故清陽出上竅，濁陰出下竅。清陽發腠（ㄘㄡˋ）理，（腠者三焦通會元真之處；理者皮膚臟腑之文理，或謂皮下肌肉之空隙。）濁陰走五藏。清陽實四支（肢），濁陰歸六府。

　　水為陰，火為陽，陽為氣，陰為味。味歸形，形歸氣，氣歸精，精歸化；精食氣，形食味，化生精，氣生形；味傷形，氣傷精；精化為氣，氣傷於味。陰味出下竅，陽氣出上竅。味厚者為陰，薄為陰之陽。氣厚者為陽，薄為陽之陰。味厚則泄，薄則通。氣薄則發洩，厚則發熱。

壯火之氣衰，少火之氣壯，壯火食氣，氣食少火，壯火散氣，少火生氣。（隱庵眉批曰：火為陽，陽為氣，人藉後天之氣味以養此精氣，而先天之火不可壯也，精勝則其壯而火平矣。）

氣味辛甘發散為陽，酸苦湧泄為陰。陰勝則陽病，陽勝則陰病。陽勝則熱，陰勝則寒。重寒則熱，重熱則寒。寒傷形，熱傷氣；氣傷痛，形傷腫。故先痛而後腫者，氣傷形也；先腫後痛者，形傷氣也。

風勝則動，熱勝則腫，燥勝則乾，寒勝則浮，濕勝則濡瀉。天有四時五行，以生長收藏，以生寒暑燥濕風。人有五藏化五氣，以生喜怒悲憂恐。故喜怒傷氣，寒暑傷形。暴怒傷陰，暴喜傷陽。厥氣上行，滿脈去形。喜怒不節，寒暑過度，生乃不固。故重陰必陽，重陽必陰。故曰：冬傷於寒，春必病溫；春傷於風，夏生飧泄；夏傷於暑，秋必痎（ㄐㄧㄝ）瘧；秋傷於濕，冬生咳嗽。

帝曰：余聞上古聖人，論理人形，列別藏腑，端絡經脈，會通六合，各從其經；氣穴所發，各有處名；谿（ㄒㄧ，意同溪）谷屬骨，皆有所起；分部逆從，各有條理；四時陰陽，盡有經紀；內外之應，皆有表裡。其信然乎？

岐伯對曰：東方生風，風生木，木生酸，酸生肝，肝生筋，筋生心，肝主目。其在天為玄，在人為道，在地為化。化生五味，道生智，玄生神。神在天為風，在地為木，在體為筋，在藏為肝，在色為蒼，在音為角，在聲為呼，在變動為握，在竅為目，在味為酸，在志為怒。怒傷肝，悲勝怒；風傷筋，燥勝風；酸傷筋，辛勝酸。

南方生熱，熱生火，火生苦，苦生心，心生血，血生脾，心主舌。其在天為熱，在地為火，在體為脈，在藏為心，在色為赤，在音為徵，在聲為笑，在變動為憂，在竅為舌，在味為苦，在志為喜。喜傷心，恐勝喜；熱傷氣，寒勝熱；苦傷氣，鹹勝苦。

中央生濕，濕生土，土生甘，甘生脾，脾生肉，肉生肺，脾主口。其在天為濕，在地為土，在體為肉，在藏為脾，在色為黃，在音為宮，在聲為歌，在變動為噦（ㄩㄝˋ，嘔吐之聲也），在竅為口，在味為甘，在志為思。思傷脾，怒勝思；濕傷肉，風勝濕；甘傷肉，酸勝甘。

西方生燥，燥生金，金生辛，辛生肺，肺生皮毛，皮毛生腎，肺主鼻。其在天為燥，在地為金，在體為皮毛，在藏為肺，在色為白，在音為商，在聲為哭，在變動為咳，在竅為鼻，在味為辛，在志為憂。憂傷肺，喜勝憂；熱傷皮毛，寒勝熱；辛傷皮毛，苦勝辛。

北方生寒，寒生水，水生鹹，鹹生腎，腎生骨髓，髓生肝，腎主耳。其在天為寒，在地為水，在體為骨，在藏為腎，在色為黑，在音為羽，在聲為呻，在變動為栗，在竅為耳，在味為鹹，在志為恐。恐傷腎，思勝恐；寒傷血，燥勝寒；咸傷血，甘勝鹹。

故曰：天地者，萬物之上下也；陰陽者，血氣之男女也；左右者，陰陽之道路也；水火者，陰陽之徵兆也；陰陽者，萬物之能（ㄋㄞˋ）始也。故曰：陰在內，陽之守也；陽在外，陰之使也。

帝曰：法陰陽奈何？

岐伯曰：陽勝則身熱，腠理閉，喘粗為之俯仰，汗不出而熱齒乾，以煩冤腹滿死，能冬不能夏。陰勝則身寒，汗出，身常清，數栗而寒，寒則厥，厥則腹滿死，能夏不能冬。此陰陽更勝之變，病之形能也。

帝曰：調此二者奈何？

岐伯曰：能知七損八益，則二者可調。不知用此，則早衰之節也。年四十而陰氣自半也，起居衰矣；年五十，體重，耳目不聰明矣。年六十，陰痿，氣大衰，九竅不利，下虛上實，涕泣俱出矣。故曰：知之則強，不知則老，故同出而異名耳。（隱庵曰神氣生於陰精，故同出於太乙之真，而有精氣神三者之異名耳）智者察同，愚者察異，愚者不足，智者有餘。有餘則耳目聰明，身體輕強，老者復壯，壯者益治。是以聖人為無為之事，樂恬（憺）澹之能，從欲快志於虛無之守，故壽命無窮，與天地終，此聖人之治身也。

天不足西北，故西北方陰也，而人右耳目不如左明也。地不滿東南，故東南方陽也，而人左手足不如右強也。

帝曰：何以然？

岐伯曰：東方陽也，陽者其精並於上，並於上則上明而下虛，故使耳目聰明而手足不便也；西方陰也，陰者其精並於下，並於下則下盛而上虛，故其耳目不聰明而手足便也。故俱感於邪，其在上則右甚，在下則左甚，此天地陰陽所不能全也，故邪居之。故天有精，地有形，天有八紀，地有五裡（通理），故能為萬物之父母。清陽上天，濁陰歸地，是故天地之動靜，神明為之綱紀，故能以生長收藏，終而復始。惟賢人上配天以養頭，下象地以養足，中傍人事以養五藏。天氣

通於肺，地氣通於嗌，風氣通於肝，雷氣通於心，谷氣通於脾，雨氣通於腎。六經為川，腸胃為海，九竅為水注之氣。以天地為之陰陽，陽之汗，以天地之雨名之；陽之氣，以天地之疾風名之。暴氣象雷，逆氣象陽，故治不法天之紀，不用地之理，則災害至矣。故邪風之至，疾如風雨。

故善治者治皮毛，其次治肌膚，其次治筋脈，其次治六府，其次治五藏。治五藏者，半死半生也。故天之邪氣，感則害人五藏；水穀之寒熱，感則害於六府；地之濕氣，感則害皮肉筋脈。

故善用針者，從陰引陽，從陽引陰，以右治左，以左治右，以我知彼，以表知裡，以觀過與不及之理，見微得過，用之不殆。

善診者，察色按脈，先別陰陽。審清濁而知部分，視喘息，聽音聲，而知所苦。觀權衡規矩，而知病所主，按尺寸，觀浮沉滑澀，而知病所生以治。無過以診，則不失矣。

故曰：病之始起也，可刺而已；其盛，可待衰而已。故因其輕而揚之，因其重而減之，因其衰而彰之。形不足者，溫之以氣；精不足者，補之以味。其高者因而越之，其下者引而竭之，中滿者瀉之於內。其有邪者，漬形以為汗。其在皮者，汗而發之。其慓悍者，按而收之。其實者，散而寫（瀉）之。審其陰陽，以別柔剛，陽病治陰，陰病治陽。定其血氣，各守其鄉。血實宜決之，氣虛宜掣引之。

移精變氣論篇第十三

黃帝問曰：余聞古之治病，惟其移精變氣，可祝由而已。

今世治病，毒藥治其內，針石治其外，或愈或不愈，何也？

岐伯對曰：往古人居禽獸之間，動作以避寒，陰居以避暑，內無眷慕之累，外無伸官之形，此恬憺之世，邪不能深入也。故毒藥不能治其內，針石不能治其外，故可移精祝由而已。當今之世不然，憂患緣其內，苦形傷其外，又失四時之從，逆寒暑之宜，賊風數（suo）至，虛邪朝夕，內至五藏骨髓，外傷空竅肌膚，所以小病必甚，大病必死，故祝由不能已也。

帝曰：善。余欲臨病人，觀死生，決嫌疑，欲知其要，如日月光，可得聞乎？

岐伯曰：色脈者，上帝之所貴也，先師之所傳也。上古使僦（jiu租賃）貸季理色脈而通神明，合之金木水火土，四時八風六合，不離其常。變化相移，以觀其妙，以知其要。欲知其要，則色脈是矣。色以應日，脈以應月，常求其要，則其要也。夫色之變化，以應四時之脈，此上帝之所貴，以合於神明也。所以遠死而近生。生道以長，命曰聖王。

中古之治病，至而治之，湯液十日，以去八風五痺之病。十日不已，治以草蘇草荄（ㄍㄞ）之枝，本末為助，標本已得，邪氣乃服。

暮世之治病也則不然，治不本四時，不知日月，不審逆從。病形已成，乃欲微針治其外，湯液治其內，粗工凶凶，以為可攻，故病未已，新病復起。

帝曰：願聞要道。

岐伯曰：治之要極，無失色脈，用之不惑，治之大則。逆從到（倒也。）行，標本不得，亡神失國。去故就新，乃得真人（暮世之人能修養精氣，亦可益壽而極而為真人也。）。

帝曰：余聞其要於夫子矣，夫子言不離色脈，此余之所知也。

岐伯曰：治之極於一。

帝曰：何謂一？

岐伯曰：一者因得之。（陰庵曰：因其情意而得之也。）

帝曰：奈何？

岐伯曰：閉戶塞牖，繫之病者，數問其情，以從其意。得神者昌，失神者亡。

帝曰：善！

平人氣象論篇第十八

黃帝問曰：平人何如？岐伯對曰：人一呼脈再動，一吸脈亦再動，呼吸定息脈五動，閏以太息（隱庵曰：閏，餘也。太息者，呼吸定息之時，有餘不盡，而脈又一動，如歲之有閏也。）命曰平人。平人者，不病也。常以不病調病人，醫不病，故為病人平息以調之為法。人一呼脈一動，一吸脈一動，曰少氣。人一呼脈三動，一吸脈三動而躁，尺熱曰病溫，尺不熱脈滑曰病風，脈澀曰痺。人一呼脈四動以上曰死，脈絕不至曰死，乍疏乍數曰死。

平人之常氣稟於胃，胃者，平人之常氣也。人無胃氣曰逆，逆者死。春胃微弦曰平，弦多胃少曰肝病，但弦無胃曰死。胃而有毛曰秋病，毛甚曰今病。藏真散於肝，肝藏筋膜之氣也。夏胃微鉤曰平，鉤多胃少曰心病，但鉤無胃曰死。胃而有石曰冬病，石甚曰今病。藏真通於心，心藏血脈之氣也。長夏胃微耎弱曰平，弱多胃少白脾病，但代無胃曰死。軟弱有

石曰冬病，弱甚曰今病。藏真濡於脾，脾藏肌肉之氣也。秋胃微毛曰平，毛多胃少曰肺病，但毛無胃曰死。毛而有弦曰春病，弦甚曰今病。藏真高於肺，以行榮衛陰陽也。冬胃微石曰平，石多胃少曰腎病，但石無胃曰死。石而有鉤曰夏病，鉤甚曰今病。藏真下於腎，腎藏骨髓之氣也。胃之大絡，各曰虛裡。貫鬲絡肺，出於左乳下。其動應衣，脈宗氣也。盛喘數絕者，則病在中。結而橫，有積矣。絕不至，曰死。乳之下，其動應衣，宗氣泄也。

　　欲知寸口太過與不及。寸口之脈中手短者，曰頭痛；寸口脈中手長者，曰足脛痛；寸口脈中手促上擊者，曰肩背痛；寸口脈沉而堅者，曰病在中；寸口脈浮而盛者，曰病在外。寸口脈沉而弱，曰寒熱及疝瘕少腹痛；寸口脈沉而橫，曰脅下有積，腹中有橫積痛；寸口脈沉而喘，曰寒熱。脈盛滑堅者，曰病在外；脈小實而堅者，病在內。脈小弱以濇，謂之久病；脈滑浮而疾者，謂之新病。脈急者，曰疝瘕少腹痛；脈滑，曰風；脈濇，曰痺；緩而滑，曰熱中；盛而緊，曰脹。脈從陰陽病易已，脈逆陰陽病難已，脈得四時之順曰病無他，脈反四時及不間藏，曰難已。

　　臂多青脈曰脫血。尺脈緩濇，謂之解（人加亦：懈惰。），安臥；脈盛，謂之脫血；尺濇脈滑，謂之多汗；尺寒脈細，謂之後泄；脈尺粗常熱者，謂之熱中。肝見庚辛死，心見壬癸死，脾見甲乙死，肺見丙丁死，腎見戊己死，是謂真藏見者死（此論真藏脈見而死於勝克之時日也。）。頸脈動，喘疾咳，曰水；目內微腫，如臥蠶起之狀，曰水；溺黃赤安臥者，黃疸；已食如饑者，胃疸；面腫，曰風；足脛腫，曰水；目黃者，曰黃疸。婦人手少陰脈動甚者，妊子也。

脈有逆從，四時未有藏形，春夏而脈瘦，秋冬而脈浮大，命曰逆四時也。風熱而脈靜，泄而脫血脈實，病在中脈虛，病在外脈澀堅者，皆難治，命曰反四時也。

人以水穀為本，故人絕水穀則死，脈無胃氣亦死。所謂無胃氣者，但得真藏脈，不得胃氣也。所謂脈不得胃氣者，肝不弦腎不石也。太陽脈至，洪大以長；少陽脈至，乍數乍疏，乍短乍長；陽明脈至，浮大而短。夫平心脈來，累累如連珠，如循琅玕（ㄌㄤˊ ㄍㄢ，美石之似珠者也。）曰心平，夏以胃氣為本。病心脈來，喘喘連屬，其中微曲，曰心病。死心脈來，前曲後居，如操帶鉤，曰心死。平肺脈來，厭厭聶聶，如落榆莢，曰肺平，秋以胃氣為本。病肺脈來，不上不下，如循雞羽，曰肺病。死肺脈來，如物之浮，如風吹毛，曰肺死。平肝脈來，耎弱招招，如揭長竿末梢，曰肝平，春以胃氣為本。病肝脈來，盈實而滑，如循長竿，曰肝病。死肝脈來，急益勁，如新張弓弦，曰肝死。平脾脈來，和柔相離，如雞踐地，曰脾平，長夏以胃氣為本。病脾脈來，實而盈數，如雞舉足，曰脾病。死脾脈來，銳堅如鳥之喙，如鳥之距，如屋之漏，如水之流，曰脾死。平腎脈來，喘喘累累如鉤，按之而堅，曰腎平，冬以胃氣為本。病腎脈來，如引葛，按之益堅，曰腎病。死腎脈來，發如奪索，辟辟如彈石，曰腎死。

藏氣法時論篇第二十二

黃帝問曰：合人形以法四時五行而治，何如而從？何如而逆？得失之意，願聞其事。岐伯對曰：五行者，金木水火土也，更貴更賤，以知死生，以決成敗，而定五藏之氣，間甚之

時，死生之期也。帝曰：願卒聞之。岐伯曰：肝主春，足厥陰少陽主治。其日甲乙，肝苦急，急食甘以緩之。心主夏，手少陰太陽主治。其日丙丁，心苦緩，急食酸以收之。脾主長夏，足太陰陽明主治。其日戊己，脾苦濕，急食苦以燥之。肺主秋，手太陰陽明主治。其日庚辛，肺苦氣上逆，急食苦以泄之。腎主冬，足少陰太陽主治。其日壬癸，腎苦燥，急食辛以潤之，開腠理，致津液，通氣也。病在肝，愈於夏，夏不愈，甚於秋，秋不死，持於冬，起於春。禁當風。肝病者，愈在丙丁；丙丁不愈，加於庚辛，庚辛不死，持於壬癸，起於甲乙。肝病者，平旦慧，下晡甚，夜半靜。肝欲散，急食辛以散之，用辛補之，酸瀉之。病在心，愈在長夏；長夏不愈，甚於冬；冬不死，持於春，起於夏。禁溫食熱衣。心病者，愈在戊己，戊己不愈，加於壬癸，壬癸不死，持於甲乙，起於丙丁。心病者，日中慧，夜半甚，平旦靜。心欲耎，急食鹹以耎之，用鹹補之，甘瀉之。病在脾，愈在秋，秋不愈，甚於春，春不死，持於夏，起於長夏。禁溫食飽食，濕地濡衣。脾病者，愈在庚辛；庚辛不愈，加於甲乙，甲乙不死，持於丙丁，起於戊己。脾病者，日昳（ㄉ一ㄝˊ，日昃也）慧，日出甚，下晡靜。脾欲緩，急食甘以緩之，用苦瀉之，甘補之。病在肺，愈在冬，冬不愈，甚於夏，夏不死，持於長夏，起於秋，禁寒飲食寒衣。肺病者，愈在壬癸，壬癸不愈，加於丙丁，丙丁不死，持於戊己，起於庚辛。肺病者，下晡慧，日中甚，夜半靜。肺欲收，急食酸以收之，用酸補之，辛瀉之。病在腎，愈在春，春不愈，甚於長夏，長夏不死，持於秋，起於冬。禁犯焠（ㄘㄨㄟˋ）焫（爆漬之熱食也）熱食溫炙衣。

腎病者，愈在甲乙，甲乙不愈，甚於戊己，戊己不死，持於庚辛，起於壬癸。腎病者，夜半慧，四季甚，下晡靜。腎欲堅，急食苦以堅之，用苦補之，鹹瀉之。夫邪氣之客於身也，以勝相加，至其所生而愈，至其所不勝而甚，至於所生而持，自得其位而起。必先定五藏之脈，乃可言間甚之時，死生之期也。

肝病者，兩脅下痛引少腹，令人善怒。虛則目䀮䀮（ㄏㄨㄤ，不明也）無所見，耳無所聞，善恐，如人將捕之。取其經，厥陰與少陽，氣逆則頭痛，耳聾不聰，頰腫。取血者。心病者，胸中痛，脅支滿，脅下痛，膺背肩胛間痛，兩臂內痛；虛則胸腹大，脅下與腰相引而痛，取其經，少陰太陽，舌下血者。其變病刺郄（ㄒㄧˋ）中（舌下）血者。脾病者，身重，善肌肉痿，足不收行，善瘈，腳下痛。虛則腹滿腸鳴，飧泄食不化。取其經，太陰陽明少陰血者。肺病者，喘咳逆氣，肩背痛，汗出，尻陰股膝髀腨（ㄔㄨㄢˋ）足皆痛。虛則少氣不能報息，耳聾嗌乾。取其經，太陰足太陽之外厥陰內血者。腎病者，腹大脛腫，喘咳身重，寢汗出憎風。虛則胸中痛，大腹小腹痛，清厥意不樂。取其經，少陰太陽血者。

肝色青，宜食甘，粳米牛肉棗葵皆甘。心色赤，宜食酸，小豆犬肉李韭皆酸。肺色白，宜食苦，麥羊肉杏薤皆苦。脾色黃，宜食鹹，大豆豕肉栗藿皆鹹。腎色黑，宜食辛，黃黍雞肉桃蔥皆辛。辛散，酸收，甘緩，苦堅，鹹耎。

毒藥攻邪，五穀為養，五果為助，五畜為益，五菜為充。氣味合而服之，以補精益氣。此五者，有辛酸甘苦鹹，各有所利，或散或收，或緩或急，或堅或耎，四時五臟，病隨五味所宜也。

至真要大論篇第七十四

黃帝問曰：五氣交合，盈虛更作，餘知之矣。六氣分治，司天地者，其至何如？岐伯再拜對曰：明乎哉問也！天地之大紀，人神之通應也。帝曰：願聞上合昭昭，下合冥冥奈何？岐伯曰：此道之所主，工之所疑也。帝曰：願聞其道也。岐伯曰：厥陰司天，其化以風；少陰司天，其化以熱；太陰司天，其化以濕；少陽司天，其化以火；陽明司天，其化以燥；太陽司天，其化以寒。以所臨藏位，命其病者也。帝曰：地化奈何？岐伯曰：司天同候，間氣皆然。帝曰：間氣何謂？岐伯曰：司左右者，是謂間氣也。帝曰：何以異之？岐伯曰：主歲者紀歲，間氣者紀步也。

帝曰：善。歲主奈何？岐伯曰：厥陰司天為風化，在泉為酸化，司氣為蒼化，間氣為動化；少陰司天為熱化，在泉為苦化，不司氣化，居氣為灼化；太陰司天為濕化，在泉為甘化，司氣為齡化，間氣為柔化；少陰司天為火化，在泉為苦化，司氣為丹化，間氣為明化；陽明司天為燥化，在泉為辛化，司氣為素化，間氣為清化；太陽司天為寒化，在泉為咸化，司氣為玄化，間氣為藏化。故治病者，必明六化分治，五味五色所生，五藏所宜，乃可以言盈虛病生之緒也。帝曰：厥陰在泉而酸化，先餘知之矣。風化之行也何如？岐伯曰：風行於地，所謂本也。餘氣同法。本乎天者，天之氣也；本乎地者，地之氣也。天地合氣，六節分而萬物化生矣。故曰：謹候氣宜，無失病機。此之謂也。

帝曰：其主病何如？岐伯曰：司歲備物，則無遺主矣。帝

曰：先歲物何也？岐伯曰：天地之專精也。帝曰：司歲者何如？岐伯曰：司氣者主歲同，然有餘不足也。帝曰：非司歲物何謂也？岐伯曰：散也，故質同而異等也，氣味有薄厚，性用有躁靜，治保有多少，力化有淺深，此之謂也。帝曰：歲主藏害何謂？岐伯曰：以所不勝命之，則其要也。帝曰：治之奈何？岐伯曰：上淫於下，所勝平之；外淫於內，所勝治之。帝曰：善。平氣何如？岐伯曰：謹察陰陽所在而調之，以平為期。正者正治，反者反治。

　　帝曰：夫子言察陰陽所在而調之，論言人迎與寸口，相應若引繩，大小齊等，命曰平。陰之所在，寸口何如？岐伯曰：視歲南北，可知之矣。帝曰：願卒聞之。岐伯曰：北政之歲，少陰在泉，則寸口不應；厥陰在泉，則右不應；太陰在泉，則左不應。南政之歲，少陰司天，則寸口不應；厥陰司天，則右不應；太陰司天，則左不應。諸不應者，反其診則見矣。

　　帝曰：尺候何如？岐伯曰：北政之歲，三陰在下，則寸不應；三陰在上，則尺不應。南政之歲，三陰在天，則寸不應；三陰在泉，則尺不應。左右同。故曰：知其要者，一言而終，不知其要，流散無窮，此之謂也。（隱庵曰：知其要者，知少陰之不思氣化，隨陰陽而居上居下也。五藏之氣見於六脈，而後合於六氣，是感五運之氣而見於寸尺也。故曰天地之氣無以脈診。蓋為司天在泉之六氣，不形於診也。）

　　帝曰：善。天地之氣，內淫而病何如？岐伯曰：歲厥陰在泉，風淫所勝，則地氣不明，平野昧，草乃早秀。民病灑灑振寒，善伸數欠，心痛支滿，兩脅裡急，飲食不下，鬲咽不通，食則嘔，腹脹善噫，得後與氣，則快然如衰，身體皆重。

歲少陰在泉，熱淫所勝，則焰浮川澤，陰處反明。民病腹中常鳴，氣上沖胸，喘不能久立，寒熱皮膚痛，目瞑齒痛頰（ㄓㄨㄛˊ）腫，惡寒發熱如瘧，少腹中痛，腹大，蟄蟲不藏。

歲太陰在泉，草乃早榮，濕淫所勝，則埃昏岩谷，黃反見黑，至陰之交。民病飲積心痛，耳聾，渾渾焞焞，嗌腫喉痺，陰病血見，少腹痛腫，不得小便，病沖頭痛，目似脫，項似拔，腰似折，髀不可以回，膕如結，（月耑）如別。

歲少陽在泉，火淫所勝，則焰明郊野，寒熱更至。民病注泄赤白，少腹痛，溺赤，甚則血便，少陰同候。

歲陽明在泉，燥淫所勝，則霧霧清瞑。民病喜嘔，嘔有苦，善太息，心脅痛不能反側，甚則嗌乾面塵，身無膏澤，足外反熱。

歲太陽在泉，寒淫所勝，則凝肅慘栗。民病少腹控睪，引腰脊，上沖心痛，血見，嗌痛頷腫。

帝曰：善。治之奈何？岐伯曰：諸氣在泉。

風淫於內，治以辛涼，佐以苦甘，以甘緩之，以辛散之。

熱淫於內，治以鹹寒，佐以甘苦，以酸收之，以苦發之。

濕淫於內，治以苦熱，佐以酸淡，以苦燥之，以淡泄之。

火淫於內，治以咸冷，佐以苦辛，以酸收之，以苦發之。

燥淫於內，治以苦溫，佐以甘辛，以苦下之。

寒淫於內，治以甘熱，佐以苦辛，以鹹寫之，以辛潤之，以苦堅之。

帝曰：善。天氣之變何如？岐伯曰：厥陰司天，風淫所勝，則太虛埃昏，雲物以擾，寒生春氣，流水不冰，蟄蟲不去，民病胃脘當心而痛，上支兩脅，鬲咽不通，飲食不下，

舌本強，食則嘔，冷泄腹脹，溏泄瘕水閉，蟄蟲不去。病本於脾。沖陽絕，死不治。

　　少陰司天，熱淫所勝，怫熱至，火行其政。民病胸中煩熱，嗌乾，右胠滿，皮膚痛，寒熱咳喘，大雨且至，唾血血泄，鼽衄嚏嘔，溺色變，甚則瘡瘍胕腫，肩背臂臑及缺盆中痛，心痛，肺（月真）腹大滿，膨膨而喘咳，病本於肺，尺澤絕，死不治。

　　太陰司天，濕淫所勝，則沉陰且布，雨變枯槁，胕腫骨痛陰痹，陰痹者，按之不得，腰脊頭項痛，時眩大便難，陰氣不用，饑不欲食，咳唾則有血，心如懸。病本於腎。太谿絕，死不治。

　　少陽司天，火淫所勝，則溫氣流行，金政不平。民病頭痛，發熱惡寒而瘧，熱上皮膚痛，色變黃赤，傳而為水，身面胕腫，腹滿仰息，泄注赤白，瘡瘍，咳唾血煩心，胸中熱，甚則鼽衄，病本於肺。天府絕，死不治。

　　陽明司天，燥淫所勝，則本乃晚榮，草乃晚生，筋骨內變。民病左胠脅痛，寒清於中，感而瘧，大涼革候，咳，腹中鳴注泄鶩溏，名木斂，生菀於下，草焦上首，心脅暴痛，不可反側，嗌乾面塵，腰痛，丈夫㿉疝，婦人少腹痛，目昧眥瘍，瘡痤癰，蟄蟲來見。病本於肝，太沖絕，死不治。

　　太陽司天，寒淫所勝，則寒氣反至，水且冰，血變於中，發為癰瘍。民病厥心痛，嘔血血泄，鼽衄善悲，時眩僕，運火炎烈，雨暴乃雹，胸腹滿，手熱肘攣掖腫，心澹澹大動，胸脅胃脘不安，面赤目黃，善噫嗌乾，甚則色炲，渴而欲飲。病本於心，神門絕，死不治。所謂動氣，知其藏也。

帝曰：善。治之奈何？

　　岐伯曰：司天之氣，風淫所勝，平以辛涼，佐以苦甘，以甘緩之，以酸瀉之。

　　熱淫所勝，平以鹹寒，佐以苦甘，以酸收之。

　　濕淫所勝，平以苦熱，佐以酸辛，以苦燥之，以淡泄之。

　　濕上甚而熱，治以苦溫，佐以甘辛，以汗為故而止。

　　火淫所勝，平以酸冷，佐以苦甘，以酸收之，以苦發之，以酸復之。熱淫同。

　　燥淫所勝，平以苦濕，佐以酸辛，以苦下之。寒淫所勝，平以辛熱，佐以甘苦，以鹹瀉之。

　　帝曰：善。邪氣反勝，治之奈何？

　　岐伯曰：風司於地，清反勝之，治以酸溫，佐以苦甘，以辛平之。

　　熱司於地，寒反勝之，治以甘熱，佐以苦辛，以咸平之。

　　濕司於地，熱反勝之，治以苦冷，佐以咸甘，以苦平之。

　　火司於地，寒反勝之，治以甘熱，佐以苦辛，以咸平之。

　　燥司於地，熱反勝之，治以平寒，佐以苦甘，以辛平之，以和為利。

　　寒司於地，熱反勝之，治以咸冷，佐以甘辛，以苦平之。

　　帝曰：其司天邪勝何如？

　　岐伯曰：風化於天，清反勝之，治以酸溫，佐以甘苦；熱化於天，寒反勝之，治以甘溫，佐以苦酸辛；濕化於天，熱反勝之，治以苦寒，佐以苦酸；火化於天，寒反勝之，治以甘熱，佐以苦辛；燥化於天，熱反勝之，治以辛寒，佐以苦甘；寒化於天，熱反勝之，治以咸冷，佐以苦辛。

帝曰：六氣相勝奈何？岐伯曰：厥陰之勝，耳鳴頭眩，憒憒欲吐，胃鬲如寒，大風數舉，倮蟲不滋，胠脅氣並，化而為熱，小便黃赤，胃脘當心而痛，上支兩脅，腸鳴飧泄，少腹痛，注下赤白，甚則嘔吐，鬲咽不通。

少陰之勝，心下熱善饑，臍下反動，氣游三焦，炎暑至，木乃津，草乃萎，嘔逆躁煩，腹滿痛溏泄，傳為赤沃。

太陰之勝，火氣內鬱，瘡瘍於中，流散於外，病在胠脅，甚則心痛，熱格頭痛，喉痹項強，獨勝則濕氣內鬱，寒迫下焦，痛留頂，互引眉間，胃滿，雨數至，燥化乃見，少腹滿，腰椎脽重強，內不便，善注泄，足下溫頭重，足脛胕腫，飲發於中，胕腫於上。

少陽之勝，熱客於胃，煩心心痛，目赤欲嘔，嘔酸善饑，耳痛溺赤，善驚譫妄，暴熱消爍，草萎水涸，介蟲乃屈，少腹痛，下沃赤白。

陽明之勝，清發於中，左胠脅痛，溏泄，內為嗌塞，外發㿉疝，大涼肅殺，華英改容，毛蟲乃殃，胸中不便，嗌塞而咳。

太陽之勝，凝栗且至，非時水冰，羽乃後化，痔瘧發，寒厥入胃，則內生心痛，陰中乃瘍，隱曲不利，互引陰股，筋肉拘苛，血脈凝泣，絡滿色變，或為血泄，皮膚否腫，腹滿食減，熱反上行，頭項囟頂腦戶中痛，目如脫，寒入下焦，傳為濡瀉。

帝曰：治之奈何？岐伯曰：厥陰之勝，治以甘清，佐以苦辛，以酸瀉之。少陰之勝，治以辛寒，佐以苦咸，以甘瀉之。太陰之勝，治以鹹熱，佐以辛甘，以苦瀉之。

少陽之勝，治以辛寒，佐以甘咸，以甘瀉之。陽明之勝，治以酸溫，佐以辛苦，以苦瀉之。太陽之勝，治以甘熱，佐以辛酸，以鹹瀉之。

帝曰：六氣之復何如？岐伯曰：悉乎哉問也！厥陰之復，少腹堅滿，裡急暴痛，偃木飛沙，倮蟲不榮，厥心痛，汗發嘔吐，飲食不入，入而復出，筋骨掉眩，清厥，甚則入脾，食痺而吐。沖陽絕，死不治。

少陰之復，燠熱內作，煩躁鼽嚏，少腹絞痛，火見燔焫嗌燥，分注時止，氣動於左，上行於右，咳，皮膚痛，暴喑心痛，郁冒不知人，乃灑淅惡寒，振栗譫妄，寒已而熱，渴而欲飲，少氣骨痿，隔腸不便，外為浮腫噦噫，赤氣後化，流水不冰，熱氣大行，介蟲不復，病痱胗瘡瘍，癰疽痤痔，甚則入肺，咳而鼻淵。天府絕，死不治。

太陰之復，濕變乃舉，體重中滿，飲食不化，陰氣上厥，胸中不便，飲發於中，咳喘有聲。大雨時行，鱗見大陸，頭項痛重，而掉瘛尤甚，嘔而密默，唾吐清液，甚則入腎，竅瀉無度。太谿絕，死不治。

少陽之復，大熱將至，枯燥燔焫，介蟲乃耗，驚瘛咳衄，心熱煩躁，便數憎風，厥氣上行，面如浮埃，目乃瞤瘛，火氣內發，上為口糜嘔逆，血溢血泄，發而為瘧，惡寒鼓栗，寒極反熱，嗌絡焦槁，渴引水漿，色變黃赤，少氣脈萎，化而為水，傳為胕腫，甚則入肺，咳而血泄。尺澤絕，死不治。

陽明之復，清氣大舉，森木蒼幹，毛蟲乃厲。病生胠脅，氣歸於左，善太息，甚則心痛，否滿腹脹而泄嘔苦，咳噦煩心，病在鬲中，頭痛，甚則入肝，驚駭筋攣。太沖絕，死不治。

太陽之復，厥氣上行，水凝雨冰，羽蟲乃死，心胃生寒，胸膈不利，心痛否滿，頭痛善悲，時眩僕食減，腰椎雕反痛，屈伸不便，地裂冰堅，陽光不治，少腹控睪，引腰脊上沖心，唾出清水，及為噦噫，甚則入心，善忘善悲。神門絕，死不治。

帝曰：善。治之奈何？岐伯曰：厥陰之復，治以酸寒，佐以甘辛，以酸瀉之，以甘緩之。

少陰之復，治以鹹寒，佐以苦辛，以甘瀉之，以酸收之，辛苦發之，以鹹耎之；太陰之復，治以苦熱，佐以酸辛，以苦瀉之，燥之泄之。

少陽之復，治以咸冷，佐以苦辛，以咸耎之，以酸收之，辛苦發之，發不遠熱，無犯溫涼。少陰同法。

陽明之復，治以辛溫，佐以苦甘，以苦泄之，以苦下之，以酸補之。

太陽之復，治以鹹熱，佐以甘辛，以苦堅之。治諸勝復，寒者熱之，熱者寒之，溫者清之，清者溫之，散者收之，抑者散之，燥者潤之，急者緩之，堅者耎之，脆者堅之，衰者補之，強者瀉之，各安其氣，必清必靜，則病氣衰去，歸其所宗，此治之大體也。帝曰：善。氣之上下，何謂也？

岐伯曰：身半以上，其氣三矣，天之分也，天氣主之。身半以下，其氣三矣，地之分也，地氣主之。以名命氣，以氣命處，而言其病。半，所謂天樞也。故上勝而下俱病者，以地名之，下勝而上俱病者，以天名之。所謂勝至，報氣屈伏而未發也。復至則不以天地異名，皆如復氣為法也。

帝曰：勝復之動，時有常乎？氣有必乎？岐伯曰：時有常位，而氣無必也。帝曰：願聞其道也。岐伯曰：初氣終三

氣，天氣主之，勝之常也。四氣盡終氣，地氣主之，復之常也。有勝則復，無勝則否。帝曰：善。復已而勝何如？岐伯曰：勝至則復，無常數也，衰乃止耳。復已而勝，不復則害，此傷生也。（陰庵曰：勝氣可衰，復氣不可不復。）帝曰：復而反病何也？岐伯曰：居非其位，不相得也。大復其勝，則主勝之，故反病也，所謂火燥熱也。帝曰：治之何如？岐伯曰：夫氣之勝也，微者隨之，甚則制之，氣之復也，和者平之，暴者奪之。皆隨勝氣，安其屈伏，無問其數，以平為期，此其道也。

帝曰：善。客主之勝復奈何？岐伯曰：客主之氣，勝而無復也。帝曰：其逆從何如？岐伯曰：主勝逆，客勝從，天之道也。

帝曰：其生病何如？岐伯曰：厥陰司天，客勝則耳鳴掉眩，甚則咳；主勝則胸脅痛，舌難以言。

少陰司天，客勝則鼽嚏，頸項強，肩背瞀熱頭痛，少氣發熱，耳聾目瞑，甚則胕腫血溢，瘡瘍咳喘；主勝則心熱煩躁，甚則脅痛支滿。

太陰司天，客勝則首面胕腫，呼吸氣喘；主勝則胸腹滿，食已而瞀。

少陽司天，客勝則丹胗外發，及為丹熛，瘡瘍嘔逆，喉痹頭痛，嗌腫耳聾血溢，內為瘲瘲；主勝則胸滿咳仰息，甚而有血手熱。

陽明司天，清復內餘，則咳衄嗌塞，心鬲中熱，咳不止而白，血出者死。

太陽司天，客勝則胸中不利，出清涕，感寒則咳；主勝則喉嗌中鳴。

厥陰在泉，客勝則大關節不利，內為痙強拘瘛，外為不便；主勝則筋骨繇並，腰腹時痛。

少陰在泉，客勝則腰痛，尻股膝髀腨胻足病，瞀熱以酸，胕腫不能久立，溲便變；主勝則厥氣上行，心痛發熱，鬲中眾痹皆作，發於胠脅，魄汗不藏，四逆而起。

太陰在泉，客勝則足痿下重，便溲不時，濕客下焦，發而濡瀉及為腫，隱曲之疾；主勝則寒氣逆滿，食飲不下，甚則為疝。

少陽在泉，客勝則腰腹痛而反惡寒，甚則下白溺白；主勝則熱反上行而客於心，心痛發熱，格中而嘔。少陰同候。

陽明在泉，客勝則清氣動下，少腹堅滿而數便瀉；主勝則腰重腹痛，少腹生寒，下為鶩溏，則寒厥於腸，上沖胸中，甚則喘不能久立。

太陽在泉，寒復內餘，則腰尻痛，屈伸不利，股脛足膝中痛。

帝曰：善。治之奈何？岐伯曰：高者抑之，下者舉之，有餘折之，不足補之，佐以所利，和以所宜，必安其主客，適其寒溫，同者逆之，異者從之。帝曰：治寒以熱，治熱以寒，氣相得者逆之，不相得者從之，餘以知之矣。其於正味何如？岐伯曰：

木位之主，其瀉以酸，其補以辛。

火位之主，其瀉以甘，其補以鹹。

土位之主，其瀉以苦，其補以甘。

金位之主，其瀉以辛，其補以酸。

水位之主，其瀉以鹹，其補以苦。

厥陰之客，以辛補之，以酸瀉之，以甘緩之。

少陰之客，以鹹補之，以甘瀉之，以鹹收之。

太陰之客，以甘補之，以苦瀉之，以甘緩之。

少陽之客，以鹹補之，以甘瀉之，以鹹耎之。

陽明之客，以酸補之，以辛瀉之，以苦泄之。

太陽之客，以苦補之，以鹹瀉之，以苦堅之，以辛潤之。開發腠理，致津液，通氣也。

帝曰：善。願聞陰陽之三也何謂？岐伯曰：氣有多少異用也。帝曰：陽明何謂也？岐伯曰：兩陽合明也。帝曰：厥陰何也？岐伯曰：兩陰交盡也。帝曰：氣有多少，病有盛衰，治有緩急，方有大小，願聞其約奈何？岐伯曰：氣有高下，病有遠近，證有中外，治有輕重，適其至所為故也。大要曰：君一臣二，奇之制也；君二臣四，偶之制也；君二臣三，奇之制也；君二臣六，偶之制也。故曰：近者奇之，遠者偶之，汗者不以奇，下者不以偶，補上治上制以緩，補下治下制以急，急則氣味厚，緩則氣味薄，適其至所，此之謂也。病所遠而中道氣味之者，食而過之，無越其制度也。是故平氣之道，近而奇偶，制小其服也。遠而奇偶，制大其服也。大則數少，小則數多。多則九之，少則二之。奇之不去則偶之，是謂重方。偶之不去，則反佐以取之。所謂寒熱溫涼，反從其病也。

帝曰：善。病生於本，餘知之矣。生於標者，治之奈何？岐伯曰：病反其本，得標之病，治反其本，得標之方。帝曰：善。六氣之勝，何以候之？岐伯曰：乘其至也。清氣大來，燥之勝也，風木受邪，肝病生焉。熱氣大來，火之勝也，金燥受邪，肺病生焉。寒氣大來，水之勝也，火熱受邪，心病生焉。濕氣大來，土之勝也，寒水受邪，腎病生

焉。風氣大來，木之勝也，土濕受邪，脾病生焉。所謂感邪而生病也。乘年之虛，則邪甚也。失時之和，亦邪甚也。遇月之空，亦邪甚也。重感於邪，則病危矣。有勝之氣，其必來復也。

帝曰：其脈至何如？岐伯曰：厥陰之至其脈弦，少陰之至其脈鉤，太陰之至其脈沉，少陽之至大而浮，陽明之至短而澀，太陽之至大而長。至而和則平，至而甚則病，至而反者病，至而不至者病，未至而至者病，陰陽易者危。

帝曰：六氣標本，所從不同奈何？岐伯曰：氣有從本者，有從標本者，有不從標本者也。帝曰：願卒聞之。岐伯曰：少陽太陰從本，少陰太陽從本從標，陽明厥陰不從標本從乎中也。故從本者，化生於本，從標本者，有標本之化，從中者，以中氣為化也。帝曰：脈從而病反者，其診何如？岐伯曰：脈至而從，按之不鼓，諸陽皆然。

帝曰：諸陰之反，其脈何如？岐伯曰：脈至而從，按之鼓甚而盛也。是故百病之起，有生於本者，有生於標者，有生於中氣者。有取本而得者，有取標而得者，有取中氣而得者，有取標本而得者。有逆取而得者，有從取而得者。逆，正順也；若順，逆也。故知標與本，用之不殆，明知逆順，正行無問，此之謂也。不知是者，不足以言診，足以亂經。故大要曰：粗工嘻嘻，以為可知，言熱未已，寒病復始，同氣異形，迷診亂經，此之謂也。夫標本之道，要而博，小而大，可以言一而知百病之害。言標與本，易而勿損，察本與標，氣可令調，明知勝復，為萬民式，天之道畢矣。

帝曰：勝復之變，早晏何如？岐伯曰：夫所勝者，勝至已病，病已慍慍，而復已萌也。夫所復者，勝盡而起，得位

而甚，勝有微甚，復有少多，勝和而和，勝虛而虛，天之常也。帝曰：勝復之作，動不當位，或後時而至，其故何也？岐伯曰：夫氣之生與其化，衰盛異也。寒暑溫涼，盛衰之用，其在四維，故陽之動，始於溫，盛於暑，陰之動，始於清，盛於寒，春夏秋冬，各差其分。故大要曰：彼春之暖，為夏之暑，彼秋之忿，為冬之怒，謹按四維，斥候皆歸，其終可見，其始可知，此之謂也。

帝曰：差有數乎？岐伯曰：又凡三十度也。帝曰：其脈應皆何如？岐伯曰：差同正法，待時而去也。《脈要》曰：春不沉，夏不弦，冬不澀，秋不數，是謂四寒。沉甚曰病，弦甚曰病，澀甚曰病，數甚曰病，參見曰病，復見曰病，未去而去曰病，去而不去曰病，反者死。故曰：氣之相守司也，如權衡之不得相失也。夫陰陽之氣，清靜則生化治，動則苛疾起，此之謂也。帝曰：幽明何如？岐伯曰：兩陰交盡，故曰幽；兩陽相合，故曰明。幽明之配，寒暑之異也。

帝曰：分至何如？岐伯曰：氣至之謂至，氣分之謂分，至則氣同，分則氣異，所謂天地之正紀也。帝曰：夫子言春秋氣始於前，冬夏氣始於後，餘已知之矣。然六氣往復，主歲不常也，其補瀉奈何？岐伯曰：上下所主，隨其攸利，正其味，則其要也。左右同法。大要曰：少陽之主，先甘後鹹；陽明之主，先辛後酸；太陽之主，先鹹後苦；厥陰之主，先酸後辛；少陰之主，先甘後鹹；太陰之主，先苦後甘。佐以所利，資以所生，是謂得氣。

帝曰：善。夫百病之生也，皆生於風寒暑濕燥火，以之化之變也。經言盛者瀉之，虛者補之，余錫以方士，而方士

用之，尚未能十全，餘欲令要道必行，桴鼓相應，猶拔刺雪汙，工巧神聖，可得聞乎？岐伯曰：審察病機，無失氣宜，此之謂也。

帝曰：願聞病機何如？

岐伯曰：諸風掉眩，皆屬於肝。諸寒收引，皆屬於腎。

諸氣憤鬱，皆屬於肺。諸濕腫滿，皆屬於脾。

諸熱瞀瘛，皆屬於火。諸痛癢瘡，皆屬於心。

諸厥固泄，皆屬於下。諸痿喘嘔，皆屬於上。

諸禁鼓栗，如喪神守，皆屬於火。諸痙項強，皆屬於濕。

諸逆沖上，皆屬於火。諸脹腹大，皆屬於熱。

諸躁狂越，皆屬於火。諸暴強直，皆屬於風。

諸病有聲，鼓之如鼓，皆屬於熱。

諸病胕腫，疼酸驚駭，皆屬於火。

諸轉反戾，水液渾濁，皆屬於熱。

諸病水液，澄澈清冷，皆屬於寒。

諸嘔吐酸，暴注下迫，皆屬於熱。故大要曰：謹守病機，各司其屬，有者求之，無者求之，盛者責之，虛者責之，必先五勝，疏其血氣，令其調達，而致和平，此之謂也。

帝曰：善。五味陰陽之用何如？

岐伯曰：辛甘發散為陽，酸苦湧泄為陰，鹹味湧泄為陰，淡味滲泄為陽。六者或收或散，或緩或急，或燥或潤，或軟或堅，以所利而行之，調其氣，使其平也。帝曰：非調氣而得者，治之奈何？有毒無毒，何先何後？願聞其道。岐伯曰：有毒無毒，所治為主，適大小為制也。帝曰：請言其制。岐伯曰：君一臣二，制之小也；君一臣三佐五，制之中也；君

一臣三佐九，制之大也。寒者熱之，熱者寒之，微者逆之，甚者從之，堅者削之，客者除之，勞者溫之，結者散之，留者攻之，燥者濡之，急者緩之，散者收之，損者溫之，逸者行之，驚者平之，上之下之，摩之浴之，薄之劫之，開之發之，適事為故。

帝曰：何謂逆從？岐伯曰：逆者正治，從者反治，從少從多，觀其事也。帝曰：反治何謂？岐伯曰：熱因寒用，寒因熱用，塞因塞用，通因通用，必伏其所主，而先其所因，其始則同，其終則異，可使破積，可使潰堅，可使氣和，可使必已。帝曰：善。氣調而得者何如？岐伯曰：逆之從之，逆而從之，從而逆之，疏氣令調，則其道也。

帝曰：善。病之中外何如？岐伯曰：從內之外者，調其內；從外之內者，治其外；從內之外而盛於外者，先調其內而後治其外；從外之內而盛於內者，先治其外而後調其內；中外不相及，則治主病。

帝曰：善。火熱復惡寒發熱，有如瘧狀，或一日發，或間數日發，其故何也？岐伯曰：勝復之氣，會遇之時，有多少也。陰氣多而陽氣少，則其發日遠；陽氣多而陰氣少，則其發日近。此勝復相薄，盛衰之節，瘧亦同法。

帝曰：論言治寒以熱，治熱以寒，而方士不能廢繩墨而更其道也。有病熱者，寒之而熱，有病寒者，熱之而寒，二者皆在，新病復起，奈何治？岐伯曰：諸寒之而熱者取之陰，熱之而寒者取之陽，所謂求其屬也。

帝曰：善。服寒而反熱，服熱而反寒，其故何也？岐伯曰：治其王氣，是以反也。帝曰：不治王而然者何也？岐

伯曰：悉乎哉問也！不治五味屬也。夫五味入胃，各歸所喜攻，酸先入肝，苦先入心，甘先入脾，辛先入肺，鹹先入腎。久而增氣，物化之常也。氣增而久，夭之由也。

帝曰：善。方制君臣何謂也？岐伯曰：主病之謂君，佐君之謂臣，應臣之謂使，非上下三品之謂也。帝曰：三品何謂？岐伯曰：所以明善惡之殊貫也。帝曰：善。病之中外何如？岐伯曰：調氣之方，必別陰陽，定其中外，各守其鄉，內者內治，外者外治，微者調之，其次平之，盛者奪之，汗者下之，寒熱溫涼，衰之以屬，隨其攸利，謹道如法，萬舉萬全，氣血正平，長有天命。帝曰：善。

〈靈樞〉

天年第五十四

黃帝問於岐伯曰：願聞人之始生，何氣築為基？何立而為楯（ㄉㄨㄣ丶）？何失而死？何得而生？岐伯曰：以母為基，以父為楯，失神者死，得神者生也。黃帝曰：何者為神？岐伯曰：血氣已和，榮衛已通，五藏已成，神氣捨心，魂魄畢具，乃成為人。黃帝曰：人之壽夭各不同，或夭壽，或卒死，或病久，願聞其道。岐伯曰：五藏堅固，血脈和調，肌肉解利，皮膚緻密，營衛之行，不失其常，呼吸微徐，氣以度行，六府化穀，津液布揚，各如其常，故能長久。

黃帝曰：人之壽百歲而死，何以致之？岐伯曰：使道隧以長，基牆高以方，通調營衛，三部三裡起，骨高肉滿，百歲乃得終。黃帝曰：其氣之盛衰，以至其死，可得聞乎？岐伯

曰：人生十歲，五藏始定，血氣已通，其氣在下，故好步。二十歲，血氣始盛，肌肉方長，故好趨。三十歲，五藏大定，肌肉堅固，血脈盛滿，故好步。四十歲，五藏六府十二經脈皆大盛以平定，腠理始疏，榮華頹落，發頗頒白，平盛不搖，故好坐。五十歲，肝氣始衰，肝葉始薄，膽汁始滅，目始不明。六十歲，心氣始衰，善憂悲，血氣懈惰，故好臥。七十歲，脾氣虛，皮膚枯。八十歲，肺氣衰，魄離，故言善誤。九十歲，腎氣焦，四藏經脈空虛。百歲，五藏皆虛，神氣皆去，形骸獨居而終矣。

黃帝曰：其不能終壽而死者何如？岐伯曰：其五藏皆不堅，使道不長，空外以張，喘息暴疾，又卑基牆，薄脈少血，其肉不石，數（ㄕㄨㄛˋ）中風寒，血氣虛，脈不通，真邪相攻，亂而相引，故中壽而盡也。

五味第五十六

黃帝曰：願聞穀氣有五味，其入五藏，分別奈何？伯高曰：胃者，五藏六府之海也。水谷皆入於胃，五藏六府皆稟氣於胃。五味各走其所喜：穀味酸，先走肝；穀味苦，先走心；谷味甘，先走脾；谷味辛，先走肺；穀味鹹，先走腎。谷氣津液已行，營衛大通，乃化糟粕，以次傳下。

黃帝曰：營衛之行奈何？伯高曰：谷始入於胃，其精微者，先出於胃之兩焦，以溉五藏。別出兩行營衛之道，其大氣之摶而不行者，積於胸中，命曰氣海。出於肺，循喉咽，故呼則出，吸則入。天地之精氣，其大數常出三入一，故穀不入，半日則氣衰，一日則氣少矣。

黃帝曰：谷之五味，可得聞乎？伯高曰：請盡言之。

五穀：粳米甘，麻酸，大豆鹹，麥苦，黃黍辛。

五果：棗甘，李酸，栗鹹，杏苦，桃辛。

五畜：牛甘，犬酸，豬鹹，羊苦，雞辛。

五菜：葵甘，韭酸，藿鹹，薤苦，蔥辛。

五色：黃色宜甘，青色宜酸，黑色宜鹹，赤色宜苦，白色宜辛。凡此五者，各有所宜。所謂五色者，脾病者，宜食秔（同粳）米飯牛肉棗葵；心病者，宜食麥羊肉杏薤；腎病者，宜食大豆豬肉栗藿；肝病者，宜食麻犬肉李韭。肺病者，宜食黃黍雞肉桃蔥。

五禁：肝病禁辛，心病禁鹹，脾病禁酸，腎病禁甘，肺病禁苦。肝色青，宜食甘，秔米飯牛肉棗葵皆甘。心色赤，宜食酸，犬肉麻李韭皆酸。脾色黃，宜食鹹，大豆豕肉栗藿皆鹹。肺色白，宜食苦，麥羊肉杏薤皆苦。腎色黑，宜食辛，黃黍雞肉桃蔥皆辛。

三、張三丰祖師太極功訣選錄

重陽祖師十論

論打坐

王重陽云：坐久則身勞，既不合理，又反成病。但心不著物，又得不動，此是真定正基。用此為定，心氣調和，久益清爽。以此為驗，則邪正可知。若能心起皆滅，永斷覺知，入於忘定，倘任心所起一無收制，則與凡夫原來不別。若惟斷善

惡，心無指歸，肆意浮游，待自定者徒自誤耳。若遍行諸事，言心無所染，於言甚善，於行極非，真學之流，特宜戒此。今則息妄而不滅照，守靜而不著空，行之有常，自得真見。事或有疑，且任思量，令事得濟，所疑復悟。此亦生慧正根，悟已則止。必莫有思，思則以智害性，為子傷本。雖騁一時之俊，終虧萬代之業。一切煩邪亂想，隨覺即除。若聞毀譽善惡等事，皆即撥去，莫將心受。受之則心滿，心滿則道無所居，所有見聞，如不見聞，即是非善惡不入於心，心不受外，名曰虛心，心不逐外，名曰安心。心安而虛，道自來居。

論虛心

　　經曰：人能虛心，虛非遇道，道自歸之。內心既無住著，外行亦無所為。非淨非穢，故毀譽無從生。非智非愚，故利害無由撓。實則順中為常，權則與時消息。苟免諸累，是其智也。若非時非事，役思強為者，自為不著，終非真學，何耶？心如眼，纖毫入眼，眼即不安。小事關心，心必動亂。既有動病，難入定門。修道之要，急在除病。病若不除，終難得定。有如良田，荊棘不除，嘉禾不茂。愛欲思慮，是心荊棘。若不剪除，定慧不生。此心由來依境，未慣獨立。乍無所托，難以自安。縱得暫安，還復散亂。隨起隨滅，無令不動。久久調熟，自得安閒。無論晝夜，行住坐臥，及應事接物，當須作意安之。若未得安，即須安養。莫有惱觸少得安閒，即堪自樂。漸漸馴狎，唯益清遠。且牛馬家畜也，放縱不收，猶自生梗，不受駕御。鷹鸇野鳥，為人羈繫，終日在手，自然調熟。心亦如是，若縱任不收，惟益粗疏，何能觀妙。

論不染

或曰：夫為大道者，在物而心不染，處動而神不亂，無事而不為，無時而不寂。今獨避動而取安，離動而求定，勞於控制，乃有動靜。一心滯於住守，是成取捨兩病都未覺，其外執，而為道之階要，何其繆耶？答曰：總物而稱大，通物之謂道，在物而不染，處事而不亂。真為大矣，實為妙矣。然吾子之見有所未明，何者？子徒見貝錦之輝煌，未曉如抽之素絲。才聞鶴鳴之沖天，詎識先資於穀食。蔽日之幹，起於毫末。神凝至聖，積習而成。今徒知言聖人之德，而不知聖人之所以德也。

論簡事

修道之人，莫若簡事。知其閉要，識其輕重，明其去取。非要非重，皆應絕之。猶人食有酒肉，衣有羅綺，身有名位，財有金玉。此皆情欲之餘好，非益生之良藥。皆徇之，自致亡敗，何迷之甚也。

論貞觀

夫真觀者，智士之先覺。能人之善察也。一食一寐，俱為損益之源，一行一言，堪作禍福之本。巧持其末，不若拙守其本。觀本知末，又非躁竟之情。收心簡事，日損有為，體靜心閒，方可觀妙。然修道之身，必資衣食，事有不可廢，物有不可棄者，須當虛襟以受之，明目而當之，勿以為妨，心生煩躁。若因事煩躁，心病已動，何名安心？夫人事衣食，我

之船舫也。欲度於海，必資船舫。因何未度，可廢衣食，虛幻實不足營為，然出離虛幻，未能遽絕。雖有營求，莫生得失之心。有事無事，心常安泰。與物同求不同貪，同得而不同積。不貪故無憂，不積故無失。跡每同人，心常異俗，此言行之宗要，可力為之。

論色惡

前節雖斷緣簡事。病有難除者，但依法觀之。若色病重者，當知染色都由想耳。想若不生，終無色事。當知色想外空，色心內忘。忘想心空，誰為色主？經云：色者想耳，想悉是空，何關色也。若見他人為惡，心生嫌惡者，猶如見人自戕，引頸承取他刀，以害自命。他自為惡，不干我事，何故嫌惡？為我心病，不但為惡者不當嫌，即為善者亦須惡。何也？皆障道故也。業由我造，命由天賦，業之與命，猶影響之逐形聲。既不可逃，又不可怨。惟有智者，善觀而達識之。樂天知命，故不憂貧病之苦也。經云：天地不能改其操，陰陽不能回其孽。由此言之，真命也，又何怨焉？喻如勇士逢賊，揮劍當前，群凶奔潰。功勳一立，榮祿終身。今之貧病惱亂我身，則寇賊也。立刻正心，則勇士也。惱累消除，則戰勝也。湛然常樂，則榮祿也。凡有苦事來迫我心，不以此敵之，必生憂累。如人逢賊，不立功勳，棄甲背軍，逃亡獲罪，去樂就苦，何可憫哉。若貧病交侵，當觀此苦，由我有身。患何由托。經曰：及吾無身，吾何有患。

論泰定

　　泰定者，出俗之極也。致道之初基，習靜之成功。持安之事畢，形如槁木，心若死灰。無取無捨，寂滅之至。無心於定，而無所不定，故曰：泰定。莊子曰：宇泰定者，發乎天光。宇，心也；天光，慧也。心為道之區宇。虛靜至極，則道居而慧生。慧出本性，非是人有，故曰天光。但以貪愛濁亂，遂至昏迷，性迷則慧不生。慧既生矣，寶而懷之，勿以多知而傷於定。非生慧難，慧而不用難。自古忘形者眾，忘名者寡。慧而不用，是忘名也。天下希及之，故為難。貴能不驕，富能不奢，為無俗過，故得長守富貴。定而不動，慧而不用，故得深證真常。莊子曰：知道易，勿言難，知而不言所以天，知而言之所以人。古之人天而不人，又曰：古之治道者，以恬養智，智生而無以智為也，謂之以智養恬。智與恬交相養，而和理出其本性也。恬智則定慧也，和理則道德也。有智不用而安且恬，積而久之，自成道德，自然震雷破山而不驚，白刃交前而不懼，視名利如過隙，知生死如潰瘤。用志不分，乃凝於神，心之虛妙，不可思議。

論得道

　　夫道者，神異之事。靈而有性，虛而無象。隨迎不測，影響莫求。不知其然而然，至聖得之於古，妙法傳之於今。道有深力，徐易形神。形隨道通，與神合一，謂之神人。神性虛融，體無變滅，形以道通，故無生死。隱則形同於神，顯則神同於氣，所以踏水火而無害，對日月而無影，存亡在己，

出入無間，身為澤質，猶至虛妙，況其靈智益深益遠乎？生神經云：身神並一，則為真身。又西升經云：形神合同，故能長久。然虛無之道，力有深淺。深則兼被於形，淺則惟及於心。被形者，神人也。及心者但得慧覺，而身不免謝，何者？慧是心用，用多則心勞。初得小慧，悅而多辯。神氣漏洩，無靈光潤身，遂至早終，道故難備。經云：屍解此之謂也。是故大人捨光藏輝，以斯全備。凝神寶氣，學道無心。神與道合，謂之得道。經云：同於道者，道亦得之。山有玉，草木以之不凋；人懷道，形骸以之永固。資熏日久，變質同神。練形入微，與道冥一，智照無邊，形超靡極。總色空而為用，捨造化以成功，真應無方，其惟道德。

坐忘樞翼

　　夫欲修道成真，先去邪癖之行。外事都絕，無以干心。然後內觀正覺，覺一念起，即須除滅。隨起隨滅，勿令安靜。其次雖非的有貪著，浮游亂想，亦盡滅除。晝夜勤行，須臾不替。惟滅動心，不滅照心。但凝空心，不凝住心。不依一法，而心常住。此法玄妙，利益甚深。自非夙有道緣，信心無二者不能。若有心傾至道，信心堅切，先受三戒，依戒修行，敬終如始，乃得真道。起三戒者，一曰簡緣，二曰除欲，三曰靜心。勤行此三戒，而無懈退者，則無心求道而道自來，經曰：人能常清靜，天地悉皆歸。由此言之，簡要之法，可不信哉？然則凡心躁竟，其來固久，依戒息心，其事甚難。或息之而不得，或暫停而旋失。去留交戰，百體流汗。久久行持，乃得調熟。莫以暫收不得，遂廢千生之業，少得靜

己，則於行住坐臥之時，涉事喧鬧之所，皆須作意安之。有事無事，常若無心。處靜處喧，其志惟一。若束心太急，則又成疾氣，發狂癡，是其候也。心若不動，又須放任寬急得中，常自調適，制而無著，放而不逸。處喧無惡，涉事無惱，此真定也。不以涉事無惱，故求多事；不以處喧無動，故來就喧。以無事為真宅，以有事為應跡。若水與鏡，遇物見形，善巧方便，惟能入定。發慧遲速，則不由人。勿於定中急急求慧。求慧則傷性，傷性則無慧。不求慧而慧自生，此真慧也。慧而不用，實智若愚，益資定慧，雙美無極。若定中念想，則多感眾邪百魅，隨心應現。惟令定心之上，豁然無覆；定心之下，曠然無基；舊孽日消，新業不造，無所纏礙，回脫塵網。行而久之，自然得道。夫得道之人，心身有五時七候。心有五時者，一動多靜少；二動靜相伴；三靜多動少；四無事則靜，遇事仍動；五心與道合，觸而不動，心至此地，始得安樂，罪垢滅盡，無復煩惱。身有七候者，一舉動順時，容色和悅；二宿疾普消，身心清爽；三添補夭傷，還原覆命；四延數千歲，名曰仙人；五練形為氣，名曰真人；六練氣成神，名曰神人；七練神合道，名曰至人。若久學定心，身無五時七候者，促齡穢質，色謝歸空。自雲慧覺，復稱成道，實所未然。

坐忘銘

　　常默元氣不傷，少思慧燭內光，不怒百神和暢，不惱心地清涼，不求無諂無媚，不執可圓可方，不貪便是富貴，不苟何懼君王，味絕靈泉自降，氣定真息日長，觸則形斃神遊，想則夢離尸僵，氣漏形歸壟上，念漏神趨死鄉，心死方得神活，

魄滅然後魂強，博物難窮妙理，應化不離真常，至精潛於恍惚，大象混於渺茫，道化有如物化，鬼神莫測行藏，不飲不食不寐，是為真人坐忘。（十論終）

重陽祖師曰：心忘念慮，即超欲界；心忘緣境，即超色界；心不著空，即超無色界；離此三界，神居仙聖之鄉，性在清虛之境矣。

張三丰曰：此王重陽祖師十論也，無極大道，盡遇其中。空青洞天，向多有仙真來遊，遺留丹訣道言以去者，此亦度人覺世之心。重陽祖師之十論，亦本斯旨也。山中人得此訓言，又何必另尋瑤草，別採仙花，即此是長生藥，不老丹也。恭錄之，以示後之好道者。

運用周身經脈訣

早功

日將出即起，面對太陽光，吸氣三口，即將口閉。提起丹田之氣到上，即將口閉之氣與津液咽下，然後將身往下一蹲，兩手轉托腰眼。左足慢慢伸直，三伸，收轉左足。又右足伸直，三伸，收轉右足。將頭面朝天一仰，又朝地一俯，伸起腰，慢立起，兩手不用，就拿開。立起之時，將右手掌慢慢向上三伸，往下一篸。又左手慢伸起，將掌向上三伸，亦往下一篸，然後一步一步作一周圍，一步步完，將兩足在圈內一跳，靜坐片刻，取藥服之。

午功

　　正午，先盤膝坐，兩手按膝，腰直起，閉目運氣，一口送下丹田。念曰：本無極之化身，包藏八卦有真因。清通一氣精其神。日月運行不息，陰陽甲乙庚辛，生克妙用，大地回春。掃除六賊三屍，退避清真。開天河之一道，化玉之生新。圓明有象，淨徹無垠。養靈光於在頂，出慧照於三清。不染邪崇之害，不受污穢之侵，水火既濟，妙合地、天、人。學道守護，五方主令元神，四時八節，宰治之神，養我魄，護我魂，通我氣血，生育流行，天罡地煞，布出元精。二十四炁十二辰，妙應靈感，觀世音，太上老元君，道祖呂真人，一一玉清真王長生大帝，化作太極護法韋陀，日月普照來臨。（念七遍）開目，運動津液，徐徐咽下。將左手按腰，右足伸出，右手按腰，左足伸出。伸出後將兩足併合，往前一伸，頭身後一仰，立起。將兩掌擦熱，往面一擦，擦到兩耳，左手按左耳，右手按右耳，兩手中指上下，交各彈三下，往項下一抹到胸。左手擦心，右手在背腰中一打，然後兩手放開，頭身往下一勾，再以右手往前頭一拍，抬起腰身，左手腹中一抹，然後前足換後足，往前跳三步退三步，口中津液，作三口咽下，朝西吐出一氣，復面東吸進一氣，閉鼓氣一口送下，此導陰補陽也。

晚功

　　面朝北，身立住。左右手，捧定腹，兩足並，提起一氣，運津液，待滿口，一氣咽下。兩手左右一伸如一字，掌心朝外豎起，將少蹲作彎弓之狀。左手放前對定心。右手抬過頭，

掌朝上四指撚定，空中指直豎，右掌朝下，撚大少指，中三平豎。兩手相對，如龍頭虎頸抱合之相。頭於此時側轉，面向東，往前一起一蹲，起七步，立正，將兩手平放，以右手抱左肩，左手抱右肩，蹲下。頭勾腹胸前、兩目靠閉膀中間，呼吸一回，將兩目運動，津液生起，以舌尖抵齶，上下齒各四五下，將津液徐徐咽。兩手一抄，縱起一步，右手向上一抬，放下。左手往上一抬、放下。輪流三次。左足搭右足，往下一蹲，立起，右足搭左足，往下一蹲，立起，將腰扭轉一次。乃呵氣一口。收轉氣，兩手在膝蓋上各撚兩三下，左邊走至右邊，右邊走左邊，共八十步，此要對東北走，東北對西南走，完坐下。略閉神一會，將兩手對伸一下，站起，再服晚藥。以清水漱淨口，仰眾到寅，再住，翻動睡之，此通養神功，敗魂聚魄也。

打坐淺訓

修練不知玄關，無論其他。只此便如入暗室一般，從何下手？玄關者，氣穴也。氣穴者，神入氣中，如在深穴之中也。神氣相戀，則玄關之體已立。

古仙云：調息要調真息息，練神須練不神神。真息之息，息乎其息者也。不神之神，神乎其神者也。總要無人心，有道心。將此道心返入虛無，昏昏默默，存於規中，乃能養真息之息，得不神之神。

初學必從內呼吸下手，此個呼吸，乃是離父母重立胞胎之地，人能從此處立功，便如母呼亦呼、母吸亦吸之時，好像重生之身一般。

大凡打坐，須將神抱住氣，意繫住息，在丹田中宛轉悠揚，聚而不散，則內藏之氣與外來之氣，交結於丹田。日充月盛，達乎四肢，流乎百脈，撞開夾脊雙關而上遊於泥丸，旋復降下絳宮而下丹田。神氣相守，息息相依，河車之路通矣。功夫到此，築基之效已得一半了，總是要勤虛練耳。

調息須以後天呼吸尋真人呼吸之處，古云：後天呼吸起微風，引起真人呼吸功。然調後天呼吸，須任他自調，方能調得起先天呼吸，我惟致虛守靜而已。真息一動，玄關即不遠矣。照此進功築基，可翹足而至，不必百日也。

《道德經》：「致虛極，守靜篤。」二句可渾講，亦可析講。渾言之，只是教人以入定之功耳。析言之，則虛是虛無，極是中極，靜是安靜，篤是專篤，猶言致吾神於虛之間，而準其中極之地；守其神於安靜之內，必盡其專篤之功。

人心者二，一真一妄。故覓真心者，不生妄念，即是真心。真心之性格最寬大，最光明；真心之所居最安然、最自在。以真心理事，千條一貫。以真心尋道，萬殊一本。然人要用他應事，就要養得他壯大，就要守得他安閒，然後勞而不勞，靜而能應。丹訣云：心走即收回，收回又放下。用後復求安，求安即生悟也。誰云鬧中不可取靜耶？

遊方枯坐，固非道也。然不遊行於城市雲山，當以氣遊行於通身關竅內。乃可不打坐於枯木寒堂，須以神打坐於此身妙竅中乃可。

學道以丹基為本，丹基既凝，即可回家，躬耕養親，做幾年高士醇儒。然後入山尋師，了全大道。彼拋家、絕妻、誦經、焚香者，不過混日之徒耳，烏足道哉？

保身以安心養腎為主，心能安則離火不外煢，腎能養則坎水不崩，火不外煢，則無神搖之病，而心愈安。水不外崩，則無精涸之症，而腎愈澄。腎澄則命火不上沖，心安則神火能下照。神精交結，乃可以卻病，乃可以言修矣。

　　凡人養神養氣之際，神即為收氣主宰。收得一分氣，便得一分寶。收得十分氣，便得十分寶。氣之貴重，世上凡金凡玉，雖百兩不換一分。道人何必與世人爭利息乎？利多生忿恚，忿恚屬火，氣亦火種，忿恚一生，氣隨之走，欲留而不能留。又其甚者，連母帶子，一齊飛散，故養氣以戒忿恚為切。欲戒忿恚，仍以養心養神為切。功名多出於意外，不可存干祿之心。孔子曰：學也，祿在其中矣。修道亦然，不可預貪效驗。每逢打坐，必要心靜神凝，一毫不起忖度希冀之心，只要抱住內呼吸做功夫。

　　練心之法，自小及大。如今三伏大炎，一盞飯可也，再求飽不可也。一片涼可也，再求大涼不可也。數點蚊不足畏也，必求無蚊不能也。自微及鉅當前即練心之境。

　　苦中求甘，死裡求生，此修道之格論也。學道之士，須要清心清意，方得真清之藥物也。毋逞氣質之性，毋運思慮之神，毋使呼吸之氣，毋用交感之精。然真精動於何時，真神生於何地，真氣運於何方，真性養於何所，是不可不得明辨，以哲者而細言之也。

　　凡下手打坐，須要心神兩靜，空空寂寂，鬼神不得而知，其功夫只宜自孝自信，以求自得，所謂誠其意者，毋自欺也。誠於中自形於外，是以君子必慎其獨也。

　　打坐之中，最要凝神調息，以暇以整，勿助勿忘，未有不逐日長功夫者。

凝神調息，只要心平氣和。心平則神凝，氣和則息調。心平，平字最妙。心不起波之謂平，心執其中之謂平，平即在此中也。心在此中，乃不起波。此中即丹經之玄關一竅也。

打坐歌

初打坐，學參禪，這個消息在玄關。秘秘綿綿調呼吸，一陰一陽鼎內煎。性要悟，命要傳，休將火候當等閒。閉目觀心守本命，清靜無為是根源。百日內，見應驗，坎中一點往上翻。黃婆其間為媒妁，嬰兒姹女兩團圓。美不盡，對誰言？渾自上下氣沖天。這個消息誰知道？啞子作夢不能言。急下手，採先天，靈藥一點透三關。丹田直上泥丸頂，降下重樓入中元。水火既濟真鉛汞，若非戊己不成丹。心要死，命要堅，神光照耀遍三千。無影樹下金雞叫，半夜三更現紅蓮。冬至一陽來復始，霹靂一聲震動天。龍又叫，虎又歡，仙藥齊鳴非等閒。恍恍惚惚存有無，無窮造化在期間。玄中妙，妙中玄，河車搬運過三關。天地交泰萬物生，日飲甘露似蜜甜。仙是佛，佛是仙，一性圓明不二般，三教原來是一家，饑則吃飯困則眠。假燒香，拜參禪，豈知大道在目前？昏迷吃齋錯過了，一失人生萬劫難。愚迷妄想西天路，瞎漢夜走入深山。天機妙，非等閒，洩露天機罪如山。四正理，著意參，打破玄關妙通玄。子午卯酉不斷夜，早拜明師結成丹。有人識得真鉛汞，便是長生不老丹。行一日，一日堅，莫把修行眼下觀。三年九載功成就，練成一粒紫金丹。要知此歌何人作，清虛道人三丰仙。

積氣開關說

其端作用，亦如前功。以兩手插金鍬，用一念歸玉府，全神凝氣，動俾靜忘。先存其氣，自左湧泉穴起於膝脛，徐徐上升三關，約至泥丸，輕輕降下元海。次從右湧泉穴，俾從右升降，作用與左皆同。左右各運四回，兩穴雙升一次，共成九轉，方為一功。但運穀道輕提，踵息緩運，每次須加九次，九九八十一次為終。其氣自然周流，其關自然通徹。倘若未通，後加武訣，逐次搬行。先行獅子倒坐之功，於中睜眼三吸，始過下關，後乃飛金精於肘後，掇肩連聳，自升泥丸，大河車轉。次撼昆侖，擦腹搓腰八十一，研手摩面二十四，拍頂轉睛三八止，集神叩齒四六通。凡行此功，皆縮穀閉息。每行功訖，俱要嗽咽三分，方起搖身，左右各行九紐。此為動法，可配靜功，互為運行，周而復始，如此無間，由是成功。上士三晝夜而關通，中士二七以透徹，下士月余關亦通。功夫怠惰，百日方開；若骨痛少緩其功。倘睛熱多加呵轉。一心不惰，諸疾無侵。其時泥丸風生，而腎氣上升。少刻鵲橋瑞香，而甘露下降。修丹之士，外此即誣。若非這樣開道，豈能那般升降，而練己配合也哉？

學太極拳須斂神聚氣論

太極之先，本為無極，鴻濛一炁，混然不分。故無極為太極之母，即萬物先天之機也。二炁為陰陽，陰靜陽動，陰息陽生。天地分清濁，清浮濁沉，清高濁卑，陰陽相交，清濁相媾，氤氳化生始育萬物。人之生世，本有一無極，先天之機是

也。迨入後天，即成太極。故萬物莫不有無極，亦莫不有太極也。人之作用，有動必有靜，靜極必動，動靜相因。而陰陽分，渾然相交，亦宛然一太極也。故傳我太極拳法，即須先明太極妙道，若不明此，非吾徒也。太極拳者，其靜如動，其動如靜。動靜循環，相連不斷，則二炁既交，而太極之象成。內斂其神，外聚其氣。拳未到而意先到，拳不到而意亦到。意者，神之使也。神氣既媾，而太極之位定。其象既成，其位既定。氤氳化生，而演為七二之數。太極拳總勢十有三，掤捋擠按採列肘靠進步退步右顧左盼中定，按八卦五行之生克也。其虛靈，含拔，鬆腰，定虛實，沉墜，用意不用理，上下相隨，內外相合，相連不斷，動中求靜，此太極拳之十要，學者不二之法門也。學太極拳為入道之基，入道以養心定性，聚氣斂神為主。古習此拳，亦須如此。若心不能安，性即擾之；氣不外聚，神必亂之。心性不相接，神氣不相交，則全身之四體百脈，莫不盡死。隨依勢作用，法無效也。欲求安心定性，斂神聚氣，則打坐之舉不可缺，而行功之法不可廢矣。學者須於動靜之中尋太極之益，於八卦五行之中求生克之理，然後混七二之數，渾然成無極。心性神氣，相隨作用，則心安性定，神斂氣聚，一身中之太極成。陰陽交，動靜合，全身之四體百脈，周流通暢，不黏不滯，斯可以傳吾法矣。

太極行功說

太極行功，功在調合陰陽，交合神氣，打坐即為第一步下手功夫。行功之先，猶應治髒，使內臟清虛，不著渣滓，則神斂氣聚，其息自調。進而吐納，使陰陽交感，渾然成為太極之

象，然後再行運各處功夫。冥心兀坐，息思慮，絕情欲，保守真元，此心功也。盤膝曲股，足跟緊抵命門，以固精氣，此身功也。兩手緊掩耳門，疊指背彈耳根骨，以祛風池邪氣，此首功也。兩手擦面待其熱，更用唾沫偏摩之，以治外侵，此面功也。兩手按耳輪，一上一下摩擦之，以清其火，此耳功也。緊合其睫，睛珠內轉，左右互行，以明神室，此目功也。大張其口，以舌攪口，以手鳴天鼓，以治其熱，此口功也。舌抵上顎，津液自生，鼓漱咽之，以潤其內，此舌功也。叩齒三十六，閉緊齒關，可集元神，此齒功也。兩手大指擦熱揩鼻，左右三十六，以鎮其中，此鼻功也。既得此行功奧竅，還須正心誠意，冥心絕欲，從頭做去，始能逐步升登，證悟大道。長生不老之基，即胎於此。若才得此太極拳法，不知行功之奧妙，挈置不顧，此無異練丹不採藥，採藥不練丹。莫道不能登長生大道，即外面功夫，亦絕不能成就。必須功拳並練，蓋功屬柔而拳屬剛，拳屬動而功屬靜，剛柔互濟，動靜相間，始成為太極之象，相輔而行，方足致用。此練太極拳者，所以必先知行功之妙用；行功者，所以必先明太極之妙道也。

太極行功歌

兩氣未分時，渾然一無極。陰陽位即定，始有太極出。人身要虛靈，行功主呼吸。呵、噓、呼、嘶、吹、加嘻數成六。六字意如何？治髒不二訣。治肝宜用噓，噓時睜其目，治肺宜用嘶，嘶時手雙托。心呵頂上叉，腎吹抱膝骨。脾病一再呼、呼時把口嘬，仰臥時時嘻，三焦熱退鬱，持此行內功，陰陽調胎息，大道在正心，誠意長自樂，即此是長生，胸有不老藥。

以下為增補資料。

春噓明目木滋肝，夏至呵心火自閉。秋嘶定知金肺潤，冬吹惟要坎中安。三焦嘻卻除煩熱，四季長呼脾化食。切忌出聲聞口耳，其功尤勝保命丹。

肝若虛時目睜睛，肺知嘶氣手雙擎。心呵頂上連叉手，吹腎還知抱膝平。脾症呼時須撮口，三焦客熱莫生驚。仙人嘻字真玄秘，日日行功體漸寧。

肝本青龍旺在春，病來還覺好酸辛。眼中赤色兼多淚，噓法行功效若神。肺生咳嗽作痰誕，胃膈煩焦喉舌乾。卻病急行嘶字訣，上焦火降肺安然。心神煩躁急須呵，此法通靈更莫過。喉病口瘡並熱痛，行之漸覺體安和。腎為水府是生門，保命藏精養蒂根。眉蹙耳鳴兼黑瘦，吹之精氣返昆侖。脾家屬土太倉名，飲食成痰濕熱生。瀉痢脾鳴兼吐水，調和四季得和平。三焦火症報君知，靜坐蒲團須用嘻。此法通玄傳上古，清涼三部是良醫。

行功十要

面要常擦，目要常揩，耳要常彈，齒要常叩，背要常暖，胸要常護，腹要常摩，足要常搓，津要常咽，腰要常揉。

行功十忌

忌早起科頭，忌陰室納涼，忌濕地久坐，忌冷著汗衣，忌熱著曬衣，忌汗出扇風，忌燈燭照睡，忌子時房室，忌涼水著肌，忌熱火著膚。

行功十八傷

久視傷精，久聽傷神，久臥傷氣，久坐傷脈，久立傷骨，久行傷筋，暴怒傷肝，思慮傷脾，極憂傷心，過悲傷肺，至飽傷胃，多恐傷腎，多笑傷腰，多言傷液，多睡傷津，多汗傷陽，多淚傷血，多交傷髓。

四、全佑公傳留《太極法說四十一目》

一、八門五步

掤（南、坎）捋（西、離）擠（東、兌）按（北、震）採（西北、巽）挒（東南、乾）肘（東北、坤）靠（西南、艮）。

方位八門，乃為陰陽顛倒之理，周而復始，隨其所行也。總之四正四隅，不可不知矣。夫掤捋擠按是四正之手；採挒肘靠是四隅之手。合隅正之手，得門位之卦。以身分步，五行在意，支撐八面。五行者，進步火，退步水，左顧木，右盼金，定之方中土也。夫進退為水火之步，顧盼為金木之步。以中土為樞機之軸，懷藏八卦，腳跐五行，手步八五，其數十三，出於自然十三勢也。名之曰：「八門五步」。

二、八門五步用功法

八卦五行，是人生成固有之良，必先明知覺運動四字之本由。知覺運動得之後，而後方能懂勁，由懂勁後，自能接及神

明矣！然用功之初，要知知覺運動，雖固有之良，亦甚難得於我也。

三、固有分明法

蓋人降生之初，目能視，耳能聽，鼻能聞，口能食，顏色聲音，香臭五味，皆天然知覺，固有之良。其手舞足蹈，與四肢之能，皆天然運動固有之良，思及此是人孰無因人性近習遠，失迷固有，要想還我固有，非乃武無以尋運動之根由，非乃文無以得知覺之本原，是乃運動而知覺也。夫運而知，動而覺，不運不覺，不動不知，運極則為動，覺盛則為知，動知者易，運覺者難，先求自己知覺運動得之於身，自能知人，要先求知人。恐失於自己，不可不知此理也，夫而後懂勁然也。

四、粘黏連隨

粘者，提上拔高之謂也；黏者，留戀繾綣之謂也；連者，捨己無離之謂也；隨者，彼走此應之謂也；要知人之知覺運動，非明粘黏連隨不可，斯粘黏連隨之功夫亦甚細矣。

五、頂偏丟抗

頂者出頭之謂也，偏者不及之謂也，丟者離開之謂也，抗者太過之謂也。要知於此四字之病，不明粘黏連隨，斷不明知覺運動也。初學對手，不可不知也，更不可不去此病，所難者粘黏連隨，而不許頂偏丟抗，是所不易矣。

六、對待無病

頂偏丟抗，失於對待也，所以為之病者，既失粘黏連隨，何以獲知覺運動，既不知己，焉能知人，所謂對待者，不以頂偏丟抗相對於人也，要以粘黏連隨等待於人也，能如是，不但無對待之病，知覺運動自然得矣，可以進於懂勁之功矣。

七、對待用功法守中土（俗名站樁）

定之方中足有根，先明四正進退身。掤捋擠按自四手，須費功夫得其真。身形腰頂皆可以，粘黏連隨意氣均。運動知覺來相應，神是君位骨肉臣。分明火候七十二，天然乃武並乃文。

八、身形腰頂

身形腰頂豈可無，缺一何必費工夫。腰頂窮研生不已，身形順我自伸舒。捨此真理終何極，十年數載亦糊塗。

九、太極圈

退圈容易進圈難，不離腰頂後與前。所難中土不離位，退易進難仔細研。此為動功非站定，倚身進退並比肩。能如水磨摧急緩，雲龍風虎象周旋。要用天盤從此覓，久而久之出天然。

十、太極進退不已功

掤進捋退自然理，陰陽水火相既濟。先知四手得來真，採挒肘靠方可許。四隅從此演出來，十三勢架永無已。所以因之名長拳，任君開展與收斂，千萬不可離太極。

十一、太極上下名天地

四手上下分子地，採列肘靠由有去。採天靠地相應求，何患上下不既濟。若使捌肘習遠離，迷了乾坤遺歎息。此說亦明天地盤，進用捌肘歸人字。

十二、太極人盤八字歌

八卦正隅八字歌，十三之數不幾何。幾何若是無平準，丟了腰頂氣歎哦。不斷要言只兩字，君臣骨肉細琢磨。功夫內外均不斷，對待數兒豈錯他。

對待於人出自然，由茲往復於地天。但求捨己無深病，上下進退永連綿。

十三、太極體用解

理為精氣神之體，精氣神為身之體，身為心之用，勁力為身之用。心身有一定之主宰者，理也；精氣神有一定之主宰者，意誠也。誠者，天道；誠之者，人道；俱不外意念須臾之間。要知天人同體之理，自得日月流行之氣，其氣意之流行，精神自隱微乎理矣。夫而後言乃武乃文，乃聖乃神，則得矣。若特以武事論之於心身，用之於勁力，仍歸於道之本也，故不得獨以末技云爾。

勁由於筋，力由於骨，如以持物論之，有力能執數百斤，是骨節皮毛之外操也，故有硬力，如以全體之有勁，似不能持幾斤，是精氣之內壯也，雖然若是，功成後猶有妙出於硬力者，修身體育之道有然也。

十四、太極文武解

　　文者，體也；武者，用也；文功在武，用於精氣神也，為之體育；武功得文，體於心身也，為之武事。夫文武尤有火候之謂，在放捲得其時中，體育之本也。文武使於對待之際，在蓄髮當其可者，武事之根也。故云武事文為，柔軟體操也。精氣神之筋勁，武事武用，剛硬武事也，心身之骨力也。文無武之預備，為之有體無用，武無文之侶伴，為之有用無體，如獨木難支，孤掌不響，不惟體育武事之功，事事皆如此理也。文者，內理也；武者，外數也；有外數無文理，必為血氣之勇，失於本來面目，欺敵必敗。爾有文理，無外數，徒思安靜之學，未知用的，採戰差微則亡耳。自用於人，文武二字之解，豈可不解哉？

十五、太極懂勁解

　　自己懂勁，接及神明，為之文成而後採戰，身中之陰，七十有二，無時不然，陽得其陰，水火既濟，乾坤交泰，性命葆真矣！於人懂勁，視聽之際，遇而變化，自得曲誠之妙，形著明於不勞，運動覺知也。功至此，可為攸往鹹宜，無須有心之運用耳！

十六、八五十三勢長拳解

　　自己用功，一勢一式，用成之後，合之為長，滔滔不斷，周而復始，所以名長拳也，萬不得有一定之架子，恐日久入於滑拳也，又恐入於硬拳也，決不可失其綿軟，周身往復，精神

意氣之本，用久自然貫通，無往不至，何堅不推也。於人對待，四手當先，亦自八門五步而來，站四手，手手碾磨，進退四手，中四手，上下四千，三才四手，由下乘長拳四手起，大開大展，練至緊湊屈伸自由之功，則升之中上乘矣。

十七、太極陰陽顛倒解

陽乾：天日火離放出發對開臣肉用氣身武立命方呼上進隅。

陰坤：地月水坎捲入蓄待合君骨體理心文盡性圓吸下退正。

蓋顛倒之理，「水、火」二字詳之則可明，如火炎上，水潤下者，若能使火在下而用水在上，則為顛倒，然非有法治之，則不得矣！譬如：水入鼎內，而置火之上，鼎中之水，得火以燃之，不但水不能下潤，藉火氣水必有溫時，火雖炎上，得鼎以隔之，是為有極之地，不使炎上，炎火無止息，亦不使潤下之水，永滲漏，此所謂水火既濟之理也，顛倒之理也。若使任其火炎上，水潤下，必至水火必分為二，則為水火未濟也。故云：分而為二，合之為一之理也。故云一而二，二而一，總斯理為三，天、地、人也。

明此陰陽顛倒之理，則可與言道；知道不可須臾離，則可與言人，能以人弘道，知道不遠人，則可與言天地同體，上天下地，人在其中矣！苟能參天察地，與日月合其明，與五嶽四瀆華朽，與四時之錯行，與草木並枯榮，明鬼神之吉凶，知人事之興衰，則可言乾坤為一大天地，人為一小天地也。

夫如人之身心，致知格物於天地之知能，則可言人之良知良能，若思不失固有其功用，浩然正氣，直養無害，攸久無疆矣！所謂人身生成一小天地者，天也，性也；地也，命也。人

也虛靈也，神也。若不明之者，烏能配天地為三乎？然非盡性立命，窮神達化之功，胡為乎來哉？

十八、人身太極解

人之周身，心為一身之主宰。主宰者，太極也，二目為日月，即兩儀也，頭像天，足像地，人中之人及中脘，合之為三才也，四肢四象也。腎水，心火，肝木，肺金，脾土，皆屬陰，膀光水，小腸火，膽木，大腸金，胃土，皆陽矣，茲為內也，顳丁火，地閣承漿水，左耳金，右耳木，兩命門也，茲為外也。神出於心，目眼為心之苗；精出於腎，腦腎為精之本；氣出於肺，膽氣為肺之原。視思明，心動神流也；聽思聰，腦動腎滑也。鼻之嗅香臭，口之呼吸出入，水鹹，木酸，土辣，火苦，金甜及言語聲音，木毫，火焦，金潤，土塕，水漂，鼻息口吸呼之味，皆氣之往來，肺之門戶，肝膽巽震之風雷，發之聲音，出入五味，此言口、目、鼻、舌、神、意，使之六合，以破六欲也，此內也；手、足、肩、膝、肘、胯，亦使六合，以正六道也，此外也。眼、耳、鼻、口、大小便、肚臍，外七竅也，喜、怒、憂、思、悲、恐、驚、內七情也，七情皆以心為主，喜心，怒肝，憂脾，悲肺、恐腎、驚膽、思小腸、怕膀胱、愁胃、慮大腸、此內也。

夫離南正午火心經；坎北正子水腎經；震東正卯木肝經；兌西正酉金肺經；乾西北隅金大腸化水；坤西南隅土脾化土；巽東南隅膽木化土；艮東北隅胃土化火；此內八卦也。外八卦者，二四為肩，六八為足，上九下一，左三右七也。坎

一，坤二，震三，巽四，中五，乾六，兌七，艮八，離九，此九宮也。內九宮亦如此。表裡者：乙肝左肋化金通肺，甲瞻化土通脾，丁心化木中瞻通肝，丙小腸化水通腎，己脾化土通胃，戊胃化火通心，後背前胸，山澤通氣，辛肺右肋化水通腎，庚大腸化金通肺，癸腎下部化火通心，壬膀胱化木通肝，此十天干之內外也，十二地支亦如此之內外也。明斯理則可與言修身之道矣。

十九、太極分文武三成解

　　蓋言道者，非自修身，無由得成也，然又分為三乘之修法，乘者成也，上乘即大成也，下乘即小成也，中乘即誠之者成也，法分三修，成功一也。文修於內，武修於外，體育內也、武事外也。其修法內外表裡，成功集大成，即上乘也，由體育之文而得武事之武，或由武事之武而得體育之文，即中乘也，然獨知體育不入武事而成者，或專武事不為體育而成者，即下乘也。

二十、太極下乘武事解

　　太極之武事，外操柔軟，內含堅剛而求柔軟，柔軟之於外，久而久之，自得內之堅剛，非有心之堅剛，實有心之柔軟也。所難者，內要含蓄堅剛而不施，外終柔軟而迎敵，以柔軟而應堅剛，使堅剛盡化無有矣。其功何以得乎？要非粘黏連隨已成，自得運動知覺，方為懂勁，而後神而明之，化境極矣。夫四兩撥千斤之妙，功不及化境，將何以能？是所謂懂粘運得其視聽輕靈之巧耳。

二十一、太極正功解

太極者，圓也，無論內外上下左右，不離此圓也；太極者，方也，無論內外上下左右，不離此方也。圓之出入，方之進退，隨方就圓之往來也，方為開展，圓為緊湊，方圓規矩之至，其孰能出此以外哉？如此得心應手，仰高鑽堅，神乎其神，見隱顯微，明而且明，生生不已，欲罷不能矣！

二十二、太極輕重浮沉解

雙重為病，乾於填實，與沉不同也；雙沉不為病，自爾騰虛，與重不一也。雙浮為病。只如縹緲，與輕不例也；雙輕不為病，天然清靈，與浮不等也。半輕半重不為病，偏輕偏重為病。半者，半有著落也，所以不為病；偏者，偏無著落也，所以為病。偏無著落，必失方圓；半有著落，豈出方圓？半浮半沉為病，失於不及也；偏浮偏沉，失於太過也。半重偏重，滯而不正也；半輕偏輕，靈而不圓也。半沉偏沉，虛而不正也；半浮偏浮，茫而不圓也。夫雙輕不近於浮，則為輕靈；雙沉不近於重，則為離虛。故曰：上手輕重，半有著落，則為平手。除此三者之外，皆為病手。蓋內之虛靈不昧，能致於外氣之清明，流行乎肢體也。若不窮研輕重浮沉之手，徒勞掘井不及泉之歎耳！然有方圓四正之手，表裡精粗無不到，則已極大成，又何云四隅出方圓矣，所謂方而圓，圓而方，超乎象外，得其寰中之上手也。

二十三、太極四隅解

　　四正，即四方也，所謂掤、挒、擠、按也。初不知方能使圓。方圓復始之理無已，焉能出隅之手矣！緣人外之肢體，內之神氣，弗得輕靈方圓四正之功，始出輕重浮沉之病，則有隅矣！譬如：半重偏重，滯而不正，自然為採、挒、肘、靠之隅手，或雙重填實，亦出隅手也。病多之手，不得已以隅手扶之，而歸圓中方正之手。雖然至底者肘靠，亦及此以補其所以云爾。夫日後功夫能致上乘者，亦須獲採挒而仍歸大中至正矣！是四隅之所用者，因失體而補缺云云。

二十四、太極平準腰頂解

　　頂如準，故云頂頭懸也。兩手即平左右之盤也。腰即平之根株也。立如平準，所謂輕重浮沉，分厘毫絲，則偏顯然矣！有準頂頭懸，腰之根下株（尾閭至胸門也）。上下一條錢，全憑兩手轉。變換取分毫，尺寸自己辨。車輪兩命門，一纛搖又轉。心令氣旗使，自然隨我便。滿身輕利者，金剛羅漢練。對待有往來，是早或是晚。合則放發去，不必淩霄箭。涵養有多少，一氣哈而遠。口授須秘傳，開門見中天。

二十五、太極四時五氣解圖

　　夏火呵南，北吹水冬呼吸土中央，春木噓東，西呬金秋。

二十六、太極血氣根本解

　　血為營，氣為衛。血流行於肉、膜、絡，氣流行於骨、

筋、脈。筋甲為骨之餘，髮毛為血之餘。血旺則髮毛盛，氣足則筋甲壯。故血氣之勇力，出於骨、皮、毛之外壯；氣血之體用，出於肉、筋、甲、之內壯。氣以血之盈虛，血以氣之消長。消長盈虛，周而復始，終身用之，不能盡者矣！

二十七、太極力氣解

氣走於膜、胳、筋、脈，力出於血、肉、皮、骨。故有力者皆外壯於皮骨，形也；有氣者，是內壯於筋脈，象也。氣血功於內壯，血氣功於外壯。要之，明於氣血二字之功能，自知力氣之由來矣！知氣力之所以然，自能用力行氣之分別，行氣於筋脈，用力於皮骨，大不相侔也。

二十八、太極尺寸分毫解

功夫先練開展，後練緊湊。開展成而得之，才講緊湊；緊湊得成，才講尺寸分毫。由尺住之功成，而後能寸住、分住、毫住，此所謂尺寸分毫之理也明矣！然尺必十寸，寸必十分，分必十毫，其數在焉！故云，對待者，數也。知其數，則能得尺寸分毫也。要知其數，非秘授而能量之者哉！

二十九、太極膜脈筋穴解

節膜、拿脈、抓筋、閉穴，此四功由尺寸分毫得之，後而求之。膜若節之，血不周流，脈若拿之，氣難行走，筋若抓之，身無主地，穴若閉之，神昏氣暗。抓膜節之半死，申脈拿之似亡，單筋抓之勁斷，死穴閉之無生。總之，氣血精神若無，身何有主也？如能節拿抓閉之功，非得點傳不可。

三十、太極字字解

挫、揉、捶打於己於人，按、摩、推、拿於己於人，開、合、升、降於己於人，此十二字皆用手也。屈、伸、動、靜於己於人，起、落、急、緩於己於人，閃、還、撩、了於己於人，此十二字於己氣也，於人手也。轉、換、進、退於己身於人步也，顧、盼、前、後於己目也於人手也，即瞻前眇後、左顧右盼也，此八字關乎神矣！斷、接、俯、仰此四字關乎意勁也。斷接關乎神氣也，俯仰關乎手足也。勁斷意不斷，意斷神可接。勁意神俱斷，則俯仰矣！手足無著落耳！俯為一叩，仰為一反而已矣！不使叩反，非斷而復接不可。對待之字，以俯仰為重。時刻在心身手足，不使斷之，無接則不能俯仰也！求其斷接之能，非見隱顯微不可。隱微似斷而未斷，見顯似接而未接。接接斷斷，斷斷接接，其意心身體神氣極於隱顯，又何慮不粘黏連隨哉！

三十一、太極節拿抓閉尺寸分毫解

對待之功，既得尺寸分毫於手，則可量之矣。然不論節拿抓閉之手易，若節膜、拿脈、抓筋、閉穴則難！非自尺寸分毫量之，不可得也。

節，不量，由按而得膜；拿，不量，由摩而得脈；抓，不量，由推而得筋；閉非量而不能得穴，由尺盈而縮之寸分毫也。此四者，雖有高授，然非自己功夫久者，無能貫通焉！

三十二、太極補瀉氣力解

補瀉氣力於自己難，補瀉氣力於人亦難。補自己者，知覺功虧則補，運動功過則瀉，所以，求諸己不易也。補於人者，氣過則補之，力過則瀉之，此勝彼敗，所由然也。氣過或瀉，力過或補，其理雖一，然其有詳。夫過補為之過上加過，遇瀉為之緩，他不及他必更過，仍加過也。補氣瀉力，於人之法，均為加過於人矣。補氣名曰結氣法，瀉力名曰空力法。

三十三、太極空結挫揉論

有挫空、挫結，有揉空、揉結之辨。挫空者，則力隅矣，挫結者，則氣斷矣！揉空者，則力分矣！揉結者，則氣隅矣！若結揉挫則氣力反，空揉挫則力氣敗。結挫揉則力盛於氣，力在氣上矣！空挫揉則氣盛於力，氣過力不及矣！挫結揉、揉結挫，皆氣閉於力矣！挫空揉，揉空挫，皆力鑿於氣矣！總之，挫結、揉空之法，亦必由尺寸分毫量，能如是也。不然無地之挫揉，平虛之靈結，亦何由而致於哉！

三十四、懂勁先後論

夫未懂勁之先，常出頂、偏、丟、抗之病；既懂勁之後，恐出斷、接、俯、仰之病。然未懂勁故然病亦出；勁既懂何以出病乎？緣勁似懂未懂之際，正在兩可，斷接無準矣，故出病；神明及猶不及，俯仰無著矣，亦出病。若不出斷接俯仰之病，非真懂勁，弗能不出也！胡為真懂？因視聽無由，未得其確也。知瞻眇顏盼之視，覺起落緩急之聽，知閃還撩了之

運，覺轉換進退之動，則為真懂勁，則能接及神明；及神明自
攸往有由矣！有由者，由於懂勁，自得屈伸動靜之妙。有屈伸
動靜之妙，開合升降，又有由矣！由屈伸動靜，見入則開，
遇出則合，看來則降，就去則升。夫而後才為真及神明矣！
明也，豈可日後不慎行坐臥走、飲食溺溷之功！是所為及中
成、大成也哉！

三十五、尺寸分毫在懂勁後論

在懂勁先求尺寸分毫，為之小成，不過末技武事而已。所
謂能尺於人者，非先懂勁也。如懂勁後神而明之，自然能量尺
寸。尺寸能量，才能節、拿、抓、閉矣！知膜脈筋穴之理，要
必明存亡之手，知存亡之手，要必明生死之穴，其穴之數，安
可不知乎？知生死之穴數，烏可不明閉而不生乎？烏可不明閉
而無生乎？是所謂二字之存亡，一閉之而已盡矣。

三十六、口授穴之存亡論

穴有存亡之穴，要非日授不可。何也？一因其難學，二因
其關乎存亡，三因其人才能傳。第一、不授不忠不孝之人；第
二、不傳根底不好之人；第三、不授心術不正之人；第四、不
傳鹵莽滅裂之人；第五、不傳授目中無人之人；第六、不傳知
禮無恩之人；第七、不授反覆無常之人；第八、不傳得易失易
之人；此須知八不傳，匪人更不待言矣！

如其可以傳，再口授之秘訣，傳忠孝知恩者，心氣和平
者，守道不失者，真以為師者，始終如一者。此五者，果其有
始有終、不變如一，方可將全體大用之功，授之於徒也。明

矣，於前於後，代代相繼，皆如是之所傳也。噫！抑亦知武事中烏有匪人哉！

三十七、太極指掌捶手解

自指下之腕上裡者為掌，五指之首為之手，五指皆為指，五指權裡其背為捶。如其用者，按、推、掌也；拿、揉、抓、閉，俱用指也；挫、摩，手也；打，捶也。夫捶有搬攔，有指襠，有肘底，有撇身，四捶之外有覆捶。掌有摟膝，有換轉，有單鞭，有通背，四掌之外有串掌。手有雲手，有提手，有合手，有十字手，四手之外有反手。指有屈指，有伸指，有捏指，有閉指，四指之外有量指，又名尺寸。拇指，又名覓穴指。然指有五指，有五指之用。首指為手仍為指，故又名手指。其一、用之為旋指、旋手；其二、用之為根指、根手；其三、用之為弓指、弓手；其四用之為中合、手指。四手指之外為獨指，獨手也。食指為卜指，為劍指，為佐指，為粘指。中指為心指，為合指，為鉤指，為抹指。無名指為全指，為環指，為代指，為扣指。小指為幫指，為補指，為媚指，為掛指。若此之名，知之易而用之難，得口訣秘法亦不易為也。其次，有如對掌、推山掌、射雁掌、晾翅掌、似閉指、拗步指，彎弓指、穿梭指、探馬掌、彎弓手、抱虎手、玉女手、跨虎手、通山捶、葉下捶、背反捶、勢分捶、卷挫捶，再其次，步隨身換，不出五行，則無失錯矣！因其粘、連、黏、隨之理，捨己從人，身隨步自換。只要無五行之舛錯，身形腳勢出於自然，又何慮此些須之病也！

三十八、張三丰承留

天地即乾坤，伏羲為人祖。畫卦道有名，堯舜十六母。微危允厥中，精一及孔孟。神化性命功，七二乃文武。授之至予來，字著宣平許。延年藥在身，元善從復始。虛靈能德明，理令氣形具。萬載詠長春，心兮誠真跡。三教無兩家，統言皆太極。浩然塞而沖，方正千年立。繼往聖永綿，開來學常續。水火既濟焉，願至戍畢字。

三十九、口授張三丰老師之言

予知三教歸一之理，皆性命學也，皆以心為身之主也，保全心身，永有精氣神也。有精氣神，才能文思安安，武備動動，安安動動，乃文乃武，大而化之者，聖神也。先覺者，得其寰中，超乎象外矣；後學者以效先覺之所知能，其知能雖人固有之知能，然非效之不可得也。夫人之知能，天然文武，目視耳聽，天然文也；手舞足蹈，天然武也；孰非固有也明矣。前輩大成文武聖神，授人以體育修身，進之不以武事修身，傳之至予，得之手舞足蹈之採戰，借其身之陰，以補助身之陽。身之陽，男也；身之陰，女也；然皆於身中矣。男之身只一陽，男全體皆陰女，以一陽採戰全體之陰女，故云一陽復始。斯身之陰，女不獨七二，以一姹女配嬰兒之名，變化千萬，姹女採戰之可也，亦安有男女後天之身以補之者，所謂自身之天地以扶助之，是為陰陽採戰也。如此者是男子之身皆屬陰，而採自身之陰，戰己身之女，不如兩男之陰陽對待，修身速也。予及此傳於武事，然不可以末技視，依然體育之學，修

身之道，性命之功，聖神之境也。今夫兩男之對待採戰，於已身之採戰，其理不二，己身亦遇對待之數，則為採戰也，是為汞鉛也。於人對戰，坎離之陰陽兌震，陽戰陰也，為之四正，乾坤之陰陽艮巽，陰採陽也，為之四隅。此八卦也，為之八門。身足位列中土，進步之，陽以戰之；退步之，陰以採之；左顧之，陽以採之；右盼之，陰以戰之。此五行也，為之五步。共為八門五步也，夫如是，予授之，爾終身用之不能盡者矣。又至予得武繼武，必當以武事傳之而修身也。修身入首，無論武事文為，成功一也。三教三乘之原，不出一太極。願後學以易理格致於身中，留於後世也可。

四十、張三丰以武事得道論

蓋未有天地先有理，理為氣之陰陽主宰。主宰理以有天地，道在其中。陰陽氣道之流行，則為對待。對待者，陰陽也，數也。一陰一陽之為道。道無名，天地始；道有名，萬物母。未有天地之前，無極也，無名也；既有天地之後，有極也，有名也。然前天地者曰理，後天地者曰母，是乃理化。先天陰陽氣數母生，後天胎卵濕化。位天地，育萬育，道中和，然也。故乾坤為大父母，先天也；爹娘為小父母，後天也。得陰陽先後天之氣，以降生身，則為人之初也。夫人身之來者，得大父母之命性賦理，得小父母之精血形骸，合先後天之身命，我得而成人也。以配天地為三才，安可失性之本哉？然能率性則本不失，既不失本來面目，又安可失身體之去處哉？夫欲尋去處，先知來處，來有門，去有路，良有以也。然有何以之？以之固有之知能，無論知愚賢否，固有知

能，皆可以之進道，既能修道，可知來處之源，必能去處之委。來源去委既知，能必明身不修，故曰自天子至於庶人，一是皆以修身為本。夫修身以何，以之良知良能，視目聽耳，曰聰曰明，手舞足蹈，乃武乃文，致知格物，意誠心正。心為一身之主，正意誠心，以足蹈五行，手舞八卦。手足為之四象，用之殊途，良能還原。目視三合，耳聽六道，目耳亦是四形，體之一表，良知歸本，耳目手足，分而為二，皆為兩儀，合之為一，共為太極。此由外斂入之於內，亦自內發出之於外也。能如是，表裡精粗無不到，豁然貫通，希賢希聖之功自臻。於曰睿曰智，乃聖乃神，所謂盡性立命，窮神達化在茲矣。然天道人道，一誠而已矣。

四十一、全佑公傳太極拳全體大用訣

提頂吊襠心中懸，兩膀輕鬆力自然。
膨捋擠按七星抱，雙手推出拉單鞭。
抽身蝶步望空看，白鶴展翅飛上天。
摟膝拗步將身下，風擺荷葉躲旁邊。
上式先打迎面掌，回首變拳打腰間。
兩手推出往下按，又是二郎來擔山。
連環掌打英雄面，抽身抱虎去推山。
回身拉成單鞭式，肘底看捶果然鮮。
倒攆猴兒往後退，白鶴展翅到雲端。
摟膝拗步重下式，青龍出水把身翻。
雙掌一推連身倒，扭項回頭拉單鞭。
雲手三下高探馬，左右指腳誰敢攔？

回身進步栽捶打，二起腳法踢破天。

倒跌一式連腿跳，轉身雙按把他攔。

迎面一推遞雙掌，後顧還抱虎歸山。

回頭斜拉單鞭式，野馬分鬃往外翻。

單鞭拗步往上進，玉女穿梭緊相連。

單鞭重式真可用，雲手揮出探馬拳。

金雞獨立分左右，倒攆猴兒又一翻。

白鵝晾翅把身長，摟膝拗步護下邊。

回身捶打雙飛掌，左右使開肘底拳。

雲手三見高探馬，十字指腿往後翻。

指襠捶兒打得好，伏身進步七星拳。

收身退步拉跨虎，轉身又使雙擺蓮。

海底撈針雙通背，窩馬射虎面向前。

懷抱雙掌接收式，心舒體適還復原。

五、武當張三丰祖師著太極拳經，山右王宗岳宗師解

此係太極拳趙堡架系統內承傳。

歌訣一

順項貫頂兩膀鬆

虛靈頂勁，氣沉丹田。兩背鬆，然後空。

束脅下氣把襠撐

　　提頂吊襠，心中力量。

胃因開勁兩捶爭

　　開合按勢懷中抱，七星勢視如車輪，柔而不剛。
　　彼不動，己不動，彼微動而己意先動。

五趾抓地上彎弓

　　由腳而腿，由腿而身，如練一氣。
　　如轉鵠之鳥，如貓擒鼠。
　　發動如弓發矢，正其四體，步履要輕隨，步步要滑齊。

歌訣二

舉步輕靈神內斂

　　一舉動，周身俱要輕靈，尤須貫串。
　　氣宜鼓蕩，神宜內斂。

莫教斷續一氣研

　　勿使有凸凹處，勿使有斷續處。其根在腳，發於腿，主
宰於腰，形於手指，由腳而腿而腰，總須完整一氣。向前退
後，乃得機得勢，有不得機得勢處，身便散亂，其病必於腰腿
求之。

左宜右有虛實處

虛實宜分清楚，一處自有一處虛實，處處總此一虛實。
周身節節貫串，勿令絲毫間斷耳。

意上寓下後天還

上下前後左右皆然。凡此皆是意，不再外面。有上即有
下，有前即有後，有左即有右。如意要向上，即寓下意，若將
物掀起，而加以挫之之力，則其根自斷，其壞之速無疑。

歌訣三

拿住丹田練內功

拿住丹田之氣，練住元形，能打亨哈二氣。

亨哈二氣妙無窮

氣貼背後，斂入脊骨。靜動全身，意在蓄神，不在聚氣，
在氣則滯。內三合，外三合。

動分靜合屈伸就

太極者，無極而生，陰陽之母也。動之則分，靜之則和。
無過不及，隨屈就伸。

緩應急隨理貫通

人剛我柔為之走，人背我順為之粘。動急則急應，動緩則

緩隨。雖變化萬端，而理為之一貫。由招熟而漸悟懂勁，由懂勁而階及神明。然非用力之久，不能豁然貫通焉。

歌訣四

忽隱忽現進則長

不偏不倚，忽隱忽現。左重則左虛，右重則右杳。仰之則彌高，俯之則彌深。進之則愈長，退之則愈促。

一羽不加至道藏

一羽不能加，蠅蟲不能落。人不知我，我獨知人。英雄所向無敵，蓋皆由此而及也。

手慢手快皆非似

斯技旁門甚多，雖勢有區別，蓋不外壯欺弱，慢讓快爾。有力打無力，手慢讓手快，是皆先天自然之能，非關學力而有為也。

四兩撥千運化良

察「四兩撥千」之句，顯非力勝。觀耄耋能禦眾之形，快何能為也。立如枰準，活似車輪。偏沉則隨，雙重則滯。每見數年純功不能運化者，率自為人所制，雙重之病未悟耳。可避此病，須知陰陽。粘即是走，走即是粘，陰不離陽，陽不離陰，陰陽相濟，方為懂勁。懂勁後愈練愈精，默識揣摩，漸至從心所欲。本是捨己從人，多誤捨近求遠。所謂差之毫釐，謬之千里，學者不可不詳辨焉。

此論句句切要，並無一字陪襯。非有夙慧之人，未能悟也。先師不肯妄傳，非獨擇人，也恐妄費功夫爾。

歌訣五

極柔即剛極虛靈

極柔軟，然後極剛堅。能呼吸，然後能靈活。氣以直養而無害，勁以曲蓄而有餘。

運若抽絲處處明

全身意在精神，不在氣。有氣者無力，無氣者純剛。氣如車輪，腰似車軸。似鬆非鬆，將展未展。勁斷意不斷，藕斷絲亦連。

開展緊湊乃縝密

心為令，氣為旗，腰為纛，先求開展，後求緊湊，乃可臻於縝密矣。

待機而動如貓行

牽動往來，氣貼背，斂入脊骨。內固精神，外示安逸。邁步如貓行，運勁如抽絲。

歌訣六

棚搌挀擠按四方正
採挒肘靠斜角行

乾坤震兌乃八卦

進退顧盼定五行

　　長拳者，如長江大河，滔滔不絕也。十三勢者，掤捋擠
按採列肘靠，此八卦也。進步，退步，左顧，右盼，中定，此
無行也。合而言之，曰十三勢。掤捋擠按，即坎離震兌，四
正方也；採列肘靠，即乾坤艮巽，四斜角也。進退顧盼定，
即水火金木土也。以上係三丰祖師所傳，欲天下豪傑延年益
壽，不徒作技藝之末也。

十三勢歌

　　十三總勢莫輕視，命意源頭在腰隙。

　　變轉虛實須留意，氣遍身軀不稍滯。

　　靜中觸動動猶靜，因敵變化示神奇。

　　勢勢揆心須用意，得來不覺費功夫。

　　刻刻留心在腰間，腹內鬆靜氣騰然。

　　尾閭中正神貫頂，滿身輕利頂頭懸。

　　仔細留心向推求，屈伸開合聽自由。

　　入門引路須口授，功夫無息法自修。

　　若言體用何為準？意氣君（均）來骨肉臣（沉）。

　　想推用意終何在，益壽延年不老春。

　　歌兮歌兮百四十，字字真切意無遺。

　　若不向此推求去，枉費功夫貽歎息。

　　丹霞子注：此〈十三勢歌〉與下文的〈打手歌〉均載於
清代人整理的《張三丰太極練丹秘訣》一書之卷二中，意氣

（均）骨肉（沉）之解，乃為太極拳吳氏架門內老一輩的傳授和說法。

十三勢行功歌解

作者王宗岳。

以心行氣，務令沉著，乃能收斂入骨。

以氣運身。務令順遂，乃能便利從心。

精神能提得起，則無遲重之慮，所謂頂頭懸也。

意氣換得靈，乃有圓活之妙，所謂變轉虛實也。

發勁須沉著鬆靜，專主一方；

立身須中正安舒，撐支八面。

行氣如九曲珠，無微不到，

運勁如百練鋼，何堅不摧。

形如搏兔之鶻，神似捕鼠之貓，

靜如山嶽，動若江河，

蓄勁如張弓，發勁如放箭，

曲中求直，蓄而後發。

力由脊發，步隨身換，

收即是放，放即是收，

斷而復連。往復須有折疊，進退須有轉換。

先在心，後在身。腹鬆淨，氣斂入骨。神舒體靜，

刻刻在心。切記一動無有不動，一靜無有不靜。

此為王宗岳對〈十三勢歌〉的解釋。

打手歌

棚掤挒擠按須認真，上下相隨人難進。
任他巨力來打我，牽動四兩撥千斤。
引進落空合即出，粘連粘隨不丟頂。
纏柔細察來方勢，隨機應化趁勢出。
拿住丹田練內功，哼哈二氣妙無窮。
動分靜合曲伸就，緩應急隨理貫通。
極柔極剛極虛靈，運若抽絲處處明。

　　丹霞子按：武當內家太極門功夫昔時操練並無對練、也無所謂套路，武當內家太極門主張練架勢出功夫，而架勢並非今日之拳架套路，現今社會流傳的諸家所謂太極拳拳架套路均是後人編造添加的，至若推手、大捋、圓形推手、踩浪花或亂採花等更是後世之人為打拳賣藝的形式熱鬧與內容豐富的需要所故意改革發明而添加進來的遊戲手段，從根本上講這些花樣內容不是武當內家太極門的東西。武當內家太極門對於太極拳功的技擊功能向來以「打手」稱之，一個打字，一個推字，涵義截然相反。余有幸得田兆麟先生所傳〈打手歌〉共八句，此為田兆麟先生傳授楊氏小花架（亦名楊氏小架、小功架）時所留存，觀田兆麟先生所傳八句〈打手歌〉，自可看出現在普遍傳抄之打手歌，順序顛倒，上下不順，內容遺漏等因後人傳抄所致謬誤，在此一併公開錄出，供讀者對照參考細悟：
　　掤捋擠按須認真，採挒肘靠隨意行。
　　上下相隨人難進，粘連粘隨不丟頂。

任他巨力來打我，引進落空合即出。

欲求四兩撥千斤，內氣旋轉五行中。

六宋氏家傳太極功源流支派論

宋遠橋緒記。

所謂後代學者，不失其本也，自予而上溯，始得太極之功者，授業於唐於歡子、許宣平，至予十四代也，有斷者亦有繼耳。

許先師係江南徽州府歙縣人，隱城陽山，即本府城南紫陽山。

結簷南陽，辟穀。身長七尺六寸，髯長至臍，髮長至足，行及奔馬。每負薪賣於市中。獨吟曰：「負薪朝出賣，沽酒日夕歸。借問家何在，穿雲入翠微。」李白訪而不遇，題詩望仙橋而回。所傳太極之功拳名三十七，因三十七式而名之。又名長拳者，所云滔滔無間也。總名太極拳。三十七名目書之於後：

四正、四隅、雲手、彎弓射雁、揮琵琶、進搬攔、簸箕式、鳳凰展翅、雀起尾、單鞭、上提手、倒攆猴頭、摟膝拗步、肘下捶、轉身蹬腳、上步栽捶、斜飛式、雙鞭、翻身搬攔、玉女穿梭七星八步、高探馬、單擺蓮、上跨虎、九宮步、攬雀尾、山通背、海底珍珠、彈指、擺蓮轉身、指點捶、雙擺蓮、金雞獨立、泰山生氣、野馬分鬃、如封似閉、左右分腳、掛樹踢腳、推碾、二起腳、抱虎推山、十字擺蓮，此通共四十三手。四正、四隅、九宮步、七星八步、雙擺蓮在外。因自己多坐用的功夫，其餘三十七數，是先師之所傳也。

此勢應一勢練成再練一勢，萬不可心急齊用。三十七勢亦無論何式先何式後，只要一一將式用成，自然三十七式皆化為相繼不斷也，故謂之長拳。

腳趾五行，懷藏八卦，腳之所在為中央之土，則可定乾南坤北、離東坎西，棚捋擠按四正也，採挒肘靠四隅也。

八字歌

棚捋擠按世間稀，十個藝人十不知。
若能輕靈並堅硬，粘連黏隨俱無疑。
採挒肘靠更出奇，行之不用費心思。
果能粘連黏隨字，得其環中不支離。

三十七心會論

腰脊為第一之主宰，猴頭為第二之主宰。
地心為第三之主宰，丹田為第一之賓輔。
掌指為第二之賓輔，足掌為第三之賓輔。

三十七周身大用論

一要性心與意靜，自然無處不輕靈。
二要遍體氣流行，一定斷續不能停。
三要猴頭永不拋，問盡天下眾英豪。
如詢大用緣何得？表裡精粗無不到。

十六關要論

活潑於腰，靈機於頂，神通於背，不使氣，流行於氣。行

之於腿，蹬之於足，運之於掌，足之於指，斂之於髓，達之於神，凝之於耳，息之於鼻，呼吸，往來於口，縱之於膝，渾噩一身，全體發之於毛。

功用歌

輕靈活潑求懂勁，陰陽既濟無滯病，

若得四兩撥千斤，開合鼓蕩主宰定。

俞家江南寧國府涇縣人，太極功名曰先天拳，亦名長拳，得唐李道子所傳。道子係江南安慶人，至宋時與遊酢莫逆，至明時，李道子嘗居武當山南岩宮，不火食，第啖麥麩數合，故又名之曰夫子李也。見人不及他語，惟云大造化三字。既云唐人何以至明時之夫子李道子先師耶？緣予上祖遊江南涇縣俞家，方知先天拳亦如予之三十七式，太極之別名也。而又知俞家是唐時李道子所傳，俞家代代相承之功，每歲往拜李道子之廬，至宋時尚在也，越代不知李道子所在。至明時予同俞蓮舟遊湖廣襄陽府均州武當山，夫子李見之叫曰：「徒再孫焉往？」蓮舟抬頭一看，斯人面垢正厚發不知如何參地味臭，蓮舟心怒曰：「爾言之太過也，我觀汝一掌必死，爾去罷！」夫子李云：「重再孫，我看看你這手。」蓮舟上前棚連搥，未依身則起十丈高許，落下未壞拆筋骨。蓮舟曰：「你總用過功夫，不然能扔我者鮮矣。」夫子李云：「你與俞清慧、俞一誠認識否？」蓮舟聞之悚然：「此皆予上祖之名也。」急跪曰：「原來是我之先祖師至也。」夫子李曰：「吾在此幾十韶光未語，今見你誠哉大造化也，授你如此如此。」蓮舟自此不但無敵，而後亦得全體大用矣。予上祖宋遠橋與俞蓮舟、俞岱

岩、張松溪、張翠山、殷利亨、莫谷聲久相往來金陵之境。夫子李先師授俞蓮舟秘歌云：「無形無象、全身透空、應物自然、西山懸磬、虎嘯猿鳴、泉清河靜、翻江播海、盡性立命。」此歌予七人皆知其句，後予七人同往拜武當山夫子李李先師不見。道經玉虛宮，在太和山元高之地見玉虛子張三丰也。此張松溪、張翠山師也。身長七尺有餘，美髯如戟，寒暑惟一箬笠，日能行千里。遠自洪武初年至太和山修練，予七人共拜之，耳提面命月餘後歸。自此不絕其往拜，玉虛子所傳惟張松溪、張翠山拳名十三式。亦太極功之別名也。又名長拳。十三式名目並論說列之於後：攬雀尾、單鞭、提手上勢、白鵝晾翅、摟膝拗步、手揮琵琶、進步搬攔錘、如封似閉、抱虎推山、攬雀尾、肘底看拳、倒輦猴、斜飛勢、提手上勢、白鵝晾翅、摟膝拗步、海底珍、山通背、撥山錘、退步搬攔錘、上勢攬雀尾、單鞭、雲手、高探馬、左右分腳、轉身蹬腳、進步載錘、翻身撥山錘、翻身二起腳、披身踢腳、轉身蹬腳、上步搬攔錘、如封似閉、抱虎推山、斜單鞭、野馬分鬃、玉女穿梭、單鞭、雲手、下勢、金雞獨立、倒輦猴、斜飛勢、提手上勢、白鵝晾翅、摟膝拗步、海底珍、山通背、上勢攬雀尾、單鞭、雲手、高探馬、十字擺蓮、摟膝指襠錘上勢攬雀尾、單鞭、下勢、上步七星、下步跨虎、轉身擺蓮、彎弓射虎、上勢攬雀尾、合太極。（下面有：太極拳論、十三式行功心法、十三勢歌、打手歌，因前文已錄，故略去。）

程靈洗字元滌，江南徽州府休寧人。授業韓拱月太極之功成大用矣。侯景之亂，惟歙州保全，皆靈洗之力也。梁元帝授以本郡太守，卒諡忠壯。至程珌為紹興中進士，授昌化主

薄，累官權吏部尚書，拜翰林學士。立朝剛正，風裁凜然，進封新安郡侯，以端明殿學士致仕，卒。珌居家常平糶以濟人，凡有利於眾者必盡心焉。所著有《洺水集》，珌將太極功拳名立一名為小九天，雖珌之遺名小九天書。韓傳者，不敢忘先師之所傳也。小九天法式：七星八步、開天門、什錦背、提手、臥虎跳澗、單鞭、射雁、穿梭、白鶴升空、大擋捶、小擋捶、葉裡花、猴頂雲、攬雀尾、八方掌。太極者非純功易經不能得也。以易經一書，必須朝夕悟在心內，必須朝夕會在身中。超以象外，得其環中，人所不知而己獨知之妙。若非得師一點心法之傳，如何能致使我手之舞之，樂在其中矣。

用功五志

博學（是多功夫）。

審問（不是口問是聽勁）。

慎思（聽而後留心想念）。

明辨（生生不已）。

篤行（如天行健）。

四性歸原歌

世人不知己之性，何能得知人之性，物性亦如人之性，至如天地亦此性，我賴天地以存身，天地賴我以致局，若能先求知我性，天地受我偏獨靈。

胡鏡子在揚州自稱之名，不知姓氏，此是宋仲殊之師也。仲殊安州人，常遊姑蘇臺，柱上倒書一絕云：天地長久任悠悠，你既無心我亦休，浪跡天涯人不管，春風吹笛酒家樓。仲

殊所傳殷利亨太極拳名曰：後天法。亦是掤捋擠按採挒肘靠也。然而勢法名目不同，其功用一也，如一家人分居，各有所為也。然而根本非兩事也。後天法目：陽肘、陰肘、遮陰肘、肘裡槍、肘開花、八方捶、陰五掌、單提肘、雙鞭肘、臥虎肘、雲飛肘、研磨肘、山通肘、兩膝肘、一膝肘。

　　以上太極功各家名目，因予身臨其境，並得其良友往來相助，皆非作技藝觀者。人也一家人，恐其久而差矣，故筆之書，以授後人玩索而有得焉，則終身用之。有不能盡者矣，其餘太極功再有別名別目者，吾不知之矣。待後人有所遇者記之可也，且記無論用何等名目拳法，惟太極不能兩說也。若太極說有不同，斷乎不一家也，卻無論功夫高低上下，一家人必無兩家話。自上之先師而上溯其根原，東方先生，再上而溯始，孟子當列國紛紛故將立命之功，所謂「養吾浩然之氣塞於天地之間。」欲大成者則化功也；小成者武事也，立命之道非氣體之充胡能也？由立命以盡性至於窮神達化，自天子至庶人，何莫非誠意正心修身始也。書及此，後世萬不可輕泄傳人，若謂不傳人當年。

　　先師何以傳至予家也，卻無論遠近親朋自家傳者賢也。尊先師之命不敢妄傳，後輩如傳人之時，必須想予緒記之心血與先師之訓誨而已。

　　此書十不傳：

　　一不傳外教，

　　二不傳無德，

　　三不傳不知師弟之道者，

　　四不傳收不住的，

五不傳半途而廢的，

六不傳得寶忘師的，

七不傳無納履之心者，

八不傳好怒好慍者，

九不傳外欲太多者，

十不傳匪事多端者。

此書有四忌：

忌飲過量之酒，色當色者夫婦之道要有別字認清，忌取無義之財，忌動不合中之氣、一飲一啄在內。

用功三小忌：

食吃多，水飲多，睡時多。

丹霞子按：宋氏家傳太極功源流支派論的出現和傳承，對傳統太極拳吳氏拳架風格的形成起了至關重要的影響，所以傳統經過拜門經師而習練太極拳吳氏拳架（南北兩支）的傳人們幾乎都珍藏此篇文字資料，並在修習太極拳功的過程奉為指導用功進步的珍貴經典。

跋　領悟太極拳功真諦，實練真修自理更生

眾所周知，太極拳這個名詞出現的較晚，在太極拳這個名詞尚未出現時，武當派內家功夫在傳承傳授的過程中，一直稱太極拳功為內家武當太極十三勢。所謂言內家乃有兩層涵義：一是指在家修道不必出家的自比為內家，以有別於佛門的出家修行，故稱道家。二是修成內功，具備內勁，而用於養生護體能夠體用兼得，入微入妙，故稱內家，也稱行家，有行家裡

手，內行之意。武當派在名稱上之所以不提倡拳，是因為拳腳乃為外象，恐習練者練之不深，流於油滑而浮皮無根，難免有花拳繡腳之嫌，因此武當派歷來自稱內家功夫。正如吳公圖南先生早年所說：「識得內功休再問，貫徹經書千百篇。」

對於太極十三勢的解釋，歷來受道門規矩的限制而少有公開的解釋，俗世人們練習太極拳提到太極十三勢，幾乎是簡單地理解為掤、履、擠、按、採、挒、肘、靠和進、退、顧、盼、定的總和。實際上，太極十三勢所包含的隱秘內容很多很多，近世太極拳功吳家第三代傳人吳公藻（1899-1983）先生，太極拳宗師吳鑒泉先生之次子，吳公藻先生在其編著的《吳家太極拳》（香港版）（原名《吳家太極拳講義》，俗稱「金書」，最早版本面世於一九三二年，於一九八〇年再版加入吳家線裝本「太極法說」及吳鑒泉、吳公儀拳照）一書中對太極十三勢做了可以說是近世以來最為詳細而精到的一次解釋。書中是這樣說的：「十三總勢解說：十三勢者，按五行八卦之數，言推手有十三種勁與勢也。五行可分為內外兩解。行於外者為前進、後退、左顧、右盼、中定；蘊於內者為粘、連、黏、隨、不丟頂。八卦亦分內外兩解。行於外者為四正、四隅；蘊於內者為掤、履、擠、按、採、挒、肘、靠。行於外者為勢，即前進、後退、左顧、右盼、中定與四正、四隅。蘊於內者為勁，即粘、連、黏、隨、不丟頂與掤、履、擠、按、採、挒、肘、靠。」公藻先生在這段話裡，反覆使用了「內外」這個詞，來闡述內家武當太極十三總勢內涵，相反，我們看看近五十年來，國內太極拳界有關太極十三勢的解釋，即便是一些所謂的名家大師也口無遮攔地張口就來，說什麼：「太極十三勢就是掤、履、擠、按、採、挒、肘、靠與

進、退、顧、盼、定的總和。」這樣一來，把一個內蘊深厚包羅萬象的道家修真法術，變成了以表面化的拳架子套路為榮為本的東西，從而把有著幾千年文化底蘊的素有陽春白雪之稱的傳統技藝變成了毫無內涵可言的稀湯寡水式的大眾化的玩藝兒。這也就使得越來越多的愛好太極拳或習練太極拳的人對太極拳功心生淺薄和不屑之念。然而，太極十三勢正如吳公藻先生所闡述的那樣它是有內有外的，既有外象，又有內景，是內外統一的，是貫徹了人體內在生命運行規律的深奧學問，是需要「入門引路須口授」的，絕不是盲修瞎猜胡琢磨所能解決了的問題，若果真如此，那傳統太極拳功這一門道修技藝也就不值得後世深入研究和認真繼承了。

　　傳統太極拳功的習練者在通過了天長日久的用功修練之後，在不斷的由後天返先天的過程中，身體內的潛能得到開發而出現了不同階段的相應功能，這既有健身養生的功能，也有技擊防身的功能，這些功能的出現和具備是一個自然而然，不期然而然的過程，並不是一蹴而就的。這個習練的過程是漫長的，它是貫穿於一個以太極拳功做為入道修真法門的習練者一生的，尤其是在太極拳功的築基階段，習練太極拳功是很苦很難的事情，這個階段按照武當內家功夫習練的傳統說法是揉面的過程，在這個階段，沒有大意志大決心是練不好的。而功夫入門上道兒之後的深入與提高也非常不易，每前進一步都很不輕鬆。祖師曰：苟非其人，道不虛傳。前人還說：太極拳太難太難，不難不出功夫的。我們後人在下功夫苦練的同時細心溫習揣摩前人的這些話語時，會在心裡產生一種共鳴，會切實地感受到這些話的沉甸甸的分量，會感到前人這些話都是肺腑之

言，語重心長。輕輕鬆鬆練太極，偷懶耍滑練太極，甜甜蜜蜜練太極，什麼一絲不掛練太極，瀟瀟灑灑練太極等等說法，嚴格地說來，其實那都是太極拳功習練有成之後的方便作法，那得分對誰說，對於要入太極之門的後學就顯然不合適，不僅不合適反而誤導耽誤人，當然這些說法也不排除是某些打拳賣藝者人前顯貴，背後遭罪的故意所為。俗世喜歡太極拳的人們有所不知，被練拳者瀟灑輕鬆的外在表現和氣質所迷惑，還以為眼裡看到的一切就是傳統太極拳功的正宗習練法門，其結果是照葫蘆畫瓢了一輩子，仍然是盲修瞎練不得其門而入，耽誤了個人的大好青春年華不說，就連自己自身的延年益壽的問題最後也沒有解決，落得個跟在別人的屁股後面，做啦啦隊，做粉絲，做孝子賢孫，空喊了一輩子，更為可悲可憐的是有很多人甚至是至死都執迷不悟。太極拳功說難不難，說易也不易，大道至簡至易說的是理上事；太極拳難上加難說的則是功上事和身上事，這些是很不容易的事，因為，在功上事，身上事裡面確有很大的學問和很多的節目，所以，古來有太極十年不出門之說；有練太極拳功者成千上萬，但是，成功者鳳毛麟角的說法。在此引虛雲老和尚偈云：

　　　大道無難亦無易，由來難易不相干。
　　　等閒坐斷千差路，魔佛難將正眼觀。

　　對於習練太極拳功者想成就太極拳學可以說是困難重重，我把這些困難總結歸納為四難：一難：難遇天賦良才載道之器真心向學者。二難：難覓真師明師難覓良師益友有心而無

緣。三難：難在有緣無份，既遇之而不得其傳授。四難：難在修習者自身葉公好龍，有始無終，練而無恒心。

二〇〇五年在一次傳統太極拳養生講座中，我給參加講座的同學們念了一段我寫的體會文字：

先天八卦後天運，五行原在八卦中。
十三總勢須深悟，太極兩儀八卦生。
勢勢相推無窮變，無定規中生變化。
明瞭陰陽剛知道，得道方知不知道。

傳統太極拳功源遠流長，循乎天地之至理，其所包含的學問和奧秘深不可測，作為道家修真的一種輔助方法，它體用兼備，功用無窮，益處萬千，但是，它秉乎道家修真的宗旨備而不用、有備無患；委曲求全、為而不爭，無為而治，不以用和顯為目的，這一點是傳統太極拳功與一般傳統武術運動目的的根本區別，太極拳經中：「察「四兩撥千」之句，顯非力勝。觀耄耋能禦眾之形，快何能為也。」已然讓有傳授的習練者明白，太極拳之為用乃在於困而後發，不得已而為之，絕不是沒事找事地主動出擊進攻對方，因為這樣的技術打法是外家有為硬拳的突出特點，絕非內家太極拳所獨具的巧妙技擊功能。寧可千日不用，不可一日無功，這也是為什麼要對太極拳功時時把玩，日日用功，終身研習的原因和目的。所以說，當習練者弄明白了太極拳功的原理之後，能夠對太極拳功進行靜心深入的實踐與研究時，習練者的思想觀念上會發生天翻地覆的變化，首先是心胸開擴，心地寬廣，萬物

平等對待，沒有高低分別，心中沒有狹隘的門戶之見；其次是內心寧靜，心意內斂，專務於自身內在的返觀內求，無暇顧及功名利祿的誘惑，沒有急功近利、心急氣躁的舉動；復次隨著習練者功夫的深入，領悟了太極拳功真諦，在實練真修中獲得了真實益處，所謂：鴨子戲水冷暖自知，習練者此時的注意力會完全融入和歸入到對道的追求之中，並自然地進入修真的狀態，到了這一步，自然也就明白太極拳為什麼這麼難練，為什麼這麼難成；自然明白真的自然是真的，假的自然也還是假的道理，也就自然會明白這太極拳原來根本就不是專用於技擊打鬥的外家拳技術；也不是活筋活血的專門養生技術那麼簡單，也絕不是可以用來廣泛推銷謀利糊口的打拳賣藝的營生；當然也絕不是文化淺薄，認識粗陋的普通一般人群所能練習的運動，更不是思想偏激，心浮氣躁，急功近利之人所能靜心習練弄明白的。當今之世，人心浮躁而澆漓成性、急功近利而弄假成風，亂象紛呈令人無所適從，放眼遍觀，其實非獨太極拳運動如此，把好經念歪了的現象不是比比皆是？如果說我此前所著《太極之光——太極拳心法秘鑰》和《太極之路——中華道家修真門徑》兩部書表達了我對中國傳統太極拳運動現狀的感歎，和中國傳統太極拳運動的擔憂的話，那麼，時隔九年之後，我呈現給讀者的這部《太極之門——傳統太極拳循真錄》則是表達了我發自內心的對中國傳統太極拳運動命運倍感悲哀和失望的心情。

楊思澍恩師曾多次苦口婆心專門教導和告誡學生：

一、人生苦短，要下手速修，實練真修；

二、嚴謹求實，低頭下功夫，窮理盡性；

三、看破名利，為自己練功，真實受益；

四、自娛自樂，成高雅運動，自我調理，

五、多說無益，知者不言爾，言者不知。

　　恩師所言，如重錘響鼓，實乃修行中過來之人要緊話語，丹霞子天真未泯而謹記於懷，十年來，奉行不悖，獲益匪淺，受益良多。今日機緣巧合，遂於跋中將恩師教誨錄出，以饗有緣之同道同參，共受啟發、同享益處：

一、學太極拳功不求人，只要戰勝惰性恒久堅持，方法簡
　　單，道理簡單！

二、一書在手，自悟明理，自悟自練，自練自理，自娛自
　　樂，自成家珍！

三、讓不練拳的人能懂太極功之理；讓練拳的人能開啟道
　　脈太極之門！

　　書中觀點，乃本人一家之言，個人觀點，加之本人習練不精，體會有限，難免有失於斟酌之處，所以，僅供太極拳愛好者們參考借鑒，真誠地歡迎方家大德、善知識、武林前輩、同道練家子不吝指正！丹霞子稽首致謝！

健康Life10　PE0058

新銳文創
INDEPENDENT & UNIQUE

太極之門
——傳統太極拳功循真錄

作　　者	薛聖東
主　　編	蔡登山
責任編輯	林泰宏
圖文排版	楊家齊
封面設計	秦禎翊

出版策劃	新銳文創
發 行 人	宋政坤
法律顧問	毛國樑　律師
製作發行	秀威資訊科技股份有限公司
	114 台北市內湖區瑞光路76巷65號1樓
	電話：+886-2-2796-3638　傳真：+886-2-2796-1377
	服務信箱：service@showwe.com.tw
	http://www.showwe.com.tw
郵政劃撥	19563868　戶名：秀威資訊科技股份有限公司
展售門市	國家書店【松江門市】
	104 台北市中山區松江路209號1樓
	電話：+886-2-2518-0207　傳真：+886-2-2518-0778
網路訂購	秀威網路書店：http://www.bodbooks.com.tw
	國家網路書店：http://www.govbooks.com.tw

出版日期	2014年8月　BOD一版
定　　價	450元

國家圖書館出版品預行編目

太極之門：傳統太極拳功循真錄 / 薛聖東作. -- 一版. --
臺北市：新銳文創, 2014.08
　面；　公分. -- (健康Life；10)
BOD版
ISBN　978-986-5716-10-3 (平裝)

1. 太極拳

528.972　　　　　　　　　　　　103006378

讀者回函卡

感謝您購買本書,為提升服務品質,請填妥以下資料,將讀者回函卡直接寄回或傳真本公司,收到您的寶貴意見後,我們會收藏記錄及檢討,謝謝!

如您需要了解本公司最新出版書目、購書優惠或企劃活動,歡迎您上網查詢或下載相關資料:http:// www.showwe.com.tw

您購買的書名:＿＿＿＿＿＿＿＿＿＿＿＿＿＿＿＿＿＿＿＿＿

出生日期:＿＿＿＿年＿＿＿＿月＿＿＿＿日

學歷:□高中 (含) 以下　　□大專　　□研究所 (含) 以上

職業:□製造業　□金融業　□資訊業　□軍警　□傳播業　□自由業
　　　□服務業　□公務員　□教職　　□學生　□家管　　□其它＿＿＿

購書地點:□網路書店　□實體書店　□書展　□郵購　□贈閱　□其他

您從何得知本書的消息?

　□網路書店　□實體書店　□網路搜尋　□電子報　□書訊　□雜誌
　□傳播媒體　□親友推薦　□網站推薦　□部落格　□其他＿＿＿＿＿

您對本書的評價:(請填代號　1.非常滿意　2.滿意　3.尚可　4.再改進)

　封面設計＿＿＿　版面編排＿＿＿　內容＿＿＿　文／譯筆＿＿＿　價格＿＿＿

讀完書後您覺得:

　□很有收穫　□有收穫　□收穫不多　□沒收穫

對我們的建議:＿＿＿＿＿＿＿＿＿＿＿＿＿＿＿＿＿＿＿＿＿

＿＿＿＿＿＿＿＿＿＿＿＿＿＿＿＿＿＿＿＿＿＿＿＿＿＿＿＿＿＿

＿＿＿＿＿＿＿＿＿＿＿＿＿＿＿＿＿＿＿＿＿＿＿＿＿＿＿＿＿＿

＿＿＿＿＿＿＿＿＿＿＿＿＿＿＿＿＿＿＿＿＿＿＿＿＿＿＿＿＿＿

11466
台北市內湖區瑞光路 76 巷 65 號 1 樓

秀威資訊科技股份有限公司　　　收

BOD 數位出版事業部

⋯⋯⋯⋯⋯⋯⋯⋯⋯⋯⋯⋯⋯⋯⋯⋯⋯⋯⋯⋯⋯⋯⋯⋯⋯⋯⋯

（請沿線對折寄回，謝謝！）

姓　　　名：＿＿＿＿＿＿＿＿　年齡：＿＿＿＿　性別：□女　□男

郵遞區號：□□□□□

地　　　址：＿＿＿＿＿＿＿＿＿＿＿＿＿＿＿＿＿＿＿＿＿＿

聯絡電話：(日) ＿＿＿＿＿＿＿＿＿　(夜) ＿＿＿＿＿＿＿＿＿

E-mail：＿＿＿＿＿＿＿＿＿＿＿＿＿＿＿＿＿＿＿＿＿＿＿

健康活到天年
——不只要活得老，更要活得好

尹浩鏐　著／定價：350元

結合中西醫：利用西醫科學方法對衰老相關疾病早期
檢查、治療與預防，並利用人類生理、心理等衰老現
象與中醫藥理、食理有效的醫學控制，爭取健康長壽。
附有古代君王養生秘訣食譜：宮廷抗老長壽麵、餃子、
包子、糯米飯等。

你看對病了嗎？名醫院長
的醫療正道

張克鎮　著／定價：350元

我們正處於一個前所未有的藥物濫用時代，請謹記：
你是唯一能夠保護自己免受藥物侵害的人！

本書作者張克鎮醫師擁有數十年臨床經驗。他從哲學
的高度出發，經中西醫兩個維度來審視現代醫學的現
狀，明確指出現代醫學在對人體的認識、疾病診斷的
手段和治療的方式，乃至現存的醫學模式方面，存在
著諸多盲點和誤區，並在此基礎上提出了新的人體認
知理論，即生命空間論和「生命—社會—自然」新的
醫學模式，指明了人類健康的未來之路。

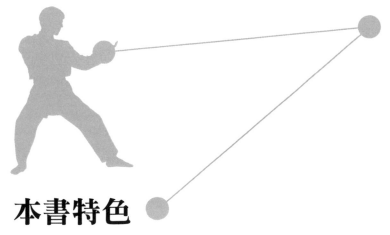

本書特色

一、學太極拳功不求人,只要戰勝惰性恆久堅持,方法簡單,道理簡單!

二、一書在手,自悟明理,自悟自練,自練自理,自娛自樂,自成家珍!

三、讓不練拳的人能懂太極功之理;讓練拳的人開啟道脈太極之門!

本書是傳統太極拳健身養生研究與實踐的專著,也是作者在道脈太極拳功修煉及研究方面的得意之作。

作者把傳統中醫經典理論、道脈太極拳功修煉方法與近四十年實踐體驗相參證,求實循真地闡述道脈太極拳功機理:無為之理,有為入手;動中求靜,以武悟道;由靜入道,以武演道,與道合真。再現了道脈太極拳功的隱秘修為與深入方法,使更多太極拳愛好者得以有緣一睹中華道家修真方法——道脈太極拳功在養生健體、去疾療病、技擊防身等方面所獨具的自修自習、自我調理、自娛自樂、自我更新功能的本來面目。

ISBN 978-986-5716-10-3

9 789865 716103   00450

段樂三、林爽——合編

首選 世界漢俳

世界各地漢俳愛好者作品精選
內容收錄二十四次同題詩、
三次網上酬唱與八期風雅漢俳

作者來自19個國家50地區，共計462人，陣容強盛龐大

段樂三

詩人、作家、研究員，湖南南縣人，
中國首屆漢俳百家詩人，中國漢俳學
會常務理事，風雅漢俳學社社長，海
內外許多家報刊漢俳專欄倡導者和主
持人。詩歌、散文、小說、報告文
學、文學評論、戲曲及科普等發表六
千餘件，有的編入學生課本或選為補
充教材，有的被譯成外文，有的獲得
國家成果獎。出版文學、藝術、科普
及論文單行本16部和《段樂三文集》
13卷。

林爽

筆名阿爽，原籍廣東省澄海市，1990
年自香港移居紐西蘭奧克蘭市後，
潛心研究毛利文化；關心教育、熱
衷環保，屢獲紐西蘭及中國政府授
獎肯定。曾任紐西蘭華文作協第三屆
會長，現為世華作家交流協會副秘書
長、風雅漢俳學社名譽社長。曾著
有《紐西蘭原住民》、《紐西蘭活潑
教育》、《紐西蘭名人傳》、《展翅奧
克蘭》、《林爽微型小說集》、《林爽
漢俳》等中英著作10部。

封面照片 **楊逸玲** 提供